중세 유럽에 등장한
'굳건한 믿음을 가진 용감한 여성들'은
사회경제적 자유의 폭을 종교 영역으로
확대해나갔다. 교회와 세속의 제도적 억압에
굴복하지 않고 스스로 목소리를 되찾고자 했던
이 여성들은 이제 봉건사회의 전통적인
성역할 수행을 거부하기 시작했다.

한길인문학문고 7
생각하는 사람

중세유럽 여성의 발견

이브의 딸 성녀가 되다

차용구 지음

한길사

중세유럽 여성의 발견

이브의 딸 성녀가 되다

지은이 · 차용구
펴낸이 · 김언호
펴낸곳 · (주)도서출판 한길사

등록 · 1976년 12월 24일 제74호
주소 · 413-756 경기도 파주시 교하읍 문발리 520-11
　　　www.hangilsa.co.kr
　　　E-mail: hangilsa@hangilsa.co.kr

전화 · 031-955-2000~3　　팩스 · 031-955-2005

상무이사 · 박관순
영업이사 · 곽명호
기획편집 · 박희진 안민재 김지희
전산 · 김현정
마케팅 및 제작 · 이경호 박유진 | 경영기획 · 김관영
관리 · 이중환 문주상 장비연 김선희

CTP 출력 및 인쇄 · 현문인쇄 | 제본 · 성문제책사

제1판 제1쇄 2011년 3월 18일

값 18,000원

ISBN 978-89-356-6226-5　03920

• 잘못 만들어진 책은 구입하신 서점에서 바꿔드립니다.

이 도서의 국립중앙도서관 출판시도서목록(CIP)은
e-CIP 홈페이지(http://www.nl.go.kr/ecip)에서 이용하실 수 있습니다.
(CIP제어번호: CIP2011000958)

중세여성의 정체성을 탐구하다

머리말

　지난 10여 년간 필자의 학문적 관심사는 '역사 속의 여성'이었다. 필자의 연구는 이들의 삶과 경험, 환희와 분노, 남성적 성 담론과 이에 대한 여성의 반응, 남성과 여성의 호혜성이 세계를 어떻게 만들어갔는가에 집중되었다. 이 책의 글들은 그 동안 이루어진 조사의 중간평가적인 성격을 지닌다. 첫 번째 글이 1999년 발표되었고, 가장 늦게 작성된 논문인 「서양 중세 성녀전에 나타난 젠더 전환」이 2010년 기고되었으니, 단행본 출간을 결심한 데는 10년간의 연구 성과를 정리한다는 의미가 있다.

　여성사와 관련된 글을 읽고 '여성과 역사'에 대해 생각을 정리하던 중, 작년에 중앙대학교 대학원생들과 함께 '비교사적 관점에서 본 한국과 서양의 전근대 여성사'라는 세미나를 진행한 것이 책 출간에 결정적인 계기가 되었다. 동일한 주제를 비교사적 측면에서 조사하면서, 서양 중세여성의 삶을 유형적으로 분류할 수 있었다.

　세미나의 출발점은 모권사회이론이었다. 1861년에 바흐오펜

(Johann J. Bachofen)의 『모권론』(*Das Mutterrecht*)이 발간된 이래, 문명화된 세계에서 전형적으로 발견되는 부권 중심 사회구조는 시원적 형태가 아니라는 주장이 제기된다. 바호오펜은 부권제 문화 이전에 어머니가 가장으로서 추앙받고 그녀를 기리는 종교적 제식이 행해졌던 더 오래된 모권 사회를 추론해냈다. 그는 모권제 이론을 통해 여성 우위 지배형태의 역사성을 밝히면서, 태곳적 인류의 과거에 애정 어린 향수를 보인다.

역사는 자연적 생산성에 전적으로 의존하는 '비합리적'인 모계 사회에서 법·이성·위계의 원리에 근거한 '합리적'인 부계 사회로 진화한다고 하는 "역사의 진보"를 인정하면서도, 바호오펜은 모권제의 긍정적 이점(자비, 자유와 평등성, 인도주의 정신)과 부권제의 부정적인 측면(억압, 불평등성, 비인간성)을 일방적으로 무시하지 않았다. "어머니의 원리"가 지배하던 모권사회는 "내적 불화의 부재(不在), 다툼에 대한 혐오"가 문명에 스며든 "은총이 넘치는" 사회였다. 바호오펜은 인류가 온갖 굴곡을 겪지만, 종국적으로 모권제의 근본 원리와 부권제의 근본원리가 종합된, 사랑과 평등의 정의가 지배하는 사회로 돌아가리라 확신했다. 바호오펜에게 모권 문화의 기본 가치들은 "역사의 진보"와 더불어 단순히 사라져야 되는 것이 아니라, 부권제의 근본 원리들과 새롭게 종합적으로 통일되어 더 조화로운 형태로 발전해나간다.

"과거에 빠져버린 낭만주의 신화학자" "신비주의자"와 같은 바호오펜에 대한 비판과 그의 학설에 대한 논쟁은 차치하고라도, 수천 년 전부터 남성들이 우월한 성으로서 여성들을 장악했고 고유의 전유공간을 확장해왔으며 가부장제 사회를 구축해왔음은 부정할 수 없다. 중세 교부철학자 아우구스티누스와 아퀴나스도 성별에 따른 전통적인 역할분업을 전제했고 가부장제의 성차별을 인정했다. 이러한 성 역할 고정관념과 성 역할 분리는 서양 중세 사회의 전반에 뿌리깊이 정착되어갔다. 그리스도교가 서양 중세의 사회 윤리로 정착해가면서 여성에 대한 부정적인 사회적 시각도 확산되었다. 한편 일부에서는 여성을 범죄시하게 된 원천적 뿌리인 이브의 이미지를 정화하려는 노력이 이루어졌다. 여성은 남성의 부속적 존재이기보다는 창조의 신비를 충만케 하는 자립적인 존재로서 인정되었다. 그러나 여성적 정체성을 부각시키려는 이러한 노력들이 사회 전반에 커다란 반향을 불러일으키지는 못했다. 남녀의 관계는 지배와 피지배, 억압과 착취의 역학 구도로 재편되어갔으며, 이 같은 역사의 중층성 속에서 '성들 간의 오래된 투쟁'은 중단되지 않았다.

이 책에서는 남성의 지배구조에 대해 서양 중세여성들이 상이한 대응양식을 보였음을 드러내고자 한다. 그 유형은 다음과 같다.

첫 번째는 참회고행지침서에서 잘 드러나는 자기 통제적 유형이다. 푸코에게 신체는 역사적 구성물로서, 여성의 신체는 역사적으로 제도된다. 그러나 중세여성들은 자신의 신체에 작용하는 사회적 감시와 통제에 현명하게 저항했다. 결혼·피임·출산·섹슈얼리티와 같은 신체에 대한 통제력을 얻고자 성들 간의 투쟁을 벌였다. 여성의 몸은 강압적으로 가해지는 통제에 저항하는 성 정치학의 장소가 되었다. 이들은 이단 가입('저항'), 수녀원 입회 혹은 은둔적 삶(남근중심적 사회의 '거부'), 남장변복(역할 '전도'〔顚倒〕) 등의 수단을 통해 여성의 몸을 규정하는 생물학적 결정주의에 반대했다. 다양한 계층의 여성들은 자신의 성·신체·삶을 통제하는 남성중심적 성 담론의 이데올로기성을 인식하고, 이와 결부된 권력을 부정했다.

두 번째 유형은 일탈적 여성성이다. 본문에서 설명하겠지만 남장 성녀 힐데군트의 사례에서처럼, 중세여성들의 남장변복은 단순히 개인의 충동적인 일탈행위로만 설명될 수 없다. 이러한 '비정상적인' 행동은 오히려 사회가 규정한 도덕적 규율이 행위자에게 억압적으로 부여되는 과정에서 유발되었으며, 여성의 일탈은 개인에게 규율을 강요하는 사회적 징계의 결과였다. 중세의 남장여성들이 거부한 것은 사회가 여성에게 전가한 '의무'였으며, 사회 규범을 준수하지 않는 이러한 행동은 일탈 행위로 낙인찍혔다. 그러므로 힐데군트의 거부행위는 단순히 개인의 우발적 차원이 아니라, 개인과 사회, 여성과 남성의 상호관계라는 구도 속에서 파악되어야 할 것이다.

세 번째는 종교적 유형이다. 중세여성들은 자신들이 누리게 된 사회·경제적 '자유'의 폭을 점차 종교의 영역으로까지 확대해나갔으며, 종교적 힘에 의지해 자의식을 형성해나갔다. 종교적 영감을 체험하게 된 여성들이 스스로 자신의 종교적 소명을 실현할 기회를 갖고자 했던 것이다. 하지만 중세의 교회는 봉건사회의 연장선 위에 놓여 있었다. 남성의 전유물이었던 종교 영역에 대한 여성들의 도전은 결국 남성이 규정한 사회적 위계질서에 대한 총체적인 위협으로 인식되었다. 그 결과 종교적 여성들은 교회와 세속 권력자들의 '힘'과 '통제'에 억눌리게 되었다. 따라서 역할거부운동에 참여했던 여성들이 거부했던 것은 종교 자체가 아니라, 제도권 교회와 전통 사회와 종교의 성 역할 고정관념이었던 것이다.

네 번째 유형은 반(反)여성적인 여성성이다. 이 유형의 여성들은 남성의 파트너가 되거나 혹은 홀로 체제를 수호하고 옹호하는 입장에 섰다. 이들은 당대의 이데올로기에 적극 협력함으로써 자신들의 종속을 영속화하고자 했다. 비록 가부장제 사회가 여성에 대한 허구적인 통념과 편견을 양산해낸 결과 공적 영역의 독점권은 남성에게만 부여되었으나, 남녀 역할의 상호작용은 평화로운 시기 뿐 아니라 전시에도 나타났다. 안정적인 시대에 여성들은 장원의 안주인으로서 역할을 수행했고, 남편의 부재 시에는 스스로 장원의 영주가 되었다. 또한 남편과 함께 전장에서 칼을 휘두르거나, 남편이 부재한 동안 하인을 동원하여 자신의 소유지를 방어했다. 다양한 신분의 여성들이 십자군 원정에 직접 참여했고, 그렇지 못한 여성들은 "십자군 서약의 금전적 대체"라는 간접적인 방법으로 공동체 구성원으로서 역할을 수행했다. 이처럼 역사 속의 여성은 수동적 피해자만이 아니라 가해자의 역할을 하기도 했다. 따라서 남성과 여성의 역사적 상호관계를 단순히 가해와 피해라는 이분법적인 구도로만 파악해서는 안 된다.

다섯 번째는 연대적 여성성이다. 이들은 여성의 사목활동에 반대하는 가부장적 교회에 대항해서 남성 신학자, 성직들과 연대하여 비판 여론을 형성하는 등 다양한 운동을 펼치며 교회 내에서 여성의 권익 신장을 위해 노력했다. 이 여성들은 기성교회의 세속화와 권위주의라는 공동의 문제를 해결하기 위해 남성들과 폭넓게 연대하면서 남녀 평등적 공동체를 구성하고자 했다. 여러 지역을 순회하면서 교회의 내적 개혁을 설교한 방랑 설교자들은 세속 여성들에게 절대적인 지지를 얻었다. 이들은 '청빈한 사도적 삶'(vita apostolica)이라는 이상을 공유했다. 부유한 가톨릭교회와 도덕적으로 타락한 성직자를 비판하고, 청빈하고 복음적인 교회를 꿈꿨다. 카타리파의 "여성 완덕자들"(perfectae)과 "발도파의 여성들"(mulieres valdenses)도 현세의 부를 포기한 "가난한 여성"(mulieres pauperes)이 되고자 했다. 이들은 남성들과 함께 파문당하고 박해받았으며, 알비 십자군 원정의 희생자가 되었다.

중세의 남성과 여성 간의 관계는 다양한 형태로 표출되었다. 일부 여성과 수녀원은 가부장적 이데올로기에 순응하고, 가부장제의 협력자로서 남성우월적 가족주의 문화를 형성하는 데 지대한 영향을 미치기도 했다. 반면 남성중심적 지배권에 도전하고 이를 '부정'하는 주체가 되고자 했던 여성들도 있었다. 이들의 저항은 개인적이거나 집단적이었으며, 타협적이면서 희생적이기도 했다. 이들은 역사의 국외자로 남기보다는 진리의 담지자가 되고자 했다. 또한 '열등한 성'이기 때문에 받아야 하는 억압에 저항했다. 훈육과 감시의 권력을 비판하고, 가부장적 관습과 전통을 변화시키고자 투쟁했다.

지금까지 젠더사 연구는 남녀의 사회적 관계를 가해자·피해자 구도로 파악하고, 남성을 가부장제의 집단적 수익자로 분류했다.

그러나 최근에는 가부장제가 여성과 남성 모두를 억압하는 기제였다는 역사적 사실이 밝혀졌다. 남성중심의 억압적 성 담론은 남녀를 막론하고 피지배 계급 모두를 지배 계급의 헤게모니에 순종적으로 만드는 정책의 일환이었다. 남성들도 가부장제 문화 속으로 무기력하게 빨려 들어갔던 것이다. 전투적인 남성성이 국가적으로 장려되자, 가부장적 성 담론은 국가 권력의 지배도구로서 역할을 하게 되었다. 용맹성·독립성·의지력·공격성·경쟁성은 이상적인 남성성으로 간주되었고, 이러한 남성성 '의무'를 충족시키지 못하면 무능한 패배자로 분류되었다. 그리하여 일부 남성들은 용감한 남성과 순종적 여성이라는 이분법적 성 담론에 스스로 희생되고 만다. 중세의 남성들도 지배문화의 집단적 불관용의 희생자가 되었다. 참회고행지침서가 지적한 레즈비언뿐만 아니라 몽타이유의 동성애자 아르노 드 베르니올도 지배담론을 뒤집고 사회적 관습을 어긴 '부자연스럽고' '비정상적인' 존재로 비쳐졌다.

남성과 여성은 불가분의 관계에 있으며 서로 다른 성이 없이는 파악될 수 없다. 그러므로 남성의 역사는 여성의 역사에 대해 대칭적 관계에 있는 것이 아니라 상호보완적이다. 하지만 역사가에 의해 '씌어진' 역사에는 이러한 사실들이 간과되곤 했다. 역사는 승자의 역사로 인식되었고, 후대의 기록자들은 승자의 편에 서서 남성적 역사에 면죄부를 부여했다. 이러한 역사 서술의 불공정성을 밝히는 것이 이 책의 저술 목적이다.

이 책을 쓰면서 많은 분들의 도움을 받았으며, 이를 감사하게 생각한다. 이 책을 한길사의 '생각하는 사람' 시리즈로 출간될 수 있도록, 처음부터 기획과 편집을 담당해주신 박희진 편집부장과 안민재 씨에게 감사드린다. 이 책의 집필은 필자에게 개인적으로 고마운 분들의 삶을 회상해보는 계기가 되어 무척 다행스럽게 생각한다. 7명의 자녀를 가르치고 성장시키셨던 외할머니. 얼마 전에 돌아가신 그분의 따스함을 선사받은 덕분에 필자는 지식에 대해 감각적으로 접근할 수 있게 되었다. 그래서 역사적 지식은 이성적 추론으로만 다가갈 수 있는 엄격하고 냉정한 대상이라기보다, 다양한 역사적 주체들과 대화를 나누는 과정임을 알 수 있었다. 살아 계셨으면 이 책을 보고서 환한 미소를 지었을 어머니, 곁에서 조언과 격려를 아끼지 않았던 한국직업능력개발원의 김미숙 박사, 강의를 경청해주고 함께 세미나를 진행하였던 중앙대학교 학생들, 이 모든 분들께 고개 숙여 감사의 말씀을 전한다.

흑석골에서 남산을 바라보며
차용구

중세유럽 여성의 발견

이브의 딸 성녀가 되다

여성, 역사의 타자에서 주체로

들어가는 말

여성사 연구의 등장과 발전

역사 연구는 시대 상황에 매우 민감한 학문이라고 한다. 실제로 역사학은 시대적 변화에 부응해서 학문적 정체성을 끊임없이 쇄신해왔다. 이러한 과정에서 역사학자들은 사회학·심리학·경제학·통계학·지리학·인류학·영상매체학 등 인접 학문으로부터 이론과 방법을 도입하려는 시도를 함으로써 역사학의 변화를 예고했다. 이처럼 지평을 넓혀온 '열린 역사학'은 기존 역사 연구에서 배제되어왔던 이른바 주변부 역사에까지도 관심을 기울이게 되었다. 그 결과 지금까지 분석의 준거였던 서양 백인남성 중심의 역사해석 틀을 해체하고 제3세계에 대한 역사 연구의 필요성을 강조하게 되었고, 유색인종과 흑인, 동성애자의 역사와 같은 새로운 분야가 연구의 중심 주제로 등장했다.

여성사 연구는 이러한 배경 속에서 대두되었다. 역사학의 아버지라 일컬어지는 랑케의 "사료로 하여금 말하게 하라"라는 역사주의의 신념은 역사가로 하여금 문헌사료에 기록된 것 이상을 기술

해서는 안 되도록 했다. 그 결과 왕이나 군주 등 남성지배자들에 대해 관심이 집중될 수밖에 없었다. 사료 자체가 대부분 남성들이 남성적 관점에서 서술한 것이므로, 역사주의의 세례를 받은 역사 연구는 자연스럽게 남성에 의해 기록된 남성들만의 역사로 축소되고 말았다. 역사 속의 여성은 삶의 주체가 아니라 시대가 요구하는 젠더 양식에 순응하는 수동적인 존재로만 묘사되었다.

그러나 1960년대, 오랫동안 남성들이 구축했던 권위주의 체제에 도전하면서 일기 시작했던 이른바 68운동 이후 역사 연구에서는 그 동안 배제되어온 집단에 대한 연구가 활성화되었다. 이러한 맥락 속에서 서구에서는 여성주의 연구의 바람이 역사학계에도 불어왔다. 이처럼 지극히 현실적인 관심에서 본격적으로 등장한 여성사 연구의 등장 배경은 여성운동의 출현과 관련이 있다. 그 진원지는 1960년대 말 미국이었다. 그때까지는 심지어 진보적인 운동세력 안에서도 여성은 보조적인 역할을 하는 존재로 취급되었다. 이런 현실에 대한 분노는 운동으로 표출되었고 이 운동의 구체적인 전략을 수립하려는 시도는 자연스레 여성들이 살아온 과거에 대한 관심으로 이어졌다. 그러나 막상 기존 역사서술에서 여성들의 과거는 거의 다루어지지 않았거나 또는 왜곡되었다는 사실이 새삼 확인되었다. 이를 바로잡기 위해서는 올바른 여성사의 서술이 필요하다는 인식이 확산되었다. 이러한 움직임은 곧 유럽으로 건너갔다.

우리의 경우, 1945년 해방 이후 2년제 여자대학을 4년제로 개편하는 과정에서, 이러한 조치가 여성의 혼인연령을 높일 수 있다는 우려로 강한 반발이 있었던 시절에는 국내의 여성사 연구가 별다른 관심을 불러일으킬 수 없었다. 하지만 이제 국내에서도 여성운동의 발전이 어느 정도의 궤도에 이르면서 여성사 연구의 필요성이 한층 부각되고 있다. 이미 여성 법무부 장관이 배출되었고, 최고액 화폐의 도안 인물로 신사임당이 선정될 정도로 여성은 더이상 우리 사회의 주변인이 아니다.

여성의 관점으로 역사 다시 쓰기

이러한 배경 속에서 한 여성사 연구모임은 여성주의적 시각으로 역사 다시 쓰기를 시도했다. "여성의 역사 쓰기는 기존의 역사를 구성해온 서사에서 배제된 여성의 경험을 발견하여 재구성하려는 기획에서 시작됐다. 이 과정에서 여성의 경험이 동시대 남성들과는 다른 경험이었음이 드러나면서 이 기획은 난제에 봉착하게 되었다. 단순히 '거기에 여성도 있었다'는 식의 역사 서술은 기존 역사에 여성을 끼워 넣는 것에 불과했기 때문이다. 이는 여성의 경험이 어째서 남성의 경험과 달랐는지 설명해주지 못했다. 그래서 '집단적 남성 주체가 역사 발전을 이끌어왔다'라는 전제를 거부하면서 여성의 대항신화를 만들어내기 위해 '페미니스트 역사'가 기획되기도 했다. 그러나 대중화된 페미니스트 조직이 없었던 무렵에 특정한 자원에 접근 가능했던 '엘리트 여성'의 행위성을 지나치게 숭배하는 것은 저항 자체의 계급적 분석을 결여한 채 특정한 여성들의 역사만을 강조하는 함정을 갖는다. 물론 우리는 여성이 남성과 다른 경험을 어떻게 해왔는지, 주목할 만한 여성

인물로는 어떤 이들이 있는지를 찾아내는 것이 의미가 없다고 생각하지는 않는다. 왜냐하면 남성과 다른 여성의 경험이 무엇인지가 아직 충분히 드러나지 않았기 때문이다.

단지 우리는 여성 경험을 의미화 하는 이론적 전망과 함께 여성들의 다양한 경험을 획일화시키지 않을 수 있는 방법을 찾고 싶었다. 그래서 우리의 기획은 기존의 역사가 어떤 경로를 통해 남성의 역사로 상징되어왔는지, 역사가들이 상징권력과 지식생산 과정에서 어떻게 특정하게 선택된 사실을 '진실'이라고 말할 수 있는 힘을 갖게 되었는지에 대한 비판의식에서 출발한다."[1]

이러한 문제의식에서 비롯된 여성사 연구는 그 동안 상당한 방법론적인 변화를 경험했다. 기존의 역사서술은 '여성이 없는 역사'(Womanless History)에서부터 시작되었다고 할 수 있다. 자고로 역사 속의 승자가 시대의 흐름을 주도해왔기 때문에, 역사가는 승자의 역사에 관심을 기울여야 한다는 의식 속에서 (남성) 영웅들의 행위에 초점을 맞추어졌다. 여성은 이름도 역사도 없이 그곳에 머물러 있기만 했다. 그 결과 정치·외교적 업적을 연구하는 정치·외교사가 역사 연구의 주류로 대두되었다. 또한 특정 개인의 위대한 업적을 높이 평가하는 개인주의적 역사서술방식을 채택하면서, 세계의 역사는 '서구 백인 남성들'의 역사로만 이해되곤 했다. 이들이 추구한 지식과 가치는 인류의 보편적인 것으로

---

1) 여성사 연구모임 길밖세상, 『20세기 여성 사건사』, 여성신문사, 2001, 7~9쪽.

수용되었고, 철학·경제·예술사의 다양한 분야에서 이들이 이루어놓은 업적은 절대적인 것으로서 무비판적으로 받아들여졌다.

그러나 미약하나마 이러한 의식에 변화가 생기면서, '역사 속의 여성'(Women in History)의 역할을 어느 정도 인정하는 분위기가 조성되었다. 하지만 이 새로운 연구경향은 극소수 우월하고 예외적인 여성, 예를 들면 진덕여왕·선덕여왕·신사임당·클레오파트라·엘리자베스 1세·버지니아 울프와 같은, 보통의 여성들이 도달할 수 없는 것들을 성취했던 어찌 보면 여성적이지 않을 수도 있는 인물들을 부각시키는 작업에 그쳤다. 이 같은 작업은 이들을 모델로 삼아 일반 여성들도 이들의 규범을 따르기를 원했던 남성 역사가들의 가부장적 이데올로기가 작용하는 수준에 그치고 말았다.

다음 단계는 여성들이 자기 자신을 정당화하는 여성의 자기 발견이 진행되던 시기였다. 이른바 '여성들의 역사'(History as Women) 단계가 그것이다. 소수이나마 일부 역사가들이 역사 속 여성의 삶을 긍정적으로 인정하기 시작했다. 뿐만 아니라 여성의 역사를 더 이상 단순한 패자의 역사로 보지 않게 되었다. 노예제 폐지운동이나 노동운동 또는 사회주의운동 등 기존의 사회사 연구에서 중요하게 다루었으나 그 서술에서 남성을 위주로 전개하면서 여성들의 체험이나 참여를 따로 밝히는 데는 소홀했던 분야에서 괄목할 만한 연구업적이 쏟아져 나왔다. 이들은 여성의 역사적 가치를 인정했고, 더 나아가 비가시적인 가내노동을 새롭게 평가하려고 시도했다. 그 결과 밝혀진 바에 따르면, 여성은 매순간

말없이 참기만 하고 자신들의 주장을 내세우지 못했던 것이 아니었다.

마지막 단계에서는 '재정의되고 재구성된 역사'(History Redefinded and Reconstructed) 연구가 추진되었다. 여성참정권운동이나 산아제한운동 등 기존의 역사학계에서 제대로 평가받지 못했던 사건들을 재발견하고 재평가하는 작업이다. 또한 출산, 자녀양육 등 사적인 영역으로까지 연구 분야를 확대하면서 공식적인 사회관계의 이면에 놓여 있던 여성의 삶을 드러내면서 인류의 생활양식의 변화에 기여한 여성의 역사를 재발견하려는 시도가 이루어지고 있다. 오랫동안 역사가들은 여성은 노동을 하지 않으며, 남성만이 가족을 부양한다는 생각에 익숙했다. 여성의 경제적 기여는 평가절하되었고, 공적 영역과 사적 영역의 분리라는 이분법적 이데올로기가 깊이 뿌리내렸다. 하지만 공사분리라는 사고에 대한 회의론이 점차 대두되면서, 가정이 사회의 연속선상에 있다는 인식이 확산되었다. 이제 여성이 배제되지 않은 총체적 역사 연구가 본격적으로 진행될 수 있는 토대가 마련된 듯싶다.

더 나아가 켈리(Joan Kelly-Gadol)와 같은 일부 여성 역사가들은 기존의 전통적 역사해석에 직접 도전하는 시도를 하기도 한다. 마흔을 갓 넘긴 아까운 나이에 병마로 세상을 떠난 페미니스트 사학자인 그가 1976년 발표한 글 「여성에게도 르네상스는 있었는가?」(Did Women Have a Renaissance?)는 서구 여성사 연구에서 불후의 작품으로 기억된다. 켈리는 이 글에서 "여성사의 과제 중의 하나는 당연시되어온 시대구분 도식에 의문을 제기하는 것이다"라고 주장한다. 흔히 역사책에서 서구 르네상스 시대는 진보의 시대로 규정되곤 한다. 그러나 켈리의 주장에 따르면 "르네상스 시기의 정치·사회적 변화는 물론 소속된 사회적 신분에 따라 다른 영향을 지니겠지만, 특히 당시 융성하던 이탈리아 도시국가 지배층의 경우 여성은 같은 계급 남성의 세력이 신장한 것에 비해, 그리고 중세 귀족여성들에 비해서도 자유의 후퇴를 겪었다". 문학작품 등에 나타난 결혼, 가족, 연애 등에 관한 이데올로기를 분석한 결과, 이 시기 도시국가의 지배층 여성은 공적인 활동에서 위축되고 정조관념과 남성에 대한 의존도는 강화되어 결국 근대적 해방과 역행하는 경험을 했던 것이다. 결국 "동일한 시대, 같은 계급에 속했을지라도, 여성과 남성의 체험은 본질적으로 다를 수 있다"는 것이 그녀의 강조점이다. 켈리의 이러한 문제제기는 기존의 역사기록과 해석에서 소외되었던 여성의 눈과 체험을 통해 '역사 다시 쓰기'를 감행한 페미니스트 사학자들의 연구를 자극하는 시금석이 되었다. 이는 동일한 시대의 사료를 해석하더라도 여성의 관점에서 역사를 바라보면 다른 결론이 도출될 수 있음을 보여주는 대표적인 사례다.[2]

잊혀진 여성의 목소리

위에서 언급한 대로 오늘날 여성사 분야는 그 어떤 영역보다 의

---

2) 켈리의 글에 대한 소개는 캐롤 C. 굴드 엮음, 『지배로부터의 자유: 여성철학의 새로운 시각』, 한국여성개발원, 1987, 48쪽 이하 참조.

미 있는 성과를 축적해가고 있으며, 여성사 연구의 제반조건들도 어느 정도 조성되고 있다. 하지만 아직 해결해야 할 문제가 많다. 여성사 연구를 진행하는 데 극복해야 할 가장 큰 문제 가운데 하나는 바로 사료의 문제다. 여성들의 경험과 삶을 기록한 사료가 절대적으로 부족할 뿐더러, 그나마 남아 있는 대다수 사료들은 가부장적 사고에 친숙한 남성들이 기록한 것이기 때문이다. 심지어 상대적으로 삶의 궤적을 객관적으로 보여주는 통계자료조차도 남성의 생활양식에 근거한 것이 대부분이다. 빅토리아와 에드워드 시대 여성문제에 관심을 기울였던 퍼비스(June Purvis)의 언급에 따르면, 빅토리아 시대 영국 노동계급의 상태에 대한 정부보고서를 작성한 조사관들은 노동계급 여성을 "영양가 있는 식사를 만들 줄도 모르고 가정을 편안하게 꾸밀 줄도 모르는 무능한 아내이자 어머니로 결국 그들 자신이 남편을 술집으로 내모는 장본인"이라고 폄하했다. 따라서 인용될 사료가 어떻게 기록되었는가를 상세히 검토하고 그 행간을 읽어내는 비판적 사료 분석이 반드시 필요하다. 한 발 더 나아가 남성적 이데올로기가 가미된 사료 더미 속에서 잊혀진 여성의 목소리를 끄집어내는 것도 꼭 필요한 일이다.

국내의 여성학자들은 우리의 여성사 연구동향을 정리하면서 다음과 같이 회고한다. 그 동안 한국사 영역에서도 커다란 주목을 받지는 못했지만, 여성사 연구가 꾸준히 진행되었다. 그러나 몇몇 대학에서 진행된 이 연구들의 대다수는 실증적 면에서도 취약할 뿐만 아니라 백과사전적인 서술방식에서 크게 탈피하지 못했다. 또한 여성이라는 협소한 범위로 제한하여 연구하면서, 일반사와의 접맥도 거의 이루어지지 못한 실정에 머무르고 있다. 이들은 아직도 한국사학계 일반의 논의구조에 진입하지 못한 채, 그 주변부를 배회하는 실정이다. 서양학계에서 논의된 바 있던 모권 혹은 모계사회가 우리 역사에도 존재했는가, 서구적 이론이 정립한 여성억압의 기원 논의가 우리에게도 그대로 적용될 수 있는가, 서구의 여성억압의 역사와는 다른 동양적·한국적 특수성이 존재한다면 그 본질은 무엇인가, 조선시대 여성의 지위는 어떠했으며 자본주의화와 함께 봉건적 굴레가 얼마나 극복되었고 잔존하는가, 자본주의화는 한국여성의 지위에 어느 만큼의 질적 변화를 초래했는가, 전 시대를 통해 여성들의 주체적 대응은 어떻게 나타났으며 여성운동은 언제부터 어떻게 전해왔는가 등 무수한 질문들이 정확한 대답을 기다리고 있다.

여성, 타자에게 주체로 올라서다

마지막으로 '오늘날 여성의 인권 보장은 어느 수준까지 와 있는가?'라는 문제를 같이 생각해보고자 한다. 결론적으로 이야기하면 여성 인권은 괄목할 만한 성장을 해왔다. 불과 백 년 전만 해도 '여성이 공부하러 학교에 간다' '예배를 보러 집밖으로 외출을 나간다'라는 사실을 놓고 보수유학자들은 '말세'를 운운했다. 1922년 6월, 강향난이라는 이름의 여성이 남자들과 함께 공부하기 위해 삼단 같은 머리털을 잘라내고 남장을 한 채 서대문 안에 있는 정측강습소에 나타난 사건은 장안의 화제가 되기에 충분했다. 여성의 역할을 제가치산(齊家治産, 집안을 다스리고 재산을 관리함)

으로 한정했고, 따라서 여성에게 교육은 필요 없는 것으로 여겼던 시대였다.

서양 역사에서도 여성 인권이 무시당하던 시기를 찾는 것은 별반 어려운 일이 아니다. 아리스토텔레스, 아퀴나스, 칼뱅, 흄, 니체와 같은 위대한 사상가들도 저서에서 여성에게는 합리성에 필요한 조건인 추상적 사고, 객관적인 판단, 도덕적 논리 전개를 할 수 있는 능력과 재질이 결여되어 있다고 주장했다. 또한 흔히 서양사에서 위대한 진보적인 변혁으로 일컬어지는 고대 아테네 문명, 문예부흥기, 프랑스 혁명도 여성의 인격, 곧 역사의 합리적인 수행자로서 행동할 수 있는 여성의 능력을 감소시키는 결과를 초래했다.

여성의 입장에서 보면, 고대 아테네의 정치적 '진보'란 축첩제도와 내방(內房) 생활을 의미했다. 남성 시민들만이 민주정치의 운영에 참여했고, 여성은 이 위대한 정치적 행위로부터 철저히 배제되었다. 문예부흥이 서구사회에 가져온 진보란 부르주아 계급 아내의 활동반경을 가정 내에 제한시키는 것, 그리고 여성이 마녀로 처벌받게 되는 경우가 빈번해졌음을 의미했다. 프랑스 혁명이 내건 구호인 '자유·평등·박애'에서도 여성은 명백하게 제외되었다. 혁명 과정에서 채택된 '인간과 시민으로서의 권리 선언'은 역사상 최초로 근대적인 평등 사회를 여는 계기를 마련한 문서로 추앙받지만, 정작 "자연적이고 양도될 수 없는 신성한 권리"를 가진다는 그 인간의 범주에서 여성은 완전히 소외되어 있었다.[3)]

서양사에서 특히 가장 슬픈 장을 구성하는 마녀사냥은 여성의 인격이 무참하게 짓밟힌 대표적인 사례다. 여성들은 악마와 계약을 맺고 마법을 부린다는 혐의로 구속당하여 재판받고 처형되었다. 수세기 동안 지속된 마녀사냥의 희생양들은 대부분 사회적으로 가장 취약했던 가난한 여성들이었다. 비록 일부였지만 마녀사냥 시대에 이들 여성의 인권은 늘 탄압의 공포에 휩싸였다. 마녀사냥이 남성들이 이룩한 '위대한' 과학혁명의 시대에 자행되었다는 점도 역사의 아이러니가 아닐 수 없다.

위에서 살펴본 것처럼, 역사 속의 여성은 늘 '타자'로 규정되었다. 오늘날 여성들이 주권적 주체로서 당당하게 권리를 행사하기 위해서는 무엇보다 현재의 권리가 어떻게 남성들에 적합하도록 발명되고 발전되어왔는지 인식할 필요가 있다. 또한 오늘의 법이 어떠한 성적 차이를 토대로 정의되었는가를 주의 깊게 살펴보아야 할 것이다. 이처럼 현재 남성들의 지배적인 권리의 기원에 대한 질문을 제기함으로써 우리는 현재의 법과 제도에서 무엇이 수정되어야 하는지 검토할 수 있을 것이고, 남성과 여성의 성적 차이는 그 간격이 더 좁아질 수 있을 것이다.

---

3) 선언문 번역본은 에티엔 발리바르 외, 윤소영 옮김, 『'인권의 정치'와 성적 차이』, 공감, 2003, 38~40쪽 참조.

일러두기

* 이 책에 실린 글들의 최초 발표 지면과 논문 제목은 아래와 같다. 대부분 글들을 다시 다듬고 내용을 보탰으며, 이해를 돕기 위해 중간제목과 소제목을 달았다. 오래 전 발표된 논문은 최근의 국내외 연구결과들을 참조하여 보완했다.

1 「중세 교회의 여성관: 기존의 연구 성과에 대한 재검토」, 『서양중세사 연구』 제11호, 2003, 1~25쪽.
2 「아우구스티누스의 여성관」, 『서양중세사연구』 제16호, 2005, 31~55쪽.
3 「참회고행지침서에 나타난 중세 여성에 대한 문화사적 접근」, 『서양중세사연구』 제20호, 2007, 1~31쪽.
4 「서양 중세 로마네스크와 고딕예술에 나타난 여성의 모습」, 『서양중세사연구』 제7호, 2000, 31~55쪽.
5 「"Femina est mas occasionatus": 토마스 아퀴나스의 여성관에 미친 아리스토텔레스의 영향」, 『서양중세사연구』 제14호, 2004, 67~98쪽.
6 「중세의 이단과 여성」, 『역사학보』 제164호, 1999, 221~248쪽.
7 「중세 여성들의 '역할 거부론'」, 『사학지』 제32호, 1999, 141~159쪽.
8 「서양 중세 귀족 부인들의 정치력에 대한 연구: 긴느 가의 여인들을 중심으로」, 『사림』 제29호, 2008, 259~285쪽.
9 「서양 중세의 남장여성(男裝女性)—Hildegund von Schönau의 역사성 재검토」, 『역사학연구』 제37호, 2009, 137~163쪽.
10 「서양 중세 성녀전에 나타난 젠더전환—Hildegund von Schönau의 사례를 중심으로」, 『서양중세사연구』 제26호, 2010, 123~147쪽.

Ⅰ 시선 視線

역사 속의 여성들은 남성의 따가운 시선에
움츠러들곤 했다. 이러한 시선에는 일종의
권력관계가 작용한다. 남성 권력이 구성한
담론 내부에는 가부장적 이데올로기가
투사되어 있다.

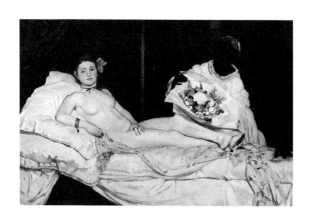

I 중세 교회의 여성관

억압받은 중세여성이라는 통념

'교회와 여성'이라는 주제에 대해 그 동안 국내 학계에서는 성서 속의 여성관[1], 그리스도와 바울의 여성관[2] 등과 같은 주제가 연구자들의 관심대상이었다. 하지만 대다수의 글이 신학적인 학술 논문이었으며, 역사학자에 의한 본격적인 연구는 아직 미흡하다. 더욱이 초대교회의 전통을 이어받은 중세 기독교 사회가 견지했던 여성 이미지에 대한 연구는 신학 분야뿐만 아니라 역사학계

---

1) 대표적으로 다음을 들 수 있다. 장상, 「성서신학에서 본 여성신학: 마가복음서를 중심으로 한 초기기독교 운동에서의 여성의 역할과 위치에 관한 연구」, 『한국기독교학회』 3, 1988, 150~230쪽; 이경숙, 「여성신학적 관점에서 새롭게 읽는 창녀 라합 이야기(수 2: 1~24, 6: 22~26)」, 『신학사상』 134, 2006, 47~70쪽.

2) 대표적으로 조건회, 『복음서에 나타난 예수의 여성관』(연세대학교 박사학위 논문), 1994; 김판임, 「왜 여자만 머리를 덮으라고 하는가? 고린도전서 11: 2~16」, 『신약논단』 16, 2009, 495~533쪽; 수잔네 하이네, 정미현 옮김, 『초기 기독교 세계의 여성들』, 이화여자대학교 출판부, 1998.

에서도 아직 미진한 상태에 머물러 있다.

국외에서도 중세 교회의 여성관에 대해서는 아직도 많은 관심
이 집중되지 않은 상태로, 중세사 연구에서 미해결의 과제로 남아
있다. 경우에 따라서는 일부 연구자들이 중세의 교회 문헌에 비친
여성관에 주목했으나, 대부분 '성차별적 중세 기독교'라는 전통적
인 해석방식에서 벗어나지 못했다.[3] 더욱이 감정에 치우친 조심
스럽지 못한 일부 연구로 인해 과거를 이해하는 일은 더욱 어려워
졌다. 좀더 객관적으로 당대의 상황을 바라보기 위해서는 사료에
근거한 신중한 연구가 요구된다. 특히 뒤비(G. Duby)가 제시한
이브적 여성관에서 마리아적 여성관으로, 부정적 여성관에서 긍
정적 여성관으로의 변화라는 '진보론적 이론'[4]에 대한 검토가 있
어야 한다. 중세 후기로 갈수록 여성관이 긍정적으로 변화했다면,
과연 중세 초기 교회의 여성관을 부정적인 것으로만 규정할 수 있
을까? '중세 초기의 부정적 여성관, 중세 후기의 긍정적 여성관'
이라는 단순화가 내포하는 위험성을 신중하게 고려할 필요가 있
다. 동시에 통념적으로 알려진 '억압받은 중세여성'이라는 설명[5]

---

3) 대표적으로 Rosemary Radford Ruether(ed.), *Religion and Sexism:
   images of woman in the Jewish and christian traditions*, New
   York: Simon and Schuster, 1974에 실린 글들을 들 수 있을 것이다.

4) Georges Duby, *Die Frau ohne Stimme. Liebe und Ehe im
   Mittelalter*, Berlin: Verlag Klaus Wagenbach, 1989; Georges Duby,
   Die Zeit der Kathedralen: Kunst und Gesellschaft 980~1420,
   Frankfurt a. M.: Suhrkamp, 1999.

이 어느 정도 타당성을 갖고 있는가에 대해서도 재검토가 이루어져야 한다. 이러한 문제의식에 근거해서 중세의 기독교 공동체가 과연 여성 적대적인 관념이 만연했던 사회였는가를 면밀하게 다시 살펴보고자 한다. 이 글에서는 우선 교회 문헌에 나타나는 여성관에 초점을 맞추고자 한다. 이를 위해 교회 성직자들의 여성관이 반영된 신학서적 · 성서주석서 · 성인전 · 라틴 시 · 설교문 · 서한 등의 기독교 문헌을 집중적으로 분석할 것이다. 이처럼 방대한 분량의 사료들을 수집하는 작업이 어쩌면 불가능할지도 모르나, 다행스럽게도 대부분은 미뉴(Jacques Paul Migne, 1800~75)의 『라틴 교부총서』(*Patrologia Latina*)[6]에 편집되어 있다.

---

5) 상당수 여성사 연구자들은 일부 중세 성직자들의 여성관을 소개하면서 중세에는 여성이 남성보다 열등한 존재로 인식되었음을 강조한다. 일부 학자의 경우, "하수구 위에 세워진 사원"(Quintus Tertullianus), "아이를 만드는 기계"(Augustinus), "악마의 소굴"(ianua diaboli, Hieronymus)과 같은 교부철학자들의 여성에 대한 언급들이 마치 초대 교회의 공식적 여성관인 것처럼 비화시켰다(예를 들면 R. R. Ruether, "Misogynism and Virginal Feminism in the Fathers of the Church", 앞의 책, 162, 166쪽; Jonathan W. Zophy, "We must Have the Dear Ladies: Martin Luther and Women", Kyle C. Session, Phillip N. Bebb(eds.), *Pietas et Societas: New Trends in Reformation Social History*, Mo.: Kirksville, 1985, 142쪽). 이 같은 교부들의 여성 적대적인 태도가 중세 후기까지 계승되어 마치 중세 모든 시기의 여성은 한마디로 원죄의 근원인 이브의 딸들로 인식된 것으로만 해석되고 있다(예를 들면 James A. Brundage, "Prostitution in the Medieval Canon Law", Vern L. Bullough, James Brundage(eds.), *Sexual Practices and the Medieval Church*, Buffalo, 1982, 152쪽).

기존의 연구 결과들은 중세 가운데서도 특히 13세기 이전의 교회가 '여성문제'(frauenfrage)[7]에 무관심한 (남성) 성직자들과 수도사들만의 종교공동체였다는 사실에 대해 별다른 이의를 제기하지 않았던 것 같다. 수도원의 수도사들은 말할 것도 없고, 남녀 신도들의 영적 구원과 사목 활동(cura animarum)에 전념했던 재속 성직자들조차도 여성들과의 접촉을 가급적 회피했다. 이들은 자기방어의 수단으로 경우에 따라서는 여성을 전염병과 같은 존재로 폄하하려는 시도들을 지속적으로 했다. 더욱이 성직자 독신의 계율을 강조했던 그레고리우스의 개혁 이후에는 여성과의 접촉 기회를 더욱 의도적으로 회피했다.

이러한 중세 교회의 특성상 대부분의 성직자들은 여성에 대한 경험이 적었다. 특히 기독교 사회에서 강한 호소력을 가졌던 덕망 높은 성직자일수록 어린 나이부터 성직자의 길을 걸었다. 이들은 청원자로서 수도 단체에 입회하거나 가문의 정치적·경제적 이해관계에 따라 강제로 수도원에 봉헌(oblatus)되었다. 따라서 이들이 기억하는 유일한 여인은 어머니였고, 그나마 가물가물하게 서

---

6) Jacques Paul Migne, *Patrologiae cursus completus seu bibliotheca universalis……Series latina*(이하 *Migne PL*로 약칭), 전221권, Paris, 1844~64.
7) 여기서 '여성문제'라 함은 문화, 정치, 경제, 법, 이데올로기 등의 영역에서 여성의 자아실현과 평등한 권리보장과 관련된 모든 문제라 할 수 있다. 동시에 여성문제는 여자라는 이유만으로 차별당하는 사회의 구조적 모순을 드러내는 메타 담론이다.

서히 잊어지는 기억이었을 것이다. 여성에 대한 무지, 경우에 따라서는 인간적 접촉에 대한 공포감, 특히 여성과의 교류가 성적 접촉이나 성적 상상력을 유발할 수 있다는 두려움은 결국 여성을 의도적으로 회피하는 현상을 초래했다. 중세 성직자들의 이러한 심리를 강조하는 후대의 일부 연구자들은 여성에 대한 중세 성직자들의 태도가 당연히 적대적일 수밖에 없다고 보았다.[8]

그러나 중세 성직자 사회가 여성 적대적인 남성들만의 집합체였다는 주장은 과연 무비판적으로 수용되어야 하는가. 이러한 견해는 혹시 몇몇 특정 성직자들의 여성관이 확대 포장된 결과가 아닌가 하는 의문이 든다. 아리스토텔레스와 플라톤의 철학적 사고가 고대 그리스인의 세계관을 모두 함축한다고 주장할 수 없듯이, 소수의 영향력 있는 중세 신학자들의 여성관이 중세 교회의 입장을 대변한다고 확대 해석할 수는 없을 것이다. 이 장에서는 화석화된 역사에 대한 반분석(counter-analysis)을 통해 지배적인 역사해석의 이면에 숨겨진 대항기억(counter-memory)을 발굴함으로써 그 동안 망각되었던 중세의 목소리들을 새롭게 되살리고자 한다.

---

8) 대표적으로 Eleanor Mclaughlin, "Die Frau und die mittelalterliche Häresie. Ein Problem der Geschichte der Spiritualität", *Concilium* 12, 1976, 34~44쪽; E. Mclaughlin, "Equality of Souls, Inequality of Sexes: Women in Medieval Thoelogy", R. R. Ruether(ed.), 앞의 책, 213~266쪽.

성직자들의 이중적인 여성관

인류의 구원을 위해 기도했던 중세의 수도승들과 성직자들은 신의 섭리 속에 어떠한 여성관이 제시되어 있는가에 대해 자문했다고 한다. 이와 같은 이유로 성직자들은 신이 주관하는 구속사(救贖史, Heilsgeschichte) 안에서 여성의 존재를 정의하려고 했다. 그 결과 여성은 '남성' 성직자들에 의해 신의 질서(ordo) 개념 속에서 파악되었다. 성직자들이 이러한 자신들의 생각을 신으로부터 유래했다고 승화시키면서 교회의 여성관은 절대적인 것으로 비추어지기 시작했다. 교회의 여성관은 당시 사회의 여성 이미지 형성에 지대한 영향을 미친 것으로 보인다. 중세에는 "성직자에 의한 지식의 독점화 현상"(A. Houser)이 기독교의 2,000년 역사에서 그 어느 시기보다도 강했기 때문이다. 이 같은 전제 조건에 별다른 이의가 없는 한, 교회가 견지했던 여성관은 중세 사회 전반에 지대한 영향력을 행사했다고 볼 수 있다.

이미 교부(教父) 시대에 신학자들과 성직자들은 신학 연구와 사목 지침서에 여성에 대한 자신들의 생각을 기록했다. 하지만 여성이 신학 연구의 독립적 대상으로 채택되는 경우는 드물었고, 여타의 신학적 교리 문제를 다루는 가운데 간헐적으로 언급되었을 뿐이라는 사실은 재차 강조되어야 할 것이다. 중세 신학자들에게는 인간의 구원이나 원죄 문제 등이 주된 관심대상이었으며 '여성 문제' 자체는 그리 중요한 비중을 차지하지 못했다.

그렇지만 교부들의 여성관은 중세 내내 중요한 이론적 토대가 되었고, 후대 신학자들은 이를 학문적 자양분으로 받아들였다. 중세인들은 자신의 주장을 관철시키기 위해 항시 '권위' 있는 옛것에 의존하려 했는데, 그 결과 성서와 교부들의 저서는 지식의 원천으로 여겨졌다. 특히 교부들의 권위적 해석은 법률이나 교황 칙령과 동등한 효력을 지닌 것으로 여겨졌으므로, 교부들의 여성관은 중세 성직자들에게 지대한 영향력을 행사했다.[9] 이러한 이유로 여성의 해악성을 강조해야만 했던 후대의 성직자들은 "늑대와 같은 존재들"을 가급적 멀리 쫓아 보내버리기 위해 교부 시대의 권위 있는 '여성 전문가들'의 문구를 인용하기 시작했다.

하지만 교부들의 여성관은 오늘날의 연구자들에게 혼란을 초래하기에 충분한데, 이는 여성에 대한 교부들의 생각이 이중적[10]이었기 때문이다. 금욕적 수양 생활을 강조했던 대부분의 교부들은 여성을 두려움과 혐오감을 가지고 바라보았다. 그들은 특히 젊은 남성 성직자들을 여성의 유혹으로부터 보호하는 일에 관심을 기울였다. 독신에 대한 찬양은 여성의 성적 능력에 대한 모욕을 동반하기도 했다. 더욱이 절제력 강한 일부 교부들의 여성 혐오는 매우 두드러져서, 성 아우구스티누스는 이렇게 질문을 던졌다. "만일 여성이 아이를 낳는 협력자로서 기여하지 않는다면 그녀는

---

9) 이에 대해서는 Ida Raming, *Der Ausschluss der Frau vom priesterlichen Amt. Gottwollte Tradition oder Diskriminierung? Eine rechtshistorisch-dogmatische Untersuchung der Grundlagen von Kanon 968 §1 des Codex Iuris Canonici*, Köln, 1973.

10) 여성에 대한 이러한 양가적 태도는 교부들뿐 아니라 이후의 다른 교회 문헌에서도 지속적으로 나타난다.

과연 어떤 경우에 남성에게 도움이 되겠는가?"[11] 히에로니무스 (Eusebius Hieronimus)와 크리소스토무스(Johannes Chrysostomus)도 여성의 본성은 악이라고 기술했으나, 정작 그들은 몇몇 여성 후원자들과 친밀한 교분을 유지했다. 특히 히에로니무스의 경우, 4세기 후반의 파울라(Paula) 성녀의 희생적인 신앙생활을 높이 평가하고 칭송하는 글을 쓰기도 했다.

교부들의 여성관이 이처럼 이중적이었지만, 여성은 여전히 "유혹, 마녀, 악마, 질병, 해충, 독"과 같은 존재[12]로 받아들여졌다. 성직자들은 자신들의 생각이 옳음을 증명하기 위해 교부들의 서적뿐만 아니라 고대 그리스 로마의 '이교도' 시대에 작성된 서적을 참고하는 것조차 꺼리지 않았다.[13] 이로써 서양 고대의 반여성주의 정서는 중세 기독교 사회에까지 계승될 수 있었다.

여성에 대한 교회의 태도는 11세기 후반에 진행된 교회 개혁과 더불어 더욱 보수적으로 기울어지는 인상을 준다. '교회의 자유' (libertas ecclesiae)를 강조했던 그레고리우스 개혁은 교회의 쇄신과 동시에 기독교 세계의 평신도들에게도 공동체적 삶을 가능

---

11) 앵거스 맥래런, 정기도 옮김, 『피임의 역사』, 책세상, 1998, 153쪽에서 재인용.

12) 이러한 태도는 어린 나이에 방돔 수도원에 입회해서 평생을 보냈던 제오프루아(Geoffroi de Vendôme)가 12세기 초반에 작성한 글에서 잘 나타난다(*Migne PL, 157*, column〔세로행, 이하 col.로 표기〕126).

13) 예를 들어 렌의 주교 마르보드(Marbode of Rennes, 1035년경~1123)는 고대 로마의 시인 유베날리스(Decimus Junius Juvenalis, 50년경 ~130년경)의 『제6 풍자시』(*Sixth Satire*)를 이용했다.

하게 했다. 또한 세속 사회에 대한 교회의 영향력을 강화하는 계기가 되었는데, 예를 들면 결혼이 성사(聖事)가 되면서 혼인의 불가해소성(不可解消性)도 당연하게 받아들여졌다. 그러나 이 글의 주제와 관련하여 무엇보다도 중요한 점은 이 시기의 여성 비하 문구들이 여성이 아닌 수도자나 재속 성직자들을 위해 작성된 문헌 속에 들어 있다는 사실이다. 이러한 글들은 개혁의 시대에 성직자들의 규율 강화 차원에서 등장했기 때문에, 과연 이 글들에 담긴 여성 적대적인 내용을 여성 자체에 대한 부정적 평가로 보아야 할지는 아직 불확실하다. 따라서 여성에 대한 성직자들의 글들은 새로운 각도에서 해석될 필요가 있다.

죄인 이브, 사악한 여성의 상징

구약성서에 따르면 이브는 첫 번째 여성이자 인류의 어머니이다. 원죄를 범했다는 이유로 그녀의 이름은 여성의 부정적인 이미지를 부각시키는 데 이용되었다. 여성과 관련된 중세의 기록들은 대개 독신 성직자들이 작성했으며, 여성을 대체로 수양 생활에 방해가 되는 존재로 인식했다. 이러한 중세적 해석을 무비판적으로 수용한 오늘날의 학자들도 이브를 아담을 유혹하여 인류에게 원죄의 멍에를 지우게 한 장본인으로 보았다. 중세 교회의 부정적인 여성관은 중세의 창세기 해석에 현혹된 연구자들에게 깊이 각인되어 있다.

실제로 중세 신학 문헌에서 여성에 대해 편파적인 내용을 담은 글들을 찾기란 그리 어렵지 않다. 여성의 모습을 한 악마가 한적한 곳에서 명상하고 있는 수도자를 유혹하려 했다는 기록들[14]은 자주 발견되며, 이때 이브가 유혹의 상징으로 종종 언급[15]된다. 지금까지 연구자들은 중세 초기의 성직자들이 이브를 통해 여성을 사악함의 상징으로 묘사했다고 결론지었다. 하지만 이브의 이미지로부터 부정적 여성관만을 유추하는 것이 올바른 판단인지에 대해서는 근본적인 재검토가 필요하다. 경우에 따라서는 이미 중세 초기에 여성과 남성의 동등성이 이론적 차원에서 인정되는 사례가 발견[16]되고 있기 때문이다.

이 점에 대해서는 585년 마콩에서 개최된 공의회와 관련해서 투

14) Wetti, *Vita Galli 12*, Bruno Krusch(ed.), *Monumenta Germaniae Historica, Scriptores Rerum Merovingicarum*(이하 *MGH SSRM*로 줄임) 4, 1902, 263쪽.

15) Gregor von Tours, *Historiae* 1, 44, Bruno Krusch, Wilhelm Levison(eds.), *MGH SSRM* 1,1, 1951, 29쪽 이하. De divortio Lotharii regis et *Theutbergae reginae* 15, Leutha Böhringer(ed.), *MGH* Conc. 4, suppl. 1, 1992, 205쪽.

16) Gregor von Tours, *Historiae* 8,20, *MGH SSRM* 1,1, 1951, 386쪽. "신께서 남자와 여자로 그들을 창조하시고, 그들의 이름을 아담이라 지으셨다. 그 이유는 그가 흙으로 만들어진 사람이기 때문이다. 신께서는 두 사람을 모두 남자라는 이름으로 부르셨지만, 그분께서는 여자 혹은 남자라는 호칭도 사용하셨다. 주 예수 그리스도는 인간의 아들로 불리지만, 그는 성처녀, 즉 여인의 아들이다."(Masculum et feminam creavit eos, vocavitque nomen eorum Adam, quod est homo terrenus, sic utique vocans mulierem ceu virum; utrumque enim hominem dixit. Sed et dominus Iesus Christus ob hoc vocitatur filius hominis, quod sit filius virginis, id est mulieris.)

르의 그레고리우스(Gregor von Tours) 주교가 작성한 기록을 참조할 필요가 있을 것 같다. 이 모임에서 한 주교가 여성(mulier)은 완전한 인간(homo)이 아니라는 주장을 전개하면서 설전이 벌어졌다. 이에 대해 다른 참석자들은 구약성서의 창세기를 인용하면서 "신은 인간을 남성(masculum)과 여성(feminam)으로 창조했고, 이러한 이유로 우리 주 예수 그리스도께서도 동정녀이신 마리아의 아들로 태어나셨다"는 반론을 제기했다. 참석자들은 그 외에도 성서를 전거로 한 증거를 더 제시했고, 이로써 논쟁은 마무리되었다. 이 논쟁에서 더욱 흥미로운 점은 창세기 인용을 통해 여성을 원죄의 근원으로 몰고 가지 않고, 오히려 남녀의 동등성을 부각시키기 위한 근거로 들었다는 사실이다. 585년의 논쟁은 창세기가 중세 교회의 부정적 여성상을 정립하는 데 교리적 기초가 되었다는 기존의 통념적인 인식 체계를 해체하기 위한 시발점이 될 수 있을 것이다.

현대의 많은 여성학 연구자들이 중세를 여성 적대적인 사회로 규정하고 이에 상응하는 문구들을 짜깁기하여, 실제와는 다른 왜곡된 중세의 여성관이 '재창조'되고 있는 듯싶다. 논의를 구체적이고 심도 있게 전개하려면, 중세 성직자들의 이브관을 조금 더 살펴볼 필요가 있다. 망각되었던 대항 기억을 좀더 많이 발굴한다면, 아마도 당시의 역사적 현실을 더욱 치밀하게 재구성해볼 수 있을 것이다.

방어적인 금욕주의

중세 초기의 성직자들이 여성을 상징하는 대명사로 이브를 즐겨 사용했다는 사실은 이미 언급했다. 창세기에 따르면 아담의 갈비뼈로 빚어진 이브는 악마의 유혹에 이끌려 아담에게 선악과를 먹게 했고, 이로써 인류 최초의 남자와 여자는 낙원으로부터 추방되었다. 이후 이브에게는 원죄의 원흉이라는 죄목이 붙는다. 중세 성직자들은 성서의 이브와 아담의 이야기를 주해하면서 여성에게 "이브의 딸들"이라는 지울 수 없는 낙인을 찍었다. 그러나 일부 중세 성직자들의 이러한 이브적 여성관이 중세 초기 교회의 여성상을 대변한다고 일반화할 수는 없을 것이다. 과연 '중세 초기의 여성관=이브적 여성관=부정적 여성관'이라는 획일적인 공식화는 지속적으로 설득력을 가질 수 있을까?

우선, 창세기 자체가 여성의 창조를 남성에 대한 인류 창조의 완성으로 이야기하고 있고,[17] 중세 초기의 성서 주석가들도 이 같은 메시지에 별다른 이의를 첨부하지 않았다. 라바누스 마우루스 (Hrabanus Maurus, 780~856)의 창세기 주석서는 여성이 창조 신화의 완벽성을 보완하는 역할(adiutorium)을 하기 위해 창조되었음을 강조[18]하고 있으며, 9세기의 한 연대기 작가도 창세기 3장 20절을 인용하면서 이브는 '모든 창조물의 어머니'(matris

---

17) "당신의 모습대로 사람을 지어내셨다. 하느님의 모습대로 사람을 지어내시되 남자와 여자로 지어내시고", 창세기 1장 27절 참조.

18) Hrabanus Maurus, "Commentariorum in Genesim libri IV", *Migne PL 107*, col. 482.

1-1 자신의 저술서를 마인츠의 주교에게 헌정하는 라바누스 마우루스. 그를 주교에게 인도하는 인물은 그의 스승이자 8세기의 위대한 학자인 알퀸이다.

omnium viventium Eva)[19]로 그녀의 도움 없이 인류가 번성할 수 없다고 기록[20]했다. 레미기우스(Remigius de Auxerre, 841~908)는 태초에 조물주께서 단순히 자손 번창의 임무가 아닌, 모든 창조물의 번성을 주관하는 중요한 역할을 여성에게 부여했다는 흥미로운 창세기 주석[21]을 남겼다. 이상의 인용문들을 종합적으로 검토해볼 때, 여성의 재생산 능력에만 관심을 집중시켰던 교부 시대의 여성관에 어느 정도 변화가 진행되었음을 알 수 있다. 중세 초기의 여성들은 오늘날의 많은 역사가들이 평가하는 것과는 달리 성직자들에 의해 어느 정도 긍정적으로 평가되었다.

19) Ado von Vienne, "Chronicon", *Migne PL 123*, col. 23.
20) 같은 글, col. 24.
21) Remigius de Auxerre, "Commentarius in Genesim", *Migne PL* 131, col. 24.

비록 남성에 대한 순종이 강조되었다[22]고는 하지만 여성의 존재 가치는 남성의 그것과 어느 정도 대등하게 인정되었다. 여성의 가치가 전적으로 부정되지도 않았다.

다음으로 원죄와 관련해서도 이브가 단순히 사악한 여자로 기억되지는 않았던 것으로 보인다. 물론 성서 속에서 남성우월적 문구들을 찾는 것이 어렵지 않고(예를 들면 디모데전서 2장 11절 이하[23]), 교부들과 중세 초기의 많은 신학자들이 원죄의 근원을 여성에게 돌리고 있지만,[24] 정작 중세 초기 성직자들의 주요 관심사는 '누가 원죄의 근원인가'가 아니라 '왜 이브(여자)가 아담(남자)을 유

22) 예를 들면, 성 아우구스티누스는 여성의 낮은 지적수준을 이유로 들면서 남성에 대한 여성의 순명을 신의 계율에 근거한 자연스러운 질서(ordo naturalis)로 파악했다. 중세 초기 신학자들은 대체로 아우구스티누스의 이 같은 권위적 해석을 답습하는 데 만족했던 것으로 보인다.

23) "여자는 조용히 복종하는 가운데 배워야 합니다. 나는 여자가 남자를 가르치거나 남자를 지배하는 것을 허락하지 않습니다. 여자는 침묵을 지켜야 합니다. 먼저 아담이 창조되었고 이브는 그다음에 창조된 것입니다. 아담이 속은 것이 아니라 이브가 속아서 죄에 빠진 것입니다."

24) 아우구스티누스는 '아담은 '기사도 정신'에 의해 이브의 유혹에 동조했다'고 보았고, 12세기에 페트루스 롬바르두스(Petrus Lombardus)는 "이브의 가슴속에는 독소가 들어 있다"고 전함으로써 여성이 신에 대해서만이 아니라 아담에게도 죄를 지었다고 강조한다(Elisabeth Gössmann, *Metaphysik und Heilsgeschichte: Eine theologische Untersuchung der Summa Halensis*, München, 1964, 215~229쪽, Elisabeth Gössmann, "Anthropologie und soziale Stellung der Frau nach Summen und Sentenzenkommentaren des 13. Jahrhunderts", *Miscellanea Mediaevalia* 12/1, Berlin, 1979, 281~297쪽).

혹했는가' 하는 문제였다. 이 같은 이유로 필자는 기존 연구 결과의 범주에서 벗어나 중세의 여성문제와 관련해서 좀더 폭넓고 심도 있는 사료 해석이 필요하다고 본다. 유혹의 원인과 관련해서 이시도르(Isidor von Sevilla)는 "이브가 이성적 판단 능력을 잃어버렸기 때문"이라는 대답을 제시했다.[25] 그러나 이에 못지않게 많은 당대 성직자들의 관념 속에 여성은 신의 형상(imago dei)에 따라 창조된 이성을 소유한 존재였다. 성서가 이 점을 부각시키고 있지 않다고 '불만'을 토로하면서, 여성을 포함한 모든 인간은 이성적 능력의 소유자임을 강조[26]하기도 했다.

이상의 논거들을 종합해보면, 중세 초기의 교회가 여성에 대해 이브적 · 부정적 입장을 취했다는 뒤비의 해석 방식은 이제 재고되어야 할 것이다. 비록 부정적인 견해가 대세를 이루지만, 긍정적인 해석도 존재한다는 면에서 중세 초기의 교회는 여성에 대해 이중적인 입장을 취했으며, 경우에 따라서는 교회 자체가 애매모호한 사목 지침을 정하고 있기 때문이다. 또한 여성에 대한 부정적 서술은 여성 자체에 대한 편견 때문이라기보다는, 오히려 순결

25) Isidor von Sevilla, "In Genesis 4 : 3," *Migne PL 83*, col. 218 이하.
26) Beda Venerabilis, *Hexaemeron I(=Libri quatuor in principium Genesis)*, Charles W. Jones(ed.), Turnhout, 1967, 28쪽. "여성은 신의 형상에 따라 창조되었으며, 이러한 이유로 그녀는 이성적 판단력을 소유했다. 그러나 성서는 이러한 사실에 대해 부연적인 설명을 하고 있지 않다"(Et femina enim ad imaginem Dei creata est, secundem id quod et ipsa habebat mentem rationalem; sed addendum hoc de illa non putavit Scriptura).

과 독신의 계율을 준수하기 위해 여성으로부터 보호막을 치기 위한 자구책이었다.

결국 중세 초기의 금욕주의(Anti-Sexualism)가 반드시 반여성주의로 변질되지는 않았던 것으로 보인다. 여성 비하적인 문구들은 경우에 따라서는 토지소유권 논쟁과 같은 일부 성직자들의 (경제적) 이해관계 때문이기도 했고, 혹은 성직자들과 수도사들의 순결 서약을 지키기 위한 자기방어적인 교리의 영향이 강하게 작용한 것으로 보이기도 한다. 여성을 비하하는 일부 성직자들의 글이 반드시 여성의 정체성 자체를 부정하거나 여성의 가치를 평가절하하는 것으로 해석되어서는 안 될 것이다. 물론 일부 성직자들의 여성관이 고대 그리스 로마 시대의 철학자들과 교부들의 여성 비하적인 사고에 '오염'된 것을 부정할 수는 없지만, 그렇다고 일부 중세 성직자들의 관념적 사고를 중세 교회의 공식적인 여성관으로 확대해석할 필요는 없을 것 같다. "중세는 여성적대적인 남성중심적 사회"라는 구호가 역사적으로 타당성을 갖기에는 너무도 많은 반증적인 논거들이 있기 때문이다. 기억되는 만큼 망각되는 과거의 사실들이 많다는 원론적인 사실을 상기하는 동시에 새롭게 발굴된 반역사(anti-history)의 가능성을 간과하지 않는다면, '중세의 여성 적대론'은 당시의 특수한 상황을 전제해야만 한다. 이러한 이유로 사료 수집과 해석에 시간을 투자하기보다는 '잃어버린 역사'를 되찾으려는 데 전념하는 일부 페미니스트 역사가들의 무책임한 글들은 신중하게 독해되어야 할 것이다.[27]

남성도 여성의 은혜를 입는다

더욱이 중세 후기로 갈수록 여성을 죄악시하는 관념이 상당 부분 희석되었다는 사실만으로도, 중세 교회의 여성관이 여성에게 적대적이었다고 획일화할 수 없다. 자주 인용되는 사례이긴 하지만, 엘로이즈와의 서신 교환에서 드러나는 스콜라 철학자 아벨라르(Peter Abelard, 1079~1141)의 여성관은 중세 성직자의 사고에 많은 변화의 조짐이 일어나고 있었음을 보여준다. 오히려 여성인 엘로이즈 자신의 여성관이 무색할 정도로, 아벨라르는 구약과 신약성서에 등장하는 여성들을 일일이 나열하면서 여성에 대해 긍정적인 평가를 내린다. 그는 복음서가 그리스도와 사도들을 위해 봉사했던 여성들만을 기록하며, 그리스도의 부활을 사도들에게 처음 전달한 사람들도 여성이었음을 상기시키면서 여성의 특별한 사명을 강조한다. 아벨라르에게 이 여성들은 남성 사도들과 동등한 여성 사도들이었고, 또한 구약성서에 기록된 여성들도 남성들 못지않게 신을 칭송하는 데 적극적이었다.[28]

특히 여성성을 상징하는 이브가 중세에 단순히 유혹이라는 단어

---

27) 이 점과 관련해서 정현백은 "여성사 연구가 전문 역사학자들의 지원보다는 여성운동의 실천 속에서 태동했다보니, 자연히 이는 정치와 학문, 혹은 운동에의 열정과 학문적 규율 사이에서 방황하게 되었다"라는 적절한 지적을 했다(「새로운 여성사, 새로운 역사학」, 『역사학보』 제150집, 1996, 3쪽).

28) Peter Abelard, 「7번째 서한」(7 Brief), 『아벨라르 서한집』(*Briefwechsel zwischen Abaelard und Heloise: mit der Leidengeschichte Abaelards*), Leipzig, 1894, 152~192쪽.

와 동일시되었다는 설명은 신중하게 재검토되어야 할 것이다. 물론 중세 초기의 신학자들은 이브로 대변되는 여성을 원죄의 근원이자 인류가 죄의 넝쿨에 얽매이게 된 원인으로 해석하려 했고, 그 결과 여자는 남자가 타락하게 된 원흉으로 인식되곤 했다.[29] 초기 스콜라 철학자들도 이 같은 여성상을 파괴시키지 않았던 것으로 보인다. 예를 들면 12세기 샤르트르(Chartres) 학파의 신학자들은 "조물주께서 여성을 창조하는 과정에서 구성 분자들을 잘못 배합했다"고 믿었다.[30]

하지만 이러한 이브관에도 11세기 중반 이후로 접어들면서 미미하나마 변화의 징후들이 나타난다. 우선 '이브'라는 단어가 문헌 속에서 서서히 자취를 감추게 된다. 이러한 사실은 중세 교회의 여

29) 대표적인 초기 교부철학자인 암브로시우스(Ambrosius, 340~397)의 여성적대적 문구들은 이미 잘 알려져 있다. "내가 보기에는 여자가 원죄의 근원이며, 거짓말을 먼저 하기 시작했다"(mihi tamen videtur a muliere coepisse vitium, inchoasse mendacium. *Migne PL* 14, col. 303). 한편 클뤼니 수도원의 위대한 대원장으로 칭송받는 오도(Odo, 878년경~942)는 한 서신에서 "이브의 딸들"을 조심하도록 신신당부하면서 다음과 같이 적고 있다. "미모란 것은 한 꺼풀의 가죽에 불과하다. 따라서 남자가 여자 피부 속에 무엇이 있는지 안다면, 여자가 남자를 한 번 바라보기만 해도 그 남자의 속은 메스꺼워질 것이다"(Nam corporea pulchritudo in pelle solummodo constat. Nam si viderent homines hocquod subtus pellem est······ interiora feruntur, mulieres videre nausearent. *Migne PL* 133, col. 556).

30) Hans Liebeschütz, *Kosmologische Motive in der Frühscholastik. Vorträge der Bibliothek Warburg 1923~24*, Berlin: Leipzig, 1929, 128쪽.

성관에 상당한 변화가 있었음을 알려준다. 비록 여성을 이브적 사고의 틀 속에 묶어두려는 기존의 사고 양식이 종종 답습되기는 했지만,[31] 여성은 더 이상 단순히 원죄의 근원인 이브의 딸로만 묘사되지 않았다.[32] 특히 아래에서 좀더 자세히 조사되겠지만, 일부 연구자들은 마치 힐데가르트(Hildegard von Bingen, 1098~

---

31) "남성만이 신의 형상에 따라 창조되었고, 반면에 여성은 남성의 모습을 본따서(mediante viro) 만들어졌다. 또한 남성만이 지적 능력을 소유했기 때문에, 여성은 남성에 복종해야만 한다"는 스콜라 철학자 빌헬름(Wilhelm de Auxerre)의 견해는 중세 초기의 여성관이 답습되고 있음을 보여준다(Wilhelm de Auxerre, *Summa Aurea*, Paris, 1500, Frankfurt, 1964, fol. 58v.).

32) 힐데가르트 수녀의 말을 인용해보면, "남성은 흙으로 창조되었기 때문에 육체적 강인함을 소유할 수 있지만, 남성의 몸을 통해 창조된 여성은 반대로 섬세함, 민첩함과 같은 능수능란한 재능을 보유하고 있다"(Elisabeth Gössmann, "Ipsa enim quasi domus sapientiae. Zur frauenbezogenen Spiritualität Hildegards von Bingen", Margot Schmidt und Dieter R. Bauer(eds.), *Eine Höhe über die nichts geht: Spezielle Glaubenserfahrung in der Frauenmystik?*, Stuttgart, 1986, 1~11쪽).

게르트루드 역시 여성은 신의 형상을 지니고 있지 않다는 일부 스콜라 철학자들의 주장에 대해 다음과 같은 반대의 견해를 밝혔다. "예수 그리스도께서 그녀에게 말씀하시기를 '내가 신의 형상을 띠고 있는 것처럼, 너도 나의 형상을 본받았다'"(Gertrud die Große, *Legatus divinae pietatis*, J. Lanczkowski(trans.) Heidelberg, 1986, 25쪽). 힐데가르트와 게르트루드는 남성과 구분되는 여성 정체성을 어느 정도 인식하고 있었던 것으로 보인다. 이를 남녀평등적 사고로까지 확대해석할 필요는 없으나, 여성의 자아 인식이 싹트고 있었다고 해석할 수는 있을 것이다.

1179)나 크리스틴 드 피장(Christina de Pizan, 1364년경~1430년경)와 같은 당대의 여성 지식인들만이 새로운 여성관을 제시한 것처럼 밝히고 있으나, (남성) 신학자들도 변화된 여성관을 글로 남겼다는 사실 또한 주목되어야 할 것이다.

중세 후기의 수많은 신학자들이 저술한 엄청난 분량의 작품들에 나타난 여성에 대한 다양한 신학적 견해를 일목요연하게 정리하는 작업은 애초부터 불가능해 보인다. 하지만 기존의 연구 결과들을 종합해보면, 12세기를 전후로 해서 여성에 대한 이미지가 변하고 있음을 확인할 수 있다. '유혹의 악마'로 묘사되곤 했던 중세 초기의 여성 이미지가 중세 후기로 들어가면서 긍정적 이미지의 여성상으로 점차 대체되었기 때문이다.

중세의 신학자들은 일반적으로 여성을 3등급으로 구분했다. 1등급 여성은 결혼을 하지 않은 처녀들로 이들은 살면서 한 노력에 대해 100배의 보상을 받을 것으로 기대되었고, 다음으로는 과부들로 이들은 60배의 보상을, 그리고 마지막으로 결혼한 부인들은 30배의 보상을 받는다고 보았다. 제롬 성인(히에로니무스)이 처음 제안했다고 알려진 이 등급표는 중세 전 시기에 걸쳐 통용되었다고 한다. 그러나 다른 한편에서는 이처럼 차등화된 여성관이 서서히 사라진 것으로 보인다. 최하위 등급으로 분류되었던 결혼한 여자의 영적 고통도 사목 활동의 주요한 관심사가 되었다.

시인이자 교사이며 학자였던 렌의 주교 마르보드(Marbode, 사망 1123)는 정숙한 부인은 남자와 다를 것이 없고, 일상생활에서 발휘되는 부인들의 탁월한 능력은 칭송의 대상이 되어 마땅하다고 생각했다.[33] "곡식을 심을 들판이 없다면, 씨가 무슨 소용이 있는가?"라는 그의 표현은 인간 사회에서 여성이 차지하는 비중을 엿보게 한다. 물론 아직도 여자의 능력을 자식을 낳는 역할에 국한시킨다는 인상을 떨치기 어렵지만 말이다. 하지만 결혼한 부인들도 성서 속의 회개한 여인들처럼 신 앞에 참회한다면 마리아 막달레나의 경우처럼 그리스도에 의해 구원될 수 있다는 희망의 메시지가 전파되기 시작했다.[34] 이 경우에도 여성은 원초적으로 죄인이므로 고행과 참회를 해야만 한다는 태생적 한계를 전제로 하고 있다.

이러한 변화의 원인으로 무엇보다 여성들이 자신의 목소리를 내기 시작한 것을 들 수 있지 않을까? 특히 종교적 영역에서 자신들의 소망과 열정을 표출하는 '여성운동'은 이미 사회 곳곳에서 목격된다. 이 여성들 중 일부가 카타리파와 왈도파와 같은 이단에 가담함으로써 상황이 점차 악화되어간다고 교회는 파악했다.[35]

---

33) *Migne PL 171*, col. 1700. 원문은 "Usibus humanis, nil pulchrius esse patamus, nil melius muliere bona, quae portio nostri Corporis est, sumus atque suae nos portio carnis, quam non immerito naturae lege coacti".

34) Geoffroy of Vendôme, *Migne PL 157*, cols. 270~272, 274.

35) 이에 대해서는 브랜다 볼튼, 홍성표 옮김, 『중세의 종교개혁』, 느티나무, 1999; Herbert Grundmann, *Religiöse Bewegungen im Mittelalter: Untersuchungen über die geschichtlichen Frauenbewegung im 12 und 13 Jahrhundert und über die geschichtlichen Grundlagen der deutschen Mystik*(=Historische

목자들은 서둘러 길 잃은 양들을 찾아 나서야 했다. 하지만 되돌아온 양들은 예전의 울타리 속에 계속 머물러야 했다. 비록 탁발 수도회와 같은 일부 교단이 수녀원을 세우고 청원자들을 받아들였으나, 침묵의 계율은 수녀들에게조차 절대적이었다. 성서를 주석하고 이에 대해 설교하는 것은 (남성) 성직자들의 몫이었으며, 이러한 '지식의 독점화' 현상을 깨트리려는 어떠한 시도들도 용납되지 않았다.[36]

이러한 사회 분위기 속에서 흥미로운 사실은 여성 지식인들이 서서히 자신들의 정체성에 대한 입장을 글로써 표명하기 시작했다는 점이다. 힐데가르트는 인류 최초의 여성이 뱀에게 유혹되어 조물주의 명령을 거부한 사실보다는 남성이 가슴속에 품은 오만함을 지적하는 데 더 적극적이었다.[37] 비록 남성이 육체적으로 강

Studien, Bd. 267), Berlin, 1935; Hildesheim-Zürich-New York, 1977; 차용구, 「중세여성들의 '역할 거부론'」, 『사학지』 제32집, 1999, 141~159쪽 참조; 차용구, 「중세의 이단과 여성」, 『역사학보』 제164집, 1999, 221~248쪽.

36) 아퀴나스도 교리 문제에 대해서만은 단호한 입장을 취했다. 그는 "신으로부터 여성에게 특별히 부여된 예언의 능력은 충분히 인정될 수 있으나, 여성은 공적인 장소에서 발언권을 얻을 수 없다"고 분명히 못박았다(Thomas Aquinas, *Summa Theologica*[이하 *STh*로 약칭], II-II, Q177,a 2). 여성의 목소리가 높아지는 것에 대한 경각심은 중세 내내 반복적으로 일깨워졌다. 그라티아누스는 "그녀가 비록 학식이 있고 신앙심이 깊다고 할지라도, 회중에서 남자들(viros)을 가르쳐서는 안 된다"(Gratian, *Decretum I*, D.XXXIII, c.29, II, C XXXIII, Q5, c. 12~19).

1-2 12세기 독일의 수녀 힐데가르트는 만물박사로 통할 정도로 신학, 식물학, 의학, 음악 등 다양한 분야에서 두드러진 업적을 보였으며, 최근에는 여성신학의 선구자로 재조명받고 있다.

할지라도 여성에게도 긍정적인 면이 있음을 부각시키면서, 여성이 모든 창조물들 중에서도 주의 은총을 가장 많이 받은 대상임을 강조함으로써 힐데가르트의 여성찬양론은 절정에 다다른다.[38] 메히틸트(Mechthild von Magdeburg, 1210~82)는 남성과 여성 모두에게 원죄에 대해 동등한 책임이 있음을 강조했고, 그 결과

37) Barbara J. Newman, *O feminea forma: God and Woman in the Works of St. Hildegard*(Yale University 박사학위 논문), 1981.
38) Hildegard von Bingen, H. Schipperges(ed.), *Gebeimnis der Liebe*, Olten, 1957, 144쪽.

모든 죄를 여성에게 뒤집어씌우려던 일부 (남성) 성직자의 신학적 사고를 수정하고자 했다.

인류의 타락 이야기가 기록된 창세기 3장도 여성의 입장에서 새롭게 재해석되기 시작했다. 아퀴나스는 자녀 출산에 남성의 정액이 결정적인 역할을 하므로, 원죄가 아담을 통해 그의 모든 후예들에게 전파되었다고 보았다. 그의 주장에 따르면 모든 원죄의 근원은 남성이다.[39] 그렇다면 아퀴나스를 통해 중세의 여성 비하적인 신학적 전통이 더욱 강화되었다는 기존의 '무비판적인' 해석은 수정의 여지가 있다. 아퀴나스 또한 당대의 다른 신학자들과 마찬가지로 이중적인 여성관을 견지했기 때문이다. 단순히 아퀴나스가 남긴 방대한 신학 서적들 가운데 몇 구절이 여성 비하적인 내용을 함축한다고 해서 그를 반여성주의자로 낙인찍는다면, 이러한 해석 자체가 비역사적일 수 있다. 아퀴나스와 동시대의 프란치스코 교단도 상당히 순화된 여성관을 보여주었다. 예를 들면 보나벤투라(Bonaventura, 1221년경~1274)의 생각, 곧 "여성이 남성으로부터 도움을 받듯이, 남성도 여성의 은혜를 입는다"는 구절은 남성과 여성의 상호보완적 역할을 강조할 뿐 아니라, 여성의 독립된 정체성을 전제하고 있다.[40]

---

39) Thomas Aquinas, *STh* I, Q92.
40) 이에 대해서는 Theodor Schieder(ed.), *Mann und Frau: Grundproblem theologischer Anthropologie*, Freiburg i.B., 1984, 44~52쪽 참조.

사명감을 지닌 자립적 존재

이상에서 여성 지식인들 외에 (남성) 성직자들도 여성을 범죄시하는 원천적 뿌리인 이브의 이미지를 정화하는 작업에 동참했음을 살펴보았다. 물론 중세사회가 남성중심적이고 가부장적인 틀 속에서 유지되었음을 부정할 수 없다. 하지만 이러한 폐쇄적 구조의 틀 내부에서 지속적으로 반전통적인 움직임들이 있었다는 사실 또한 망각되어서는 안 된다. 남성에 대한 여성의 순종을 미덕으로 칭송했던 남성중심적인 중세사회의 외피 속에 여성의 동질성을 인정하는 목소리들이 상존했기 때문이다. 물론 여성적 정체성을 부각시키려 했던 일부 중세 지식인들의 노력은 사회 전반에 커다란 반향을 불러일으키지는 못했다. 하지만 다수의 목소리에 잠겨버린 소수의 견해에 귀를 기울이는 것 또한 역사가의 의무가 아닐까. 그렇지 않다면 역사의 중층적 성격을 파악하는 데 실패하게 된다.

동시에 긍정적인 여성관을 부각하려는 움직임들이 중세의 전통적 가치를 타파하려는 시도로 해석되어서도 안 된다. 아마도 '부정에 대한 부정'이라는 표현이 기존의 남성중심적 가치 체계를 수정·보완하려는 목소리에 적합할 듯하다. 일부 페미니스트 학자들이 주장하는 바와는 달리, 이들이 추구했던 목표는 남녀의 평등이 아니라 여성과 남성의 독립적인 존재 가치를 인정하는 것이었다. 아담의 갈비뼈로 만들어졌다는 이유만으로 단순히 남성의 부속적 존재로 인식되기보다는, 창조의 신비를 충만하게 하는 보완적 사명감을 지닌 자립적인 존재로서의 여성, 이것이 바로 '부정에 대한 부정'이 추구했던 목표였던 것으로 보인다.

독신과 순결의 서약을 지키려고 노력했던 중세 성직자들은 자구책으로 일체의 성적 접촉을 회피하려고 했다. 육체적 순결은 물론이려니와 정신적 순결 또한 보호의 대상이었기에 성적 탐닉은 금기의 대상이었다. 그러나 일부의 주장과는 달리, 성적 접촉에 대한 중세의 결벽증적인 사고가 반드시 반(反) 여성적인 신학을 태동시켰다고 주장할 수 없을 것이다.

마지막으로 기독교가 전파되면서 고대 그리스 로마 시대의 여성관이 더욱 부정적으로 변화되었다는 해석 역시 재고의 여지가 있다. 기독교가 중세에 사회 윤리로 정착해가는 동안 여성관에 부정적인 영향을 끼친 것은 사실이지만, 동시에 기독교가 중세여성의 이미지를 개선하는 데 중요한 역할을 했다는 점 또한 기억되어야 한다.

2 성 아우구스티누스의 여성관

그는 잔인한 여성혐오주의자였나

중세 신학에서 교부철학자 아우구스티누스[1]의 위상은 거의 절대적이다. 그의 저작들이 서구 기독교 세계에서 바울의 글 다음으로 가장 많이 읽혔다는 사실만으로도 후대 세계에 미친 영향력을 실감할 수 있을 것이다.[2] 특히 고대 아리스토텔레스의 철학이 이슬람 사상가들을 통해 기독교 학문 세계에 새롭게 소개되던 11세기까지, 기독교 신학과 플라톤주의를 결합한 그의 신학 사상은 독보적인 위치를 차지했다. 후대의 한 성직자는 "하늘에 태양이 있는 것처럼, 교회의 사제와 학자들에게는 아우구스티누스가 있다"

---

1) 아우구스티누스에 대한 최근의 전기적 연구서로는 게리 윌스, 안인희 옮김, 『성 아우구스티누스』, 푸른숲, 2005. 이 책에 대한 서평으로는 강상진, 「성 아우구스티누스」, 『중세철학』 12, 2006, 199~206쪽.

2) H. R. Drobner, "Studying Augustine : An Overview of recent research", R. Dodaro, G. Lawless(eds.), *Augustine and his Critics: Festschrift für G. Bonner*, London : Routledge, 2000, 18~34쪽.

고 칭송하기도 했다.

그의 이러한 위상에 걸맞게 수많은 학자들은 이 위대한 기독교 사상가의 심오한 사상에 심취해왔다. 그러나 광대한 연구 성과들이 있었지만, 아우구스티누스의 여성관에 대한 연구는 상대적으로 미흡한 실정이다. 특히 아우구스티누스에 대한 연구가 활발히 진행되어왔던 국내 학계의 경우[3]에도 '아우구스티누스와 여성'은 아직 생소한 주제로 남아 있다.

아마도 이러한 이유로 아우구스티누스가 견지했던 여성관은 제대로 파악되지 못하고 있거나, 경우에 따라서는 잘못 이해되고 있다. 특히 일부 연구자들에게 아우구스티누스는 '여성혐오주의자'로 비치는데, 그의 신학 저서들은 "전대미문"의 "여성에 대한 소름끼치는 글"로 채워져 있는 것처럼 이해되는 실정이다.[4] 위대한 교부철학자에 대한 이러한 편향된 견해는 지금까지 거의 무비판

3) 아우구스티누스에 대한 기존의 국내 연구 성과에 대해서는 강준창, 「St. A. 아우구스티누스 연구사」, 『교육과학연구』 1, 1987, 33~46쪽 참조.

4) 예를 들면 R. R. Ruether, "Augustine: Sex, Gender and Women", Judith Chelius Stark(ed.), *Feminist interpretations of Augustine*, Penn State Press, 2007, 47~69쪽; G. Bechtel, *Les Quatre Femmes de Dieu*: 전혜정 옮김, 『신의 네 여자: 그리스도교 기원 이래 가톨릭교회의 여성 잔혹사』, 여성신문사, 2004, 61~66쪽 참조. 아우구스티누스의 여성관에 대한 기존의 관점을 비판한 글로는 T. J. van Bavel, "Augustine's View on Women", *Augustiana(Löwen)* 39, 1989, 5~53쪽; G. Lloyd, *The Man of Reason; "Male" and "Female" in Western Philosophy*, Minneapolis: University of Minnesota Press, 1984, 특히 30~33쪽 참조.

적으로 수용되었다. 그로 인해 중세 교회의 어두운 모습을 더욱 흐리게 하는 데 일조를 해온 것 또한 사실이다. 이번 장의 목적은 이러한 아우구스티누스의 여성관, 더 나아가서 그의 인간관이 올바르게 이해되어왔는지 재검토하는 것이다. 이를 위해 그의 저작에서 여성과 관련된 텍스트들을 새롭게 재조명해보고자 한다.

방법론적으로는 먼저 현실 세계에서 아우구스티누스와 여성의 관계를 살펴보고, 다음으로 그의 저작들에 나타난 신학적 해석을 중심으로 연구를 진행해보도록 하겠다.

로마 말기 여성의 위상 하락

아우구스티누스의 여성관을 이해하기 위해서는 우선 그가 살았던 로마 말기의 상황과 당시의 여성관에 대해 살펴볼 필요가 있다. 고대 세계의 남녀 관계를 여성에 대한 남성의 절대적 우위로 보는 것에 대해서는 별다른 이의가 없을 것이다. 고대 그리스 여성들의 사회적 지위는 남성의 부속적 역할을 하는 데 그쳤으며 남녀의 생활공간도 매우 엄격하게 구분되어 있었다. 물론 자녀 양육과 가내구성원들을 통제하고 관리하는 데는 상대적으로 여성에게 독자적인 권한이 주어지기는 했지만, 여성은 정치적 역량은 물론이거니와 정신적 능력까지도 남성보다 뒤떨어진다고 이해되곤 했다. 로마 시대의 경우에도 일부 상층부 여성에게서 사회·법적인 지위가 향상되었던 추세를 목격할 수 있으나, 종교를 포함한 거의 모든 부분에서 남성중심적 사고가 지배적이었다.[5]

예수 그리스도는 이러한 고대적 여성관에 변화를 가져왔다. 그는 남성과 여성 모두에게 복음을 전파했고, 그로 인해 초창기 교회 공동체 내에서는 남녀의 동등성이 어느 정도 인정[6]되는 듯했다. 하지만 이와는 대조적으로 여성에 대한 사도 바울의 태도[7]는 상당히 애매모호하며 모순적으로 보인다. 이후 2세기와 3세기가 경과하면서 여성의 위상은 에베소서 5장 21~33절에서 알 수 있듯이, 초창기 교회와 심지어 로마 제정기의 상층부 여성이 획득했던 지위와 비교해서 오히려 평가절하된 것으로 생각된다.[8]

5) 이에 대해서는 Giulia Sissa, "The Sexual Philosophies of Plato and Aristotle", Pauline Schmitt Pantel(ed.), *A History of Women in the West 1: From Ancient Goddesses to Christian Saints*, London: The Belknap of Havard University Press, 1994, 46~82쪽; Ingmar Düring, *Aristoteles: Darstellung und Interpretation seines Denkens*, Heidelberg, 1966, 542~553쪽; Yan Thomas, "The Division of the Sexes in Roman Law", P. S. Pantel(ed), 같은 책, 83~138쪽; John Scheid, "The Religious Roles of Women", 같은 책, 377~408쪽 참조.

6) G.S. Nathan, *The family in late antiquity: The rise of Christianity and the endurance of tradition*, London: Routledge, 2000. 특히 186쪽 참조; I. Mundle, "Augustinus und Aristoteles und ihr Einfluss auf die Einschätzung der Frau in Antike und Christentum", *Jahrbuch für Antike und Christentum 22*, 1979, 61~9쪽.

7) 갈라디아서 3장 28절에서 바울은 구원과 관련해서 남녀의 차이는 없다고 언급한 반면에, 고린도전서 11장 3~7절, 14장 34, 35절, 15장 28절에서는 창조의 질서에 근거해서 성별 간의 위계질서와 남성에 대한 여성의 복종을 명시하고 있다. 성서 구절에 대한 여성신학적 해석에 대해서는 수잔네 하이네, 앞의 책, 134~168쪽 참조.

8) K. Thraede, *Frau, Reallexikon für Antike und Christentum 8*, Stuttgart: A. Hiersemann, 1972, 197~269쪽.

추락하는 여성의 지위는 암브로시우스, 히에로니무스와 같은 교부들의 저서에도 잘 반영되어 있다. 작가에 따라, 혹은 같은 작가의 글에서도 동질적이지 못한 다양한 관점이 보이기는 하지만, 여성은 신체적·정신적·도덕적으로 "연약한 성(性)"이라는 것이 교부들의 공통된 견해로 알려져 있다. 반대로 교부들의 여성에 대한 자기보호 또는 방어적 목적에 따라 동정과 금욕은 여성의 종교적·도덕적 덕목으로 칭송되기도 했다.[9]

아우구스티누스 저작에 나타난 여인들

'여자와 철학은 아우구스티누스가 극복하지 못했던 두 매력'[10] 이라고 할 정도로, 그의 저작에는 다수의 여성들이 언급된다. 물론 그의 신학체계에서 여성은 주된 관심사가 아니며, 이러한 이유로 여성에 대한 체계적인 생각을 내포하는 글도 존재하지 않기 때문에, 단지 산발적인 언급을 통해 그의 여성관을 파악할 수 있을 뿐이다. 그런데도 대략 130명 정도의 여성들이 그의 저서에서 언급된

---

9) Th. Schneider(ed.), *Mann und Frau: Grundproblem theologischer Anthropologie*, Wien: Herder, 1989. 물론 모든 교부들과 초대 교회의 성인들이 성에 대해 부정적인 견해를 가지고 있지 않았다는 연구 결과(V. Burrus, *The Sex Lives of Saints. An Erotics of Ancient Hagiography*, University of Pennsylvania Press, 2004)가 최근에 나오기는 했지만, 위에서 언급된 교부들이 가지고 있던 여성에 대한 부정적 이미지들이 모두 불식될 수는 없을 것이다.

10) 카를로 크레모나, 성염 옮김, 『성 아우구스티누스전』, 성바오로출판사, 2004, 123쪽.

다는 사실은 그가 여성에 대해 지속적인 관심을 가지고 있었음을 보여준다.[11] 이들은 주로 고대에 살았던 인물들이거나 성서 속의 인물 그리고 아우구스티누스와 동시대를 살았던 여성들이다. 대부분은 한 번씩만 언급되었는데(예를 들면 에크디키아[Ecdicia], 펠리치아[Felicia], 고메르[Gomer], 포에베[Phoebe]), 그의 어머니 모니카는 『고백록』(*Confessiones*)[12]에서 단 한 번 이름으로 호칭되었고 나머지는 "(나의) 어머니([mea] mater)"로 명명되었다. 아우구스티누스의 동거녀이자 그들 사이에서 난 아들 아데오다투스(Adeodatus)의 어머니도 익명으로만 남아 있다.

이와는 대조적으로 성서 속의 여성들은 실명으로 기록하고 있다. 마리아(Maria)라는 이름이 700여 차례에 걸쳐 언급되는데, 대부분 예수의 어머니를 일컫는다. 성모 마리아 이외에 마르타의 여동생 마리아(요한복음 11장 1, 3, 19, 20, 28절 참조)와 막달라 마리아가 등장한다. 특히 아우구스티누스는 막달라 마리아를 진심으로 예수를 따랐고, 그래서 그의 무덤을 찾았던 첫 번째 인물로 높이 평가했다.[13] 그 외에 성서 속 여성으로는 사라, 이브, 마르타가 각각

---

11) 이하 Silvia Soennecken, *Misogynie oder Philogynie? Philologisch-theologische Untersuchungen zum Wortfeld Frau bei Augustinus*, Frankfurt a. M.: P. Lang, 1993, 33~59쪽 참조.

12) 성 아구스티누스, 최민순 옮김, 『고백록』, 바오로딸, 2005, 250쪽. "……당신 제단에서 당신 종 모니카와 한때 그의 장부이던 삐뜨리치우스를 기억케 하소서……."

13) Augustinus, 『복음사가들의 일치』(*De consensu Evangelistarum*) 3권 24장.

230, 210, 70회에 걸쳐 언급되며, 특히 수산나,[14] 안나, 엘리사벳은 각각 정숙한 부인, 과부, 나이가 많지만 신앙심으로 인해 아이를 가질 수 있었던 여인(coniugalis castitas et anilis fecunditas)으로 아우구스티누스 신학에서 중요한 위치를 차지한다.

아우구스티누스는 대체로 여성을 mulier(여성), femina(부인),[15] coniu(n)x(여성배우자), uxor(아내), matrona(귀부인)으로 표현했으며, 직업에 따라서는 nutrix(유모), obsterix(산파), magistra(교사), nuntia(전령)으로 구분했고, 친인척 관계에 따라서 mater(어머니), filia(딸), soror(자매), amita(고모)로, 연령대로는 puella(여자아이), adolescentula(소녀), senecta(노파), 교회나 사회적 신분별로는 virgo(처녀), vidua(과부)[16], 비도덕적이고 비윤리적인 여성에 대해서는 peccatrix(죄 많은 여인), adulter(간통한 여인), moecha(첩), fornicaria(매춘부), temptatrix(유혹녀)로 표현했다.[17] 이중 mulier라는 용어를 2,000회에 걸쳐 가장 많이 사용했는데,[18] 이는 단순히 결혼한 여

14) Augustinus, 『미완성 율리아누스 답변 반박』(*Contra Iuliani responsionem opus imperfectum*) 4권 37장에서 수산나는 정숙한 부인의 본보기로 묘사되었다.

15) 1,200번 사용된 femina보다는 mulier를 더 많이 사용했다. S. Soennecken, 앞의 책, 62쪽 이하 참조.

16) mater, uxor, virgo가 각각 2,200, 1,700, 1,300회 사용되었다. 같은 책, 52쪽 이하 참조.

17) 같은 책, 40쪽 참조.

18) 같은 책, 62쪽 참조.

성뿐만 아니라 여성 일반을 표현하는 데 인용되었다.

이러한 수치상의 연구결과는 아우구스티누스가 여성에 대해 상당한 관심을 가지고 자신의 저작에 인용했음을 보여준다. 실제로 그가 살아가면서 만난 많은 여인들은 인생의 형성과정에서뿐만 아니라 사상적 토대를 구축하는 데 중요한 역할을 했다.

어머니 모니카, 이상적 여인상의 표본

섹슈얼리티, 젠더, 여성에 대한 아우구스티누스의 견해가 확립되는 과정을 이해하기 위해서는 그의 개인사에 대해 조명해보아야 한다. 중세의 어느 신학자보다도 탁월한 재능의 보유자였으며 히포의 주교로 재임하면서 목회자로서 직무에도 충실했던 아우구스티누스에게 어머니 모니카는 절대적인 존재였다. 어머니에 대한 회상은 자서전인 『고백록』에 잘 담겨 있다. 『고백록』 9권에 실명으로 거명된 모니카는 아우구스티누스에게 철학적 대화 파트너였으며,[19] 이상적 여인상의 표본이었다. 그녀는 신앙심이 깊고[20] 경건했으며,[21] 신께 복종하며 "조촐하게 수절하는 홀어미"[22]이자, "신의 종"이었다. 어머니를 은유적으로 교회에 비유했던 아우구스티누스는 자신이 있기까지의 모든 것들을 어머니의 덕으로

---

19) 특히 Augustinus, 『고백록』 1~9권 참조. 여기서는 성 아우구스티누스, 최민순 옮김, 앞의 책, 2005 참조.

20) 같은 책, 137쪽.

21) 같은 책, 88쪽.

22) 같은 책, 129쪽.

돌렸다.

신의 은총으로 세례를 받은 완벽한 여인이었던 어머니는 육체적으로뿐만 아니라 지적으로도 존경의 대상이었다. 아들에 의해 '남성' 철학자 키케로와 비교될 정도로 철학적 소양을 겸비했던 그녀는 카시치아쿰 별장에서 벌어진 토론에 수차례 참여한 바가 있기도 하다.[23] 『고백록』뿐만 아니라 비슷한 시기에 씌어진 다른 저작들에서 나타나듯, 아우구스티누스는 여성의 정신과 육체를 부정적인 것으로 보지 않았다. 이 점에 대해서는 아래에서 좀더 자세히 살펴보겠지만, 돌아가신 어머니에 대한 아들의 회상은 단순한 모자의 관계를 벗어나는 것이었다. 그에게 어머니와 같이 경건하고 현명한 여성은 여타의 남성들을 능가하는 존재였다.

모니카는 비록 교육을 받지 못해 라틴어를 몰랐지만, "신앙으로는 대장부요, 지긋한 나이에 듬직하고…… 그리스도인다운 경건"한 여인이었다. 비록 "옷이 여자라도" 참된 철학(vera philosophia)을 논하는 장소에 참여할 수 있는 높은 지적 능력(ingenium animum)의 소유자였다. 아우구스티누스는 여자라고 해서 일상의 자질구레한 일에만(paruae rei) 전념할 필요는 없다고 보았던 것이다.[24] 비록 모니카가 그의 어머니라고는 해도, 한 여인에 대한 이러한 태도는 당시의 상황으로는 매우 이례적인 사례였다. 더구나 여성을 동등한 대화 파트너로 인정하지 않았던 로

---

23) 같은 책, 9권 참조.

24) 이에 대해서는 Augustinus, 『질서론』(*De ordine*), 2권 1장 참조.

2-1 19세기 쉐퍼(Ary Scheffer)가 그린 아우구스티누스와 그의 어머니 모니카.
젊은 시절 지적 편력과 방황의 시기를 거쳤던 아우구스티누스는
어머니의 끊임없는 기도와 밀라노의 주교 암브로시우스의 영향으로
기독교로 회심했다. 훗날 그는 "하나님이 어머니를 통해 그에게 말씀하셨고,
그녀의 말을 무시하는 것은 내가 하나님을 무시하는 것"이라고 회상했다.

마의 사회적 분위기를 고려한다면, 그의 생각은 시대를 앞지르는 것으로 볼 수 있다.

『행복한 생활』(*De beata vita*)에 따르면 아우구스티누스는 어머니로부터 종종 '영혼'이나 '행복'과 관련된 철학적 문제에 대해 해답을 얻곤 했다. 그녀의 명철함에 탄복한 그는 어머니를 여성 철학자로 생각했다. 어머니에 대한 아우구스티누스의 이러한 존경심은 여성도 정신적인 면에서 남성에 뒤떨어지지 않는다는 남녀간의 동등성 개념을 낳게 하는 데 중요한 정신적 배경이 된 것으로 보인다.

성스러운 자매

아우구스티누스에게는 남자 형제 나비기우스(Navigius) 외에도 누이가 있었다. 아우구스티누스는 히포의 수녀원장으로 재임했던 친누이의 이름을 밝히지는 않았으나, 그녀를 "성스러운"(sancta) "자매"(soror)로 기억했다. 하지만 그는 가까운 곳에 있었던 누이의 수녀원을 방문하거나 누이와 자주 접촉하지 않았다고 한다. 성직자로서 다른 여성들과 만나는 것을 매우 꺼렸고, 수도원 계율에서도 여성과의 접촉을 금지했던 것으로 보아[25] 아우구스티누스는 혈연관계인 친누이조차도 영적인 관계로 대했던 것

---

25) Peter Brown, *Die Keuschheit der Engel: Sexuelle Entsagung, Askese und Körperlichkeit am Anfang des Christentums*, Carl Hanser Verlag, 1991, 405쪽 참조.

으로 보인다. 확실한 점은 그가 개종한 뒤부터는 여성과의 관계를 매우 조심스럽게 유지했다는 사실이다.

일부 연구자들에 따르면[26] 아우구스티누스의 친누이의 이름이 페르페투아(Perpetua)였다고 하는데, 이 점에 대해서는 아직 확실하게 밝혀지지 않았다. 다만 아우구스티누스 자신은 설교문에서 3세기 초반에 순교했던 북아프리카 출신의 여인 페르페투아를 높이 칭송한 바 있다. 그녀가 여성들뿐만 아니라 남성들에게도 규범이 될 만한 삶을 살았음을 강조하면서, 육체적인 나약함으로 인해 남성들보다 더 어려운 조건에 있었지만 그리스도에 대한 신앙심이 그녀의 도덕성을 남성들 못지않게 강하게 만들었다고 전한다.[27] 아우구스티누스는 돈독한 신앙심을 가진 여성들은 어느 정도 남성성을 지니고 있어서 여성적 연약함을 극복할 능력을 지니고 있다고 보았다. 이러한 생각에는 여성성에 비해 우월한 남성성이라는 고대적 사고가 깃들어 있는 것 또한 사실이지만, 모든 여성이 이브의 딸들로서 사악하며 악의 유혹에 무기력한 존재인 것은 아니라는 그의 시각을 보여준다. 이와 관련하여 그는 『참된 종교』(De vera religione)에서 다음과 같이 말한다.

26) 예를 들면 L. Bougaud, *History of St. Monica*, Devon: Augustine Publishing, 1983, 26쪽.

27) Augustinus, 『설교』(*Sermo*) 281, PL 38, 1284. "여인들은 천부적으로 연약하지만, 강인한 신앙심이 그들의 도덕성을 남자들 못지않게 만들었다." (ille fecit feminas viriliter et fideliter mori, qui pro eis dignatus est de femina misericorditer nasci.)

그리스도 안에서 우리는 남자도 아니고 여자도 아니기 때문이다. 여자들도 이 경우에는 남성적인 점을 지니게 되는데, 그것은 여자들도 이 여성적인 정욕을 지배해야 하고 그리스도를 섬겨야 하며 쾌락에 명령을 내릴 수 있어야 하기 때문이다. 이것은 수많은 과부들과 하느님께 (봉헌된) 동정녀들과 남편을 두었으되 부부의 권리를 이미 오누이처럼 쓰는 여성들에게서 그리스도의 법규를 통해 시행해온 바이다.[28]

동거녀와 보낸 세월

아우구스티누스는 익명의 한 여인과 오랜 동안 동거를 하면서 관계를 맺어왔는데, 이들 사이에는 아데오다투스라는 이름의 아들도 있었다. 아우구스티누스는 『고백록』에서 익명의 동거녀에 대한 자신의 심정을 솔직히 고백한다. 371년부터 지속된 이들의 관계는 상류층 가문 출신의 한 나이 어린 여자와 아우구스티누스의 혼사가 본격화되던 385년까지 이어졌다.[29] 『고백록』에서 그는 동거녀에 대해 "떳떳하게 결혼으로 안 여자가 아니오라, 지각없이 들뜬 내 정욕이 찾아낸 사람인…… 그에게 신의를 지켰습니다"라고 적었다. 부잣집 딸과의 구혼과 약혼 과정에 대해서는 아직 의

---

28) 아우구스띠누스, 성염 옮김, 『참된 종교』, 분도출판사, 1989, 158쪽 참조.
29) 성 아우구스티누스, 『고백록』, 159쪽에서 처녀의 나이는 "결혼 나이에서 두 살 모자라는" 것으로 명기되어 있다. 당시 로마 여자의 결혼 적령이 열두 살이었으므로 그녀는 열 살이었다는 셈이다. 아우구스티누스는 이때 서른두 살이었다.

견이 분분하지만,[30] 아들 아데오다투스의 어머니이자 14년을 동고동락했던 여인을 강제로 떠나보내는 일을 그는 "죄악"과 같았다고 고백한다.[31] "동거해오던 여자를 결혼에 지장이 된다는 이유로 곁에서 떼놓고 보니 떨어진 내 마음은 찢어져 상처를 입고 피 흘리는 것이었습니다." 이러한 생이별은 아우구스티누스에게 깊은 상처를 남겼던 것으로 보인다.[32] 그런데도 그는 "두 번 다시 남성을 알지 않겠다는 맹서를 하고, 자기가 낳아준 내 자식을 남겨둔 채 아프리카로 돌아"간 그녀와의 십여 년을 "육욕의 노예"가 된 "도덕적 타락"의 시간으로 회고했다.

동거녀에 대한 아우구스티누스의 고백을 통해, 신학자이자 사

---

30) 같은 책, 158쪽 이하에서는 "어미가 서두르는 바람에 약혼까지 성립되었던 것" "정식 결혼을 해야만 영생의 세례로 내가 씻어지리라는 것" 등을 이유로 들면서 어머니가 혼사문제에 적극 개입했음을 시사하고 있다. 그러나 결혼을 통한 신분상승에 대한 그의 야망도 무시할 수는 없을 것이다. 이에 대해서는 L. C. Seelbach, "Das weibliche Geschlecht ist ja kein Gebrechen……", *Die Frau und ihre Gottebenbildlichkiet bei Augustin(Cassiciacum 50)*, Würzburg, 2002, 94쪽 이하 참조. A. Zumkeller OSA, "Die geplante Eheschließung Augustins und die Entlassung seiner Konkubine. Kulturgeschichtlicher und rechtlicher Hintergrund von conf. 6: 23 und 25", A. Zumkeller OSA(ed.), *Signum Pietatis. Festschrift für Cornelius Petrus Mayer OSA zum 60. Geburtstag*, Würzburg, 1989, 21~35쪽.
31) 성 아우구스티누스, 같은 책, 160쪽.
32) 같은 책, 161쪽. "전처와의 생이별에서 받은 상처가 낫는 것은 아니었습니다. 오히려 심한 열과 진통 끝에 썩어가고, 오한이 들수록 더욱 절망스러운 아픔을 겪는 것이었습니다."

제였던 그의 인간적인 내면세계를 엿볼 수 있다. 신분상승을 위해 미천한 출신의 동거녀를 버렸다는 비난도 있지만, 그는 자신의 아픈 과거를 기록하면서 사랑했던 한 여인에 대한 애틋한 기억을 마음속에 담고자 했다. 또한 남성들이 결혼을 앞두고 동거녀와 결별하는 것이 당시 로마의 관행이라는 점을 주시한다면, 그가 동거녀와의 "생이별"을 한편으로는 어쩔 수 없이, 다른 한편으로는 "심한 열과 진통 끝에" 매우 가슴 아프게 받아들였음을 알 수 있다. 이러한 젊은 날의 기억들이 훗날 그의 여성관 형성과 전혀 무관하다고 말하기는 쉽지 않을 것이다.

이외에도 아우구스티누스는 여러 여성들과의 서신교환[33]을 통해 사제로서의 역할을 충실하게 수행했다. 서신교환자 중에는 여성보다 남성이 많았고, 여성의 경우 대부분 부유한 가문 출신의 기독교로 개종한 사람들이었다. 그는 여성들에게 지적훈련의 필요성을 강조하곤 했지만, 결코 (부유한 상층계급) 여성들의 능력을 비하하거나 폄하하지 않았다. 한 조사에 따르면 그는 수신자가 남자건 여자건 간에 이들의 지적 능력을 동등하다고 보았다.[34] 특히 여성들로 하여금 독립적인 사고를 하도록 강조했던 그의 서한들은 '남녀의 지적 동등성' 관념의 형성과 무관하지 않다. 이 문제

33) 아우구스티누스의 서신들에 대한 학술 연구 결과로는 F. Morgenstern, *Die Briefpartner des Augustiuns von Hippo: Prosopographische, sozial und ideologiegeschichtliche Untersuchung*(Bochumer historische Studien, *Alte Geschichte* 11), Bochum, 1993 참조.

34) Soennecken, 앞의 책, 104쪽.

에 대해서는 아래에서 좀더 자세히 살펴보겠다.

이상에서 살펴본 것과 같이, 그가 저서 곳곳에서 다룬 '여성문제'를 순수하게 이론적인 것으로만 볼 수는 없다. "천재에다 정욕에 허덕이는"[35] 아우구스티누스의 체험과 경험들이 그의 여성관 형성에 어느 정도 영향을 미쳤던 것으로 보인다.[36] 이 점에서 그는 후대의 "여자에 대해 아는 것이 전혀 없었을", 그래서 경험으로부터가 아니라 현실과는 거리가 먼 이론적 사고를 통해 여성의 문제를 다루었던 신학자들과는 차이가 있었다.[37]

초기 저서에 나타나는 고대적 여성관

아우구스티누스는 여성은 남성에게 복종해야 한다는 고대적 여성관을 답습했다. 이 같은 사고의 흔적을 특히 개종 이후에 씌어진 초기 저서들 곳곳에 남겼다.

……여성이 남성에게 복종해야 하는 것은 자연의 진리이며, 내적 이성이 수족(手足)을 움직이게 하는 영혼을 통제할 수 있는 것처럼, 이성적 판단능력을 소유한 남성은 여성을 통제할 수

35) 카를로 크레모나, 앞의 책, 30쪽.

36) 아우구스티누스는 "성(性)에 얽매였다"는 지적을 받을 정도로 저서 곳곳에서 성적 담론을 전개하고 있다. 이에 대한 구체적인 사례들은 게리 윌스, 앞의 책, 특히 223~253쪽 참조.

37) 예를 들어 토마스 아퀴나스의 경우, 차용구, 「'Femina est mas occasionatus' ─토마스 아퀴나스의 여성관에 미친 아리스토텔레스의 영향」, 『서양중세연구』 14, 2004, 67~98쪽, 특히 73쪽 참조.

있다. 하지만 여성이 남성을 통치하려고 든다면, 가정은 파탄이 나고 말 것이다.[38]

여성에 대한 남성의 우월적 지위에 대해 그는 좀더 구체적으로 다음과 같이 표현하고 있다.

명색이 사내라면 이 여자를 우리에게 복종시키자. 만약 이 여자가 대장노릇을 하고 우리가 맹종한다면 이 여자에게는 정욕이요 색욕이라는 이름이 붙고 우리에게는 겁쟁이요 바보라는 이름이 따라다닐 것이다. 우리 머리이신 그리스도를 따르자. 그러면 우리 머리가 되는 그 존재도 우리를 따를 것이다. 그런 대상에는 여자들도 명령을 내릴 수 있을 것이니, 그것은 남편의 권리로서가 아니고 형제의 권리로서 내리는 명령이다. 그리스도 안에서는 우리가 남자도 아니고 여자도 아니기 때문이다. 여자들도 이경우에는 남성적인 점을 지니게 되는데 그것은 여자들도 이 여성적인 정욕(voluptas)을 지배해야 하고 그리스도를 섬겨야 하며 쾌락(cupiditas)에 명령을 내릴 수 있어야 하기 때문이다.[39]

남녀의 성별관계를 권위와 복종, 우월과 열등의 질서로 파악하려

---

38) Augustinus, 『마니교도를 논박하는 창세기론』(*De Genesi Contra Manichaeos*) 2권 11장.
39) 아우구스띠누스, 성염 옮김, 『참된 종교』, 154~156쪽.

는 논지들은 초기의 다른 저작들에서도 자주 등장한다. 초기에 씌어진 『마니교도를 논박하는 창세기론』(*De Genesi contra Manichaeos*, 388~390)에서 그는 여성을 열등한 존재(inferiorem animi partem)로 그렸고, 또 다른 저작인 『수도사의 노동』(*De Opere Monachorum*)이라는 소책자에서는 여성의 탐욕스러움(concupiscentialis)을 부각시킨다. 『참된 종교』[40]에서 그는 인간의 오성(intellectus)이 진리를 자연스럽게 파악하는 데는 욕망(concupiscentia, passiones)·오만(superbia, iactantia)·호기심(curiositas)이 장애가 된다고 들고 있다. 이 책자에서 아우구스티누스는 이러한 반이성적 성품들을 지닌 여성들은 진리를 내면의 빛으로 파악할 수 없으므로, 남성에게 교화되고 훈육(instructionem exercitationemque)되어야 한다는 생각을 구체적으로 전개한다.

아우구스티누스의 저작 속에는 여성에 대한 구체적인 사색이나 그로 인한 통일적인 여성관이 나타나는 것 같지 않다. 그는 다양한 주제들을 다루면서 산발적으로 여성과 관련된 언급을 하고 있다. 그럼에도 초기 저작에 나타나는 여성관을 개괄적으로 살펴보면, 아우구스티누스는 여성이 남성을 통제하게 되면 혼란을 초래(pax perversa)할 뿐이라는 고대적 여성관에서 많은 영향을 받은 듯하다.[41]

---

40) 같은 책, 34, 140, 142쪽 참조.
41) Augustinus, 『기혼자의 간통』(*De coniugiis adulterinis*) 2권 20장. "sexus infirmior feminarum."

그 결과 그는 남자가 다른 남자를 지배하는 행위는 신의 뜻을 거역하고 평등성에 위배된다고 보았고, 그로 인해 "노예제와 같은 상황은 단지 죄의 결과로서만 생겨날 수 있다"고 주장했다. 하지만 성별간의 관계에 대해서는 "한 쌍의 인간 중 약한 부분"인 여자는 사회적 · 법적 · 경제적으로 남성의 지배를 받아야 한다고 보았다.[42]

남녀의 유사성과 상호성

아우구스티누스의 여성관을 이해하는 데 주목해야 할 점은, 후기로 갈수록 그의 여성관에 변화가 온다는 점[43]이다. 391년 그가 사제서품을 받은 뒤 히포의 주교로 활동하던 시기인 408년 이후에 씌어진 후기 작품들에서는 이전에 보였던 여성의 이미지가 상당히 불식된 것을 발견할 수 있다. 아우구스티누스에게 여성의 나약함은 육체적인 것에만 국한되지 정신적이거나 도덕적 유약함과 관련지어지지 않는다. 저작활동의 후기로 갈수록 남성(vir) 대 지성(mens), 여성(mulier) 대 육체적 감성(sensus corporis)이라는 기존의 각인된 도식에 변화가 오는 것을 발견할 수 있다.[44]

---

42) 일레인 페이걸스, 류점석 옮김, 『아담, 이브, 뱀: 기독교 탄생의 비밀』, 아우라, 2009, 214, 215쪽 참조.

43) 최근 학계에서는 교부철학자들이 견지했던 여성혐오적 관점을 수정하려는 아우구스티누스의 노력에 주목한다. 연구자들은 그가 전임 신학자들과 달리 남녀 이성의 동등성을 인정함으로써, 여성을 남성의 영적 동반자로 인정했음을 밝혀냈다. 이와 관련해서는 T. J. van Bavel, 앞의 글, 5~53쪽; G. Lloyd, 앞의 책, 30~33쪽 참조.

아우구스티누스의 성 관념이 천편일률적으로 남성 편향적이라고 규정할 수 없는 이유는 이미 초기 저작인 『참된 종교』에서도 나타나고 있다. 여기서 그는 "양성(兩性) 중 어느 하나도 창조주께로부터 경멸을 받는다는 의혹을 사지 않기 위해 당신은 남자를 취하시되 여자에게서 태어나셨다"[45]라는 구절을 삽입했다. 한 설교문에서는 "남성은 그리스도의 몸을 통해 영광스러운 존재이며, 여성은 그리스도의 어머니를 통해 영예스러운 존재이다"[46]라는 말을

---

44) Augustinus, 『삼위일체론』(De Trinitate) 12권 13장. "가톨릭 신앙의 훌륭한 수호자와 탁월한 수사학자들이 많이 있었지만, 이들도 남성적 지성과 여성적 감성을 동시에 필요로 하는 사람들이었다."(nec me fugit quosdam qui fuerunt ante nos egregii defensores catholicae fidei et divini eloquii tractatores cum in homine uno…… duo ista requirerent, virum mentem, mulierem vero dixisse corporis sensum.) 이에 대해서는 K. Thade, "Zwischen Eva und Maria: das Bild der Frau bei Ambrosius und Augustin auf dem Hintergrund der Zeit", Werner Affeldt(ed.), *Frauen in Spätantike und Frühmittelalter: Lebensbedingungen—Lebensnormen—Lebensformen*, Sigmaringen, 1990, 129~140쪽, 여기서는 139쪽. T. J. van Bavel OSA, "Woman as the Image of God in Augustine's 『De Trinitate XII』", A. Zumkeller OSA(ed.), *Signum Pietatis: Festschrift für Cornelius Petrus Mayer OSA zum 60. Geburtstag*, Würzburg, 1989, 267~288쪽, 특히 284~285쪽.

45) 아우구스띠누스, 성염 옮김, 『참된 종교』, 72쪽. 원문은 "Et ne quis forte sexus a suo creatore se contemptum putaret, virum suscepit, natus ex femina est."

46) Augustinus, 『설교』 2장. 원문은 "honor masculini sexus est in carne Christi: honor feminini est in matre Christi".

남기기도 했다. 이러한 '여성주의적' 입장은 저작 활동의 후기로 갈수록 더욱 확연히 나타난다.

그가 후기에 저술한 글에서는 초기에 나타났던 부정적 여성관과 관련된 내용들이 쉽게 드러나지 않는다. 그는 여성의 합리적 지성이 남성과 동등하다는 점에 주목한다. 『창세기 축자 해석』(*De Genesi ad litteram*) 3권 22장에서 그는 다음과 같이 설명한다. "비록 외적인 신체구조는 남자와 여자가 다른 성으로 구분되어 있지만, 여성은 남성과 똑같은 지성과 이성을 소유하고 있다."[47) 415, 416년에 쓴 『요한복음 강해』(*In Ioannis Evangelium tractatus*) 15번째 강해 19장에서도 그는 여성의 오성을 여러 차례 강조했으며, 413~26년의 저작 『신국론』(*De Civitate Dei*)에서 "여성은 이성적 오성을 자각할 수 있는 능력(mens rationalis intelligentiae)의 소유자"로 인정되었다.[48) 이 점에서 아우구스티누스의 여성관은 히에로니무스나 암브로시우스와 같은 선배 교부들과 큰 차이를 보인다. 이들은 고대적 여성관을 계승하면서, 이성을 남성의 전유물로 보았기 때문이다. 이러한 교부들의 여성관을 아우구스티누스는 『삼위일체론』에서 정면으로 부정한다.

가톨릭 신앙을 수호하던 몇몇 특출한 인물들조차도 남성은

---

47) 원문은 "quod et femina homo erat, habebat utique mentem suam eademque rationalem".

48) Augustinus, 『신국론』 13권 32장.

이성적 존재이며 여성은 감성적 동물이다라고 주장하고 있지만, 나는 이 점에 동의할 수 없다.[49)]

노년의 아우구스티누스는 더 나아가 여성에 대한 사도 바울의 태도를 직접적으로 비난하기도 했다. 바울은 창세기 1장 26, 27절과 2장 7절의 구절을 주해하면서 여성보다는 남성이 신의 형상에 더 가깝다고 보았다. 그의 이러한 사고는 고린도전서 11장 7절[50)]에서 그대로 드러난다. 바울의 이러한 남성중심적 여성관은 이후 교부철학자들에게 규범적인 것으로 인식되었다.

아우구스티누스는 사도 바울의 해석에 처음으로 이의를 제기했는데,[51)] 신은 여성과 남성 모두를 그와 유사한(similitudo) 모상(模像, imago)으로 창조했다고 보았다.[52)] 아우구스티누스에게

---

49) 『삼위일체론』 12권 13장. 원문은 "nec me fugit quosdam qui fuerunt ante nos egregii defensores catholicae fidei et divini eloquii tractatores cum in homine uno…… duo ista requirerent, virum mentem, mulierem vero dixisse corporis sensum".

50) "남자는 하느님의 모습과 영광을 지니고 있으니 머리를 가리지 말아야 합니다. 그러나 여자는 남자의 영광을 지니고 있을 뿐입니다."

51) K. E. Børresen, "Patristic 'Feminism': The Case of Augustine", *Augustinian Studies 25*, 1994, 139~152쪽, 여기서는 145쪽. 아우구스티누스의 이러한 성서 주석에 대해 혹자는 "혁신적"(revolutionary)인 변화라고 보고 있다. C. Casagrande, "The Protected Woman", Christiane Klapisch-Zuber(ed.), *A History of Women in the West 2: Silence of the Middle Ages*, London: The Belknap of Havard University Press, 1992, 70~104쪽, 여기서는 90쪽.

여성은 남성과 같은 인간(homo)이었다. 그는 또한 아담의 갈비뼈에서 이브가 만들어졌다는 사실로부터 나중에 창조된 여성(alter posterior)이 먼저 창조된 남성(prior unus)에 복종해야한다는 주장은 타당성이 없다고 보았다. 오히려 신은 남성의 조력자로서 여성을 창조했다고 말하면서[53] 남녀의 유사성을 주장했다. 아우구스티누스의 이러한 호의적 여성관은 그의 창세기 해석에서부터 나타난다.

여섯 번째 날에 남성이 먼저 창조되고 그 다음에 여성이 창조

---

52) Augustinus, 『창세기 축자 해석』 3권 22장. 원문은 "secundem quam ipsaquoque facta est ad imaginem Dei." 또한 『삼위일체론』 7권 7장, "남성에게서 빼낸 갈빗대로 지음을 받은 여성이 삼위일체의 형상을 완성했다면, 왜 남자가 아직도 신의 형상으로 불려야 하는가?"(si pro sua persona mulier adimplet imaginem trinitatis, cur ea detracta de latere viri adhuc ille imago dicitur?) 같은 글, "(바울) 사도가 여성이 아니라 남성이 신의 형상이라 말씀하실 때, 이는 성경의 창세기에 기록된 것과 모순되지 않는다…… 왜냐하면 창세기에는 인류가 신의 모습으로 창조되었으며, 인간은 남성과 여성, 즉 양성의 결합 의해서 완전해질 수 있다고 기록하고 있다. 성경은 신의 형상을 이해하는 데 여성을 배제하고 있지 않다."(sed videndum est quomodo non sit contrarium quod dicit apostolus non mulierem sed virum esse imaginem dei huic quod scriptum est in genesi…… ad imaginem quippe dei naturam ipsam humanam factam dicit quae sexu utroque completur, nec ab intellegenda imagine dei separat feminam.)

53) Augustinus, 『신국론』 12권 28장.

된 것이 아니라, 신은 인간을 남성과 여성으로 동시에 창조하고 이들을 축복했다.[54]

원죄와 관련된 설명에서조차 사탄은 이브가 아담 못지않게 이성적인 존재였으므로, 이브가 선악과를 따도록 설득해야만 했다.[55] 이처럼 여성과 남성의 유사성과 상호성은 아우구스티누스의 인간학에서 중심적인 테제였다.

심신이원론적 여성관

이처럼 남녀의 신에 대한 모상성을 강조했지만, 그의 저서 곳곳에 남성우월적 동등성이 저변에 깔려있다는 사실 또한 부정할 수 없다. 비록 초기와 후기 저작의 여성관에 많은 변화와 차이가 발생했지만, 아우구스티누스는 남성의 '사회적' 역할이 여성의 그것보다 더 중요하다고 보면서 남녀의 역할을 차별적으로 구분 지었다.

---

54) Augustinus, 『창세기 축자 해석』 6권 2장. 원문은 "neque enim sexto die factus est masculus et accessu temporis postea facta femina ; sed 'fecit aum', inquit ; 'masculum et feminam fecit eos et benedixit eos'".

55) 같은 책, 6권 27장. 원문은 "In ipsa vero muliere, quia illa rationalis creatura erat, quae motu suo posset uti ad verba facienda, non ipse locutus est, sed eius operatio atque persuasio". 인간의 원죄와 관련해서, 아우구스티누스는 아담이 이브의 유혹에 동의하지 않았다면 벌도 없었으리라 보았다. 따라서 그는 아담과 이브 모두에게 죄가 있음을 지적한다.

아우구스티누스는 남녀 모두 지성(mens rationalis)의 소유자임을 강조하면서도 내적 인간(homo interior)인 남성이 외적 인간(homo exterior)인 여성보다 더 우월하고 가치 있는 존재로서 참된 진리 추구(aeternae contemplationis veritas)[56]와 같은 고차원의 활동을 할 수 있다고 보았다. 반면에 여성은 일종의 심부름꾼으로서 이보다 덜 중요한 저급하고 세속적인 일들을 관리(rerum temporalium administratio)하는 데 적합하다.[57] 남성은 지혜(Sapentia)의 소유자인 반면, 여성은 단순한 기술(Scientia)의 보유자이며, 결국 참된 진리는 신을 추구하는 남성의 관상적(觀想的) 행위를 통해서만 발견될 수 있다는 것이다. 반면 여성은 도구적인 차원에서만 이성을 이용할 수밖에 없는 저급한 이성의 소유자로 여겨진다. 이러한 남녀간 '직무의 차이'로 인해 하급 영역을 담당하는 여성은 남성에 대한 종속적인 역할에 만족해야 한다.

여기서 주목할 점은 이러한 남녀간의 차이점이 지적 혹은 도덕적 불균형 때문이 아니라 상이한 사회적 역할분담에서 기원한다는 사실이다. 역할의 상이성으로 인해 여성은 사회적으로 남성의 지

---

56) 아우구스티누스는 『참된 종교』에서 "신은 진리"(Deus veritas)이며, 진리란 곧 내면적인 빛이라고 설명하고 있다. 따라서 그에게 신은 내면적인 이성의 눈으로 파악될 수 있는 존재다.

57) Augustinus, 『창세기 축자 해석』 3권 22장, 원문은 "Licet enim subtilissime disseratur, ipsam mentem hominis…… distribui in aeternae contemplationis veritatem, et in rerum temporalium administrationem; atque ita fieri quasi masculum et feminam, illa parte consulente, hac obtemperante".

도를 받으면서(consulente), 그에게 복종해야만(obtemperante) 한다는 사물의 질서(ordo rerum) 개념이 아우구스티누스의 여성 관을 지배하고 있다.[58] 그렇다면 남성에 대한 여성의 순명을 신의 계율에 근거한 자유로운 질서(ordo naturalis)로 파악한 아우구스티누스의 이러한 사고는 어디에서 기원하는가.

"지성적 영혼은 일반 육체의 형상"(anima intellectiva est forma corporis)이라고 말한 아퀴나스는 영혼과 육체는 분리되지 않는 단일성을 지닌다는 심신일원론(心身一元論)을 주장했다. 아퀴나스의 이러한 심신일원론은 '영혼을 육체의 형상'으로 규정하는 아리스토텔레스의 이론에 기초하는데, 스승 플라톤의 심신이원론적 주장을 비판했던 아리스토텔레스는 영혼과 육체의 분리가능성을 부정했다. 반면에 신플라톤주의의 영향을 받은 아우구스티누스는 인간을 가리켜 "오성과 영혼과 육체를 갖춘 피조물" (intellectualis et animalis et corporalis creatura)[59]이라고 정

---

58) 이 점에서 여성주의적 관점을 지닌 연구자들은 아우구스티누스가 남녀의 이성적 동등성을 내세우면서도 여성의 육체적 종속성을 부가적으로 강조한다는 점에 주목한다. 그 결과 이들은 아우구스티누스가 "여성의 남성에 대한 종속성을 당연하고도 바람직한 것으로 간주한다"고 보았다. 아우구스티누스의 양가적 여성관은 지금까지 혼란을 초래했으나, 이러한 애매한 이중적 입장은 다른 중세 신학자들에게서도 공통적으로 나타나는 특성이다. 따라서 아우구스티누스를 포함한 중세 신학자들의 여성관을 흑백논리로 규정해서는 안 되고, 분석 대상인 신학적 텍스트에 총체적으로 접근해야 한다. 동시에 여러 신학자들의 여성관을 비교할 필요가 있는데 이렇게 함으로써 다양한 여성관의 차이점과 그 '진보성'을 발견할 수 있을 것이다.

의했다. 그는 플라톤의 '영혼불멸사상'[60]을 계승하면서도, 영혼과 육체를 별개의 것으로 생각했다. 이러한 이유로 아우구스티누스는 남녀 영혼의 동질성과 육체의 상이성이라는 심신이원론적 사고를 발전시켜나갔다.

아우구스티누스의 이러한 인간관은 아리스토텔레스 이래로 인정되어온 생식의 남성우위설조차도 부정하기에 이른다. 아리스토텔레스의 생식 이론에 따르면 생식을 위한 '능동적인 힘', 곧 씨앗을 가진 남자만이 '생식한다'(낳는다). 형상의 소유자인 남성만이 생식과정에서 주도적인 역할을 담당한다는 것이다. '수동적인 힘'만을 가지는 여자는 단지 남성의 씨앗을 받아들이고 여기서 생성되는 생명체에 질료에 해당되는 영양물질을 제공해줄 뿐이다. 이러한 이유로 재생산 과정에서도 여자는 남자에 비해 훨씬 열등하고 하찮은 도구적 역할을 하게 된다.[61] 더 나아가 모든 인간은 남성으로 태어나지만, 여자아이(puella)가 태어날 경우 이는 '우연에 의해 장애를 받은 남성'(mas occasionatus)으로 이해되었

59) 아우구스띠누스, 성염 옮김, 『참된 종교』, 48쪽.
60) Plato, 『파이돈』(*Phaedo*), 80b. "영혼은 성스러우며 불멸적이고 지성적이고 균질적이며 분해할 수 없는, 그리하여 자기일관적이고 불변적인 것과 같은데 반해, 육체는 인간적이고 죽을 수밖에 없으며 다양하고 분명하지 않고 분해 가능하며, 그리하여 결코 자기일관적이 아닌 것과 같다. 이것이 사실이라는 것을 지적할 어떤 상충되는 주장을 제시할 수 있을까?" '신플라톤주의자' 아우구스티누스에 대해서는 이석우, 『아우구스티누스』, 민음사, 1995, 81~96쪽 참조.
61) 차용구, 앞의 글, 74쪽 참조.

다. 아리스토텔레스의 질료형상설에 기초한 심신일원론은 육체와 영혼의 관계는 질료와 형상의 관계로 보았고 영혼을 육체와 불가분의 관계로 규정했다.

하지만 『창세기 축자 해석』에서 밝히고 있듯이, 아우구스티누스는 고대부터 내려오는 영혼과 육체의 일원성적 사고에 동조하지 않았다. 영혼과 육체가 직접적이고 내밀하게 결합된 것이 아니라고 생각한 그는 생식과정의 남성 우위설을 인정하지 않았다. 그는 여기서 "씨앗을 만들고 후손을 낳게 하는 것은 오직 신만이 할 수 있는 일"임을 강조한다. 결국 그는 남녀의 영혼과 육체의 문제에서 양자를 별개의 것으로 생각해야 한다고 보았다. 남성과 여성은 동등한 이성적 판단력(mens rationalis)을 가지지만, 여성(sexus femineus)은 '외적 인간'으로 세속적인 일에 관여하기 때문에 감성적인 동물적 본능에 더 많이 노출되어 있다. 따라서 여성은 덜 감정적인 남성의 통제를 받아야 하며, 이것이 바로 남성의 임무다.

즉, 남녀는 본래 똑같이 창조되었고 여성도 신의 참된 섭리를 이해할 수 있는 지적 능력을 갖추었으나,[62] 남편의 조력자(adiutorium)라는 사회적 역할 때문에 남자와 똑같은 신의 모상으로 볼 수 없다는 것이다.[63] 동시에 여성은 정신적 능력이 아니라 사회적 · 신체

---

62) Augustinus, 『삼위일체론』, 12권 7장.
63) 같은 책, 12권 7장. 원문은 "cum autem ad adiutorium distribuitur, quod ad eam ipsam solam attinet non est imago dei ; quod autem ad virum solum attinet imago dei est tam plena atque integra quam in unum coniuncta muliere".

2-2 보티첼리가 그린 아우구스티누스.
여성 신학자 류터는 아우구스티누스가 "여성을 오직 출산을 위해
사용하는 하나의 몸뚱이로만 간주했다"고 주장하지만,
오히려 아우구스티누스는 다른 교부들과 달리 여성을
하나님의 형상으로 이해했으며, 남성과 동등한 가치로 존중했다.

적 능력이 열등하므로 남성의 지도와 감독을 받아야 한다는 점을 아우구스티누스는 강조한다. 물론 여기서 지도와 감독은 정신적 활동에 대한 것이 아니라 육체적 활동과 직무에 국한되어 있다. 결국 아우구스티누스가 남녀 모두 똑같이 신의 모상에 따라 창조되었다고 언급했을 때, 그는 남녀의 영혼이 신의 모상대로 만들어졌다고 본 것이다.

아우구스티누스는 이러한 심신이원론적 여성관에 대해 『고백록』 마지막 부분(13권 32장)에서 다음과 같이 적고 있다.

당신의 모습 따라 당신을 닮은 인간은 그 모습과 닮음, 즉 이성과 지력으로 무지한 동물에서 뛰어남을 보음는데…… 육체에서도 여성은 비록 이성적 인식의 정신력으로는 똑같은 본성을 지니나 육체의 성으로는 남성에게 복종하는 것입니다.

기독교 여성관의 토대가 되다

아우구스티누스의 사상이 플라톤과 아리스토텔레스에서 연유한 금욕주의적 철학의 계보를 잇고 있는 것은 사실이다. 그에게 여성은 인간을 욕망에 빠지게 만드는 존재였다. 이 같은 이유로 그는 여성의 섹슈얼리티를 위협적인 것으로 해석하고, 순수성을 결여한 불결한 '여성의 몸' 이미지를 확산시키는 데 일조했다.

그러나 아우구스티누스는 고대 이래 이성과 남성성을 동일시했던 서구문화의 전통을 계승하지 않았다. 이런 혁신적인 사고는 오히려 아리스토텔레스의 세례를 받은 스콜라 철학자들에 의해 과거로 회귀하는 양상 속에서 실종된 것으로 보인다. 아리스토텔레스에게 여성의 본성 개념을 이어받은 아퀴나스는 여성이 남성에 비해 육체적으로나 이성적으로나 윤리적으로 나약한 존재임을 강조했다. 그는 여기에 만족하지 않고 더 나아가 잘못된 생식과정(generatio occasionatus)으로 인해 불완전한 남성(vir imperfectus)의 모습으로 태어난 여성은 이성적 판단력을 결여하고, 이성보다는 감성에 따라서 행동하기 때문에 경솔한 존재일 수밖에 없다고 보았다.

아우구스티누스는 아리스토텔레스의 심신일원론적 여성관을 답습하지 않았다. 이와 반대로 그는 여성도 신과 유사하게 창조된 이성적인 존재로 보았다. 단지 남녀에게 상이한 역할분담이 부여되었으므로, 여성은 사회적으로나 육체적으로 남성에 의한 교화와 훈육을 필요로 한다는 것이다. 남녀의 동질성, 상호성, 역할의 상이성은 그의 여성관을 특징짓는 중요한 요소들로, 이러한 개념들은 이후의 기독교적 여성관 형성에 토대가 되었다.

이러한 이유로, 이성과 비합리 사이의 이분법적 사고, 이성적 인간인 남성의 이상화와 같은 젠더이원론의 형성에 서양 기독교적 여성관이 토대가 되었다는 도식적이고 무비판적인 해석은 재고되어야 할 것으로 보인다. 특히 아우구스티누스의 경우 이러한 도식적 해석은 적용되지 않는다. 따라서 과연 그가 진정으로 "잔인한 여성혐오주의자"인지는 한 번 더 재고되어야 한다.

3 참회고행지침서와 여성의 몸

중세여성의 일상을 다룬 참회고행지침서

이 장에서는 '참회고행지침서'(liber paenitentialis)에 나타난 중세여성의 이미지를 분석 대상으로 삼고자 한다. 사랑과 성·결혼·동정·이혼·근친상간과 같은 중세인의 일상적 삶에 대한 흔적이 남아 있는 이 사료에 대한 분석을 통해, 중세여성의 사적 영역에 대한 심층적인 접근이 가능하리라 생각된다. 특히 여성과 관련된 참회 규정들은 남성중심적 중세 문화의 심연에 빠져버린 여성들의 자의식과 경험을 재구성하는 데 많은 도움이 될 것이다.

그 동안 참회고행지침서가 갖는 사료적 중요성은 학계에서 인정되었고, 연구도 어느 정도 진행되어왔다. 하지만 대부분 연구가 종교사 혹은 사회사적인 접근방식을 취했다는 문제점이 있었다. 이미 1930년대에 예수회 소속의 신학자 브로베(P. Browe)가 참회고행지침서에 나타난 중세 성윤리에 대해 교리사적 각도에서 연구를 진행했고,[1] 1960년대에 와서는 코티에(R. Kottje)[2]가, 1980년대에는 플랑드랭(J. L. Flandrin)[3]이나 페이어(P. J.

Payer)[4] 같은 학자들이 연구를 지속했다. 코티에와 플랑드랭 모두 중세사회사에 대한 중요한 사료로서 참회고행지침서의 가치를 인정하고 이것이 중세사회에 어떠한 영향을 끼쳤는지 집중적으로 분석했다. 페이어의 경우 광범위한 사료를 수집하여 분석했지만, 주제가 성(性)에 국한되는 아쉬움을 남겼다. 1990년대에 들어와서부터 참회고행지침서는 여성사 연구에서 중요한 사료로 인식되기 시작했다. 이후 이를 분석한 여성사 관련 연구 성과가 발표되었는데, 대표적으로 디미테네르(A. Demyttenaere)[5]와 루터바흐 (H. Lutterbach)[6]의 연구를 들 수 있다. 하지만 이 역시 종교사회

---

1) Peter Browe, *Beiträge zur Sexualehtik des Mittelalters*(Breslauer Studien zur historischen Theologie 23), Breslau, 1932: Peter Browe, "Liturgische Delikte und ihre Bestrafung im Mittelalter", *Theologie und Glaube 38*, 1936, 53~64쪽.

2) Raymund Kottje, *Studien zum Einfluß des Alten Testamentes auf Recht und Liturgie des frühen Mittelalters. 6-8 Jahrhundert*(Bonner historische Forschung 23), Bonn, 1970.

3) Jean-Louis Flandrin, *Un temps pour embrasser: Aux origines de la morale sexuelle occidentale*(VIe-XIe siècle), Paris, 1983.

4) P. J. Payer, *Sex and the Penitentials: The Development of a Sexual Code 550-1150*, Toronto/Buffalo/London: University of Toronto Press, 1984.

5) A. Demyttenaere, "The Cleric, Women and the Stain. Some Beliefs and Ritual Practices Concerning in the Early Middle Ages", Werner Affeldt(ed.), *Frauen in Spätantike und Frühmittelalter: Lebensbedingungen—Lebensnormen—Lebensformen*, Sigmaringen, 1990, 141~165쪽.

학적인 관심을 가지고 참회고행지침서를 분석한 글들이었다. 그 밖에 뒤비(G. Duby)와 같은 학자들의 저서에 참회고행지침서가 단편적으로 인용되었으나, 그 깊이와 내용은 개설적인 서술에 그치고 있다.[7]

연구 성과가 상당 부분 축적되었지만, 현재까지 여성사 분야에서는 주로 남성이 정해놓은 법률적 테두리 속에서 여성이 어떻게 반응해왔으며 이로 인해 그들의 사회적 지위가 얼마나 변화되었는지에 연구의 초점이 맞추어졌다. 이러한 접근방식은 여성의 심층적인 내면세계를 이해하기에는 많은 어려움이 있다. 여성의 문화체계에 접근하려면 기존 연구방법과는 차별적인 접근방식이 필요하다. 연대기, 신학, 교리서, 특허장, 법령집과 같은 (남성) 엘리트의 문서를 통해서는 중세여성의 심층적이고 생생한 삶을 재발견하는 데 한계가 있다. 반면 여성의 일상적인 경험을 다루는 참회고행지침서는 이들의 모습을 생생하게 보여준다. 기존의 여성사 연구는 이미 언급된 정형화된 상위 사료들을 중심으로 이루어졌기 때문에, 중세여성의 문화를 파악하는 데 한계가 있었다. 따라서 이 글은 남성문화의 그늘에 가려진 '하층문화'라 할 수 있는 여성문화를 새롭게 복원하는 것을 목적으로 한다.

6) H. Lutterbach, "Die Sexualtabus in den Bußbüchern. Ein theologie, religions und zivilisationsgeschichtlicher Beitrag zur Neubewertung der Sexualität im Mittelalter", *Saeculum 46*, 1995, 216~248쪽.

7) 조르주 뒤비, 최애리 옮김, 『중세의 결혼: 기사, 여성, 성직자』(*Le Chevalier, la femme et le prêtre*), 새물결, 2001, 82~96쪽.

참회고행지침서는 본래 고해성사를 할 때 사제가 이용할 수 있도록 고안된 목록으로, 다양한 죄의 종류와 이에 상응하는 참회의 정도를 규정한 문헌이다. 교리와 교회법적 관점에서 볼 때 이는 순수한 개인적 차원의 권고로 보일 수 있으나, 점차 정전(正典)과 같은 권위를 지니게 되었다. 그 결과 8세기 이후부터는 미사와 사목활동에 필요한 공식적인 책으로 인식되면서 권위가 더욱 높아졌다.[8] 사목활동에 실질적으로 필요한 사제의 지침서로 사용[9]되면서 참회고행지침서는 점차 교회 내부에서 공식적인 성격을 띠었고, "목회자들에게도 사고와 행동의 근거가 되었다".[10] 이후 참회서는 11세기

---

8) 803년에 제정된 교리문답집(Interrogationes examinationis : *MG Capitularia regum Francorum* 1권, 1234쪽에 수록)에 의하면 사제서품을 받고자 하는 청원자는 참회고행지침서의 사용 방법을 숙지해야 했다. 810년의 교회 칙령(Capitula Ecclesiastica : 같은 책, 1권 179쪽에 수록)은 성직자들에게 참회고행지침서의 사용방법을 좀더 구체적으로 예시하기도 했다. 참회고행지침서가 교회 공동체의 재산 목록에서 중요한 위치를 차지했다는 사실 또한 당시 사회에서 이 문헌의 중요성을 보여준다.

9) Frnaz Kerff, "Libri paenitentiales und kirchliche Strafgerichtsbarkeit bis zum Decretum Gratiani. Ein Diskussionsvorschlag", *Zeitschrift der Savigny-Stiftung für Rechtsgeschichte. Kanonische Abteilung* 75, 1989, 23~57쪽. 여기서는 28쪽. "상당히 많은 참회고행지침서 필사본이 중세 초기와 전성기에 사제들의 수중에 있었고, 신자들의 고해성사 때에 이용되었다." Rob Meens, "The Penitential of Finnian and the Textual Witness of the Paenitentiale Vindobonense B", *Medieval Studies 55*, 1993, 243~255쪽, 여기서는 244쪽. "이 서적들은 사목활동에 이용되었다."

이후 교회법 제정에 중요한 자양분을 제공하면서 중세 초기 교회의 전통을 후대에 전달하는 매개적인 역할을 수행했다.[11]

초대교회는 신약성서의 중요한 가르침인 참회를 집단 참회의 형태로 받아들였으나, 4, 5세기가 경과하면서 점차 개인적 형태의 참회제도가 형성되었다.[12] 이후 5세기부터 아일랜드와 영국의 참회제도에 근거해서 형성된 참회고행지침서는 11세기까지 서유럽 전역에 걸쳐 편찬되었다. 그리스도인들의 사적 영역까지 자세하게 기록하고 있다는 사실만으로도, 참회고행지침서의 사료적 가치는 중요하다. 그렇지만 아직 국내외에서 참회서의 중요성에 대한 인식은 상대적으로 부족한 실정이다.[13] 이 장에서는 중세 초기 사회의 인간사를 촘촘하게 다룬 이 기록물을 통해 여성의 삶을 좀

---

10) 뒤비, 앞의 책, 81쪽.

11) 장준철, 「11세기 개혁시대의 교회법령집 분석」, 『서양중세사연구』 18, 2006, 65~97쪽, 특히 89쪽 참조.

12) 이에 대해서는 조병하, 「참회제도의 변천과 종교개혁」, 『역사신학논총』 10, 2005, 8~32쪽 참조.

13) Raymund Kottje, "Ehe und Eheverständnis in den vorgratianischen Bußbüchern", Willy van Hoecke and Andries Welkenhuysen, (eds.), *Love and Marriage in the twelfth Century*, Leuven University Press, 1981, 18~40쪽. 여기서는 18, 19쪽. 최근 국내의 연구 성과물로는 조병하, 앞의 글, 8~32쪽; 이필은, 「중세 초기 개종한 기독교인을 위한 교육: 7, 8세기 앵글로색슨 지역의 참회고행지침서를 중심으로」, 『기독교교육논총』 21, 2009, 185~212쪽 참조. 그밖에 유희수, 「13세기 프랑스에서 교회의 결혼준칙과 성규범의 일상생활에로의 삼투」, 『프랑스사연구』 11, 2004, 25~60쪽.

3-1 1100년경 비잔티움 제국에서 제작된 참해고행지침서의 일부.
이 필사본은 7세기에 제작된 원본을 후대에 다시 작성한 것으로,
당대 비잔티움 예술의 높은 수준을 보여준다.

더 심층적으로 이해하기 위한 토대를 마련하고자 한다.[14]

이혼, 재혼, 동거, 생리현상

전통적으로 중세 교회는 이혼과 재혼에 대해 엄격한 잣대를 들이댔다. 신이 맺어준 정혼을 파기하거나 아내를 버리고 재혼하려는 남편의 행위는 엄격히 규제되었다. 참회고행지침서도 원칙적으로 이러한 교회의 입장을 옹호하는 입장이었으나, 중대한 사유가 있을 경우 예외규정을 설정함으로써 상대적으로 유연한 결혼관을 보여준다. 예를 들어 남편이 전쟁포로로 잡혀가서 생사확인이 불가능한 경우[15]라든가 성불능(frigidae naturae esse)으로 밝혀진 경우[16]에는 여자에게도 재혼 가능성을 열어놓았다.[17]

---

14) 참회고행지침서가 갖는 사료적 가치에 대한 인식의 전환은 최근 연구성과들에서도 잘 나타나고 있다. 이에 대해서는 *Early Medieval Europe 14/1*(2006)에 수록된 논문들 참조. 그러나 여기에 수록된 대다수의 논문들은 참회서에 대한 문헌학적 분석 작업에 그쳤으며, 참회서와 여성문제를 연계해서 파악하려는 시도는 이루어지지 않고 있다.

15) 그레고리우스 참회고행지침서(*Canones Gregorii*) 72장(Finsterwalder, 260쪽); 바질 참회고행지침서(*Canones Basilienses*) 35b장, (Asbach, 83쪽); 코튼 참회고행지침서(*Canones Cottoniani*) 87(Finsterwalder 276쪽); 랭스 참회고행지침서(P. Remense) 5,48(Asbach, 36쪽).

16) Burkhard von Worms, *Decretum* XIX(Migne, 140, 967A-B), "결혼한 여성이 3년 이상 생리를 유지할 경우, 이는 남자가 성불능이니 쌍방 간의 이혼이 허락된다."(Accepisti mulierem, et habuisti eam aliquod tempus, mensem aut tres, aut postremo annum, et tunc primum dixisti te esse frigiade naturae······ separari potestis.)

노섬브리아 참회고행지침서(Discipulus Umbrensium)는 첫 번째 부인이 부정한 행위를 저질렀을 경우 남편은 아내를 버리고 재혼할 수 있다고 특별히 허락했으나, 동시에 버림받은 여인도 일종의 유예기간인 5년이 지난 뒤 새 남편을 맞을 수 있다(alium virum accipere)는 예외규정을 명시[18]했다. 690년 직후 작성된 그레고리우스 참회고행지침서(Cannoes Gregorii)는 여성 재혼의 구체적인 조건으로 "남편이 중대한 범죄행위와 부정한 행위로 인해 부자유민의 상태가 될 경우"를 들었다.[19] 단, 주교의 동의(cum consensu

---

17) 남편의 성불능으로 인한 여성의 재혼 가능성과 관련, 이를 중세 교회의 유연한 결혼관으로 해석할 것인지 혹은 여성의 사회적 역할을 재생산(reproduction)에 국한하려는 중세 교회의 규율관행이라는 측면에서 해석할 것인지는 좀더 연구가 필요하다. 이러한 논란이 있었지만, 미국의 종교사학자 페이걸스(Elaine Pagels)가 지적했듯이, 결혼, 이혼, 동성애, 낙태, 피임과 같은 "성별문제와 성적 관계"의 문제들은 특정 시기의 가치체계와 사고방식 등과 "필연적인" 관계를 맺고 있다. 따라서 "성에 대한 태도"(sexual attitudes)를 다루는 참회고행지침서는 해당 시기의 문화를 이해할 수 있는 코드에 해당된다. 이와 관련해서는 일레인 페이걸스, 류점석 옮김, 『아담, 이브, 뱀: 기독교 탄생의 비밀』, 아우라, 2009, 13~15쪽 참조.

18) 노섬브리아 참회고행지침서(Discipulus Umbrensium) II권 12장, 5(Finsterwalder, 326쪽); 다케리아나 참회고행지침서(Capitula Dacheriana), 163장(Finsterwalder 251쪽).

19) 노섬브리아 참회고행지침서 II권 12장 9절(327쪽). "초혼 여성은 일 년 뒤에 다른 남자와 결혼할 수 있으나, 당사자가 재혼녀일 경우에는 결혼은 허락되지 않는다"(mulier si prius non habuit coniugium habet potestatem post annum alterum accipere virum, digamo autem non licet). 그레고리우스 참회고행지침서 175장, 269쪽.

aepiscopi)가 있어야만 재혼이 가능하다고 못박았다.

물론 이러한 예외규정들이 결혼의 신성함과 불가해소성이라는 성서의 근본 교리를 거스르는 것은 아니다. 이는 혼인의 무효화와 새로운 결혼을 허락하면서도 동시에 재혼하는 자를 신의 계율을 거스르고(contra mandatum Dei), 결혼의 신성성을 더럽힌 자(moechus)로 비난한 사실에서도 잘 나타난다.[20] 이러한 예외규정들은 단지 사제들이 여성 사목을 하는 데 어느 정도 운신의 폭을 넓히기 위해 시행한 융통성 있는 교회정책의 일환으로 보인다.

그러나 왕족들과 귀족들은 결혼의 신성함과 일부일처제와 같은 교회의 결혼관을 비웃기라도 하듯 이혼과 재혼을 반복하곤 했다. 참회서의 저자들은 이러한 현실을 심각하게 받아들였으며, 소박맞은 여인들의 운명에 동조적이었다.[21] 더 나아가 합법적 결혼의 테두리 밖에서 벌어지는 남성의 동거 관행에 대해 매우 단호한 태도를 취했다. 880년경 작성된 마르테니아눔 참회고행지침서(Paenitentiale

---

20) 의사 테오도루스 참회고행지침서(Paenitentiale Pseudo-Theodori) 1장 32절(Wasserschleben, 576쪽). 중세 초기 참회고행지침서에 나타난 결혼의 신성성에 대한 구체적인 사례 연구는 Peter Manns, "Die Unauflösbarkeit der Ehe im Verständnis der Frühmittelalterlichen Bussbücher", Norbert Wetzel(ed.), *Die Öffentlichen Sünder oder soll die Kirche Ehen scheiden?*, Mainz: Matthias Grünwald Verlag, 1970, 42~75쪽 참조.

21) 9세기 중엽에 작성된 의사 테오도루스 참회고행지침서(325쪽)는 정실 부인을 버리고 새로운 여자를 취하는 자를 간음자(adulter)로 규정하면서, 일체의 종교 행사에 참여하는 것을 금했다.

Martenianum)는 기혼남과 관계를 맺고 있는 여인의 지위를 정부인(uxor)과 동거녀(concubina)로 명확히 구분한 바 있으며, 의사(擬似) 테오도루스 참회고행지침서(Paenitentiale Pseudo-Theodori)는 합법적 결혼에 의한 결합이 아닌 부적절한 동거를 하고 있는 남자(Si quis concubinam habet)에 대해서는 일 년의 참회를 부과했다. 또한 동거녀와 관계를 맺고 있는 자에게는 성체성사를 포함한 일체의 성사를 사제가 허락하지 않도록 조처했다.[22] 일부에서는 가내 여성노예와의 부적절한 관계가 목격되었는데, 역시 일 년의 참회를 요구했다.[23] 합법적으로 맺어진 결혼이 아닌 여타의 동거 유형을 부정하려는 교회의 노력은 마침내 "동거녀의 자식들을 단순한 야합에서 태어난 진짜 사생아들이나 다름없이 취급하고 그들로부터 모든 권리를 빼앗기 시작했다."[24]

여성의 생리현상과 관련해서는 일반적으로 알려져 있는 사실과 달리, 중세 교회는 비록 '생리하는 동물'(animal menstruale)이라는 이유를 들어 여성을 성스러운 장소로부터 배제했지만, 이는 여성에만 국한된 것이 아니었다. 물론 중세 초기 사회에서 신약성서에 나타난 남녀평등적 인간관은 현실적으로 관철되지 않았던 것으로 보인다.[25] 여성과 관련된 일부 참회서의 내용에도 구약적

---

22) 의사(擬似) 에그베르투스 참회고행지침서(P. Pseudo-Egberti) 2, 9 (Wasserschleben, 325쪽).

23) 의사 테오도루스 참회고행지침서 4, 7, 581쪽; 마르테니아눔 참회고행지침서 36장, 290쪽.

24) 뒤비, 앞의 책, 67쪽.

전통으로 회귀하는 경향이 있었다.[26] 하지만 이러한 여성폄하적 관점은 서구뿐만 아니라 계몽이 이루어지지 않은 거의 모든 원시적 사회에서 나타나는 현상이라는 거시적인 관점에서 파악되어야 한다.[27] 중세 초기의 서양사회에서 여성은 불결한 존재로 인식되었고, 이러한 사고의 근저에는 특히 여성의 생리현상이 있었다. 불결한 피가 생리를 통해 배출된다고 여겼기 때문이다. 따라서 생리 기간의 여성은 기피대상으로 여겨져, 종교의식 참여는 물론이고 신체 접촉조차도 삼가야 했다.[28] 생리혈을 "매우 위험한 것"으로 보았던 고대 그리스 로마인(대표적으로 Plinius)의 이러한 사고는 중세 초기의 참회서에서도 답습되었다.

7세기 이후에 쓰인 참회고행지침서는 생리 중인 여성들(de mulieribus menstruis)에 대해 언급하면서, 생리를 하는 동안 여성을 불결한(mundum) 존재로 터부시했다. 생리기간(in menstruo tempore, in tempore menstrui sanguinis)의 여성들은 병에 감

---

25) 예를 들면 마가복음 5장 25~34절. 예수 그리스도의 남녀 평등적 사고에 대해서는 Hermann Ringeling, "Frau IV", *Theologische Realenzyklopädie* 11, 1983, 431~436쪽.

26) A. Angenendt, *Geschichte der Religiosität im Mittelalter*, Darmstadt, 1997, 21, 22, 626~644쪽은 이러한 경향을 "과거로의 회귀"(Rearchaisierung)로 묘사했다.

27) Klaus E. Müller, *Die bessere und die schlechtere Hälfte. Ethnologie des Geschlechterkonflikts*, Frankfurt-New York, 1985, 101쪽.

28) Claude Thomasset, "Von der Natur der Frau", Georges Duby, Michelle Perrot(eds.), *Geschichte der Frauen 2*(Mittelalter), Frankfurt, 1993, 67쪽.

염(infirma)된 것으로 간주되었으므로, 성찬식 참석은 물론이고 성스러운 장소인 교회 출입조차도 금지되었다.[29] 생리가 끝나고 다시 건강을 완전히 회복했을 때(perfecta sana), 여성들은 정상적인 상태로 돌아올 수 있었다. 이러한 규정은 세속인들뿐 아니라 수녀들에게도 해당되었으며, 이를 어기고 교회에 출입하거나 성찬식에 참석할 경우 최소 3주 동안 참회를 해야만 했다.[30] 이처럼 여성의 생리는 '병적인 현상'(in morbo suo menstruali)으로 이해되었다.[31] 이 기간에는 부부관계도 금지되었다.

여기서 주목해야 할 점은 여성의 생리만이 인간의 불결한 육체적 분비물로 인식된 것은 아니라는 사실이다. 남성의 생리현성

---

29) 노섬브리아 참회고행지침서 I 14, 17, 308쪽; 비고티아눔 참회고행 지침서(P. Bigotianum) II 9,3(Bieler, 222); 의사 테오도루스 참회고행 지침서 2,8, 577쪽; 플뢰리 참회고행지침서(P. Floriacense) 57장 (Kottje, 102쪽).

30) 그레고리우스 참회고행지침서 125장, 265쪽. "생리 기간의 여성은 교회에 들어와서도 안 되고, 영성체를 해서도 안 된다. 이는 수녀와 일반 여성 모두에게 해당된다. 어길 때에는, 3주의 참회를 해야만 한다"(Mulieres menstruo tempore non intrent in ecclesiam neque communicent. Nec sanctimoniales nec laicae. Si presumpserint III ebdomadas peniteant); 코르비 축약분(Excarpsus Cummeani) 3,14(Schmitz II 614), 랭스 참회고행지침서, 5,55, 37쪽.

31) 의사 에르베르투스 참회고행지침서 40장(Wasserschleben, 338쪽). "여성은 생리 질환이 있는 동안 교회를 들어와서도 안 되며, 영성체를 해서도 안 된다. 이는 수녀와 일반 여성 모두에게 해당된다. 만일 그렇게 했을 경우에는 20일의 단식을 해야만 한다"(Mulier in morbo suo menstruali in ecclesiam non intret, neque eucharistiam accipiat, nec monialis nec laica mulier: et si fecerit, XX dies jejunet).

즉, 몽정에 의한 정액 배출(pati fluxum seminis, inmundus, pollutus, sanatus, emundari a fluxu seminis, semen egredi) 또한 불결한 것(immunda pollutio)으로 보았으며, 이 또한 교회 출입을 금지하는 사유로 규정했다.[32) 남성의 몽정도 병적인 (infirmitate) 현상으로 파악했기 때문이다.

이처럼 이혼과 재혼, 동거와 생리현상과 관련된 참회고행지침서의 규정들을 살펴보면, 중세 초기의 교회가 여성 혐오적이었다는 기존의 획일적인 관점은 재고되어야 할 것이다. 동시에 교회 내부에서도 여성에 대한 다양한 목소리들이 존재했음을 인지해야 한다. 참회서에는 중세 교회가 견지했던 여성 보호적인 측면이 강하게 반영되어 있다. 위에서 언급한 것처럼, 남편의 성교 불능증이 이혼의 사유로 인정되었던 반면에, 여성의 불임(sterilis)은 이혼 사유가 되지 못했다는 사실이 이를 잘 보여준다. 피니아우스 참회고행지침서(Paenitentiale Finniani)와 쿠메아누스 참회고행지침서(Paenitentiale Cummeani) 모두 부인이 불임으로 밝혀지더라도 남편이 그의 부인을 떠나는 행위를 용납하지 않았으며[33), 오히

---

32) 갈렌 수도원 참회고행지침서 축약본(P. Sangallense simplex) 18장 (Kottje, 121쪽). "만일 몽정을 했을 경우에는, 당일 근신을 하면서 다음 날까지 시편을 30편 낭송하고, 제단 근처에 접근하지 말 것이다"(Si quis profluuium partitur et per somnium pollutus est et illum diem abstineat et XXX psalmos cantet et ad altare non accedat usque in crastinum).

33) 쿠메아누스 참회고행지침서(P. Cummeani) 2,28(Bieler, 116쪽). 피니아우스 참회고행지침서(P. Finniani) 41장(Bieler, 88쪽).

려 이혼보다는 부부간의 금욕 생활을 처방책으로 제시했다.[34]

비공식적인 동거관행에 대해서 고대 세계에서는 혼외관계를 맺고 있는 남편에 대해 적절한 조처를 취할 수 없는 상황이었으나, 참회서의 규정들은 사회적 약자인 여성을 제도적으로 보호하려는 교회의 입장을 대변한다. 실제로 일부 성직자들과 신학자들이 남긴 교회문헌들이 여성에 대한 경멸과 불신으로 차 있었지만, 주교를 포함한 성직자들은 소박맞은 아내와 같은 약자에 대한 보호 의무를 망각하지 않았다. 랭스의 주교 힝크마르(Hincmarus)의 글은 여성에 대한 이러한 교회의 책무를 강조했다. "아내가 성깔이 있든(iracunda) 품행이 나쁘든(malis moribus) 음탕하든(luxuriosa) 탐식을 하든(gulosa) 간에, 남편이 원하든 원하지 않든 간에(volens nolens) 아내를 버리면 안 된다."[35]

또한 생리현상과 관련해서도 중세 초기의 교회는 생리혈이라는 '불결한' 생리현상을 이유로 여성을 불결한 존재로 보았지만, 남성의 경우에도 유사한 기준을 적용했다. 생리혈이나 정액과의 접촉은 모두 정결치 못한 것으로 보았으며, 당사자들에게는 교회와

---

34) 피니아누스 참회고행지침서 41장, 88쪽. "자신의 부인이 불임이라 하더라도 떠나서는 안 된다. 대신에 신께서 정의로운 판단을 내리실 때까지, 둘 다 금욕 생활을 할 것이다"(Si quis habuerit uxorem sterilem non debet demittere uxorem suam propter sterilitatem suam, sed ita debet fieri, ambo manere in continentiam suam, et beati sunt si permanserint casti corpore usquequo iudicauerit Deus illis iudicium uerum et iustum).

35) 이에 대해서는 뒤비, 앞의 책, 67쪽 참조.

같은 성스러운 장소의 출입을 금지했다. 성직자도 예외는 아니어서, 몽정을 한 성직자에게는 성사집전이 허락되지 않았다.[36]

비록 현장 사목자의 여성 보호적 조처들이 남성중심적 사회현실의 벽을 넘기에는 한계가 있었지만, 여성들은 교회로부터 '전사들의 성윤리'에 대항할 수 있는 든든한 보호벽을 얻을 수 있었을 것이다. 그러나 참회고행지침서에 나타난 여성의 이미지를 역으로 추적해보면, 중세여성의 지위와 삶은 애달픔 그 자체였다. 참회서의 예외규정들이 실효성을 갖기에는 현실의 벽이 높았기 때문이었다.

아내가 남편을 간통으로 고발하는 경우 주교는 '정당한 심판'을 통해 결혼을 무효화할 수 있었으나, 현실적으로 여자 쪽에서 이혼 요청을 하는 사례는 매우 드물었다. 이혼에 관한 주도권은 남자 쪽에 있었기 때문이다. 그레고리우스 참회고행지침서의 경우, 설사 남편이 부정한 행위(fornicator)를 했을지라도 여자는 재혼을 할 수 없다고 못박고 있다. 단지, 홀로 수절하거나 수녀원에 들어갈 수 있는 기회만이 주어졌을 뿐이다.[37] 비일비재했던 남성들의

---

36) 이에 대해서는 Arnold Angenendt, "'Mit reinen Händen'. Das Motiv der kultischen Reinheit in der abendländischen Askese", Georg Jenal(ed.), *Herrschaft, Kirche, Kultur, Beiträge zur Geschichte des Mittelalters. FS Friedrich Prinz*(Monographien zur Geschichte des Mittelalters 37), Stuttgart, 1993, 297~316쪽.

37) 그레고리우스 참회고행지침서 67장, 260쪽. "부인은 그의 남편을 떠나서도 안 되며, 수녀원에 들어가지 않을 경우에는, 간음을 해서도 안 된다"(Mulieri non est licitum, virum suum dimittere, licet fornicetur, nisi forte pro manasterio).

동거관행에 대해 교회가 들이댄 엄격한 성윤리의 잣대는 여성에게 현실적인 도움을 많이 주지 못했고, 여인을 성적 유희의 대상으로 보는 세속적 인습은 후대까지도 지속되었다. 결국 교회는 비공식 동거제도를 용인하고 이를 눈감아주는 쪽으로 노선을 수정할 수밖에 없었다.[38]

부녀자 납치와 강간

미혼남녀의 성문제는 기혼자들의 성윤리에 비해 주목을 덜 받았다. 그러나 참회고행지침서에는 중세 초기에 자주 일어났던 총각의 부녀자 납치 혹은 성적 위협[39]과 관련한 규정들이 상당수 발견된다. 9세기 말에서 10세기 초에 작성된 다케리아나 참회고행지침서(Capitula Dacheriana)는 매우 남성중심적인 색채를 보인다. "미혼남자가 처녀의 몸을 더럽혔을(polluta) 경우, 그 여자를 부인으로 삼든지 아니면 버릴 것인지는 전적으로 남자의 결정에 달렸다"[40]는 것이다. 그러나 이는 예외적인 기술로, 다른 참회고행지침서들은 이러한 경우 당사자인 남자에게 참회를 요구했다. 콜룸바누

---

38) 이에 대한 구체적인 사례들은 뒤비, 앞의 책, 35~72쪽 참조. 이외에도 Georges Duby, *Dames du XIIe siecle-II: Le souvenir des aieules*, 유치정 옮김, 『12세기의 여인들 2: 죽은 자를 기억하기』, 새물결, 2005, 95~114쪽 참조.
39) 당시의 이러한 사회적 상황과 관련해서는 뒤비, 『중세의 결혼: 기사, 여성, 성직자』, 50~57쪽 참조.
40) 다케리아나 참회고행지침서 103장, 247쪽.

스 참회고행지침서(Paenitentiale Columbani)는 총각이 과부(vidua)와 부적절한 성관계(fornicatio)를 맺었을 경우 1년, 상대방이 아버지의 후견권 아래 있던 처녀(puella)일 경우 2년의 참회를 해야 한다고 규정했다.[41] 초기의 참회고행지침서들도 처녀와 성관계를 맺은 총각은 참회 이외에 처녀의 부모에게 혼인증여재산(dotem)을 지불해야 한다고 구체적으로 규정했다.[42]

다른 참회고행지침서들도 처녀성을 언급하면서 한 처녀(virgo)의 처녀성을 손상시킨(corrumpere) 남성은 그녀를 아내로 맞아야 하며, 그렇지 않을 경우 5년의 참회를 해야 한다고 규정한다.[43] 총각이 과부나 나이 어린 소녀와 관계를 맺었을 경우 각각 1년과 2년의 참회를 감수해야 했다. 어떤 규정은 여성에 대한 성폭력(raptus)이라는 용어를 사용하면서, 부녀자에게 성폭력을 행사할 경우 3년의 참회를 요구했다.[44] 이러한 조처들은 남성의 성폭력으로부터 여성을 보호하려는 교회의 제도적 장치로 이해될 수 있을 것이다. 일종의 '성범죄'를 예방하려는 교회의 의도는 참회고

---

41) 콜롬바누스 참회고행지침서 B16, 176쪽. 랭스 참회고행지침서 5장, 32쪽. 9세기 후반에 작성된 P. Parisiense compositum 128장(Meens, 502쪽)과 9세기 3/4분기의 플뢰리 참회고행지침서 39장(Kottje, 100쪽)도 동일한 규정을 명시한다.

42) Excerpta de Libro Dauidis 6장(Bieler, 70쪽).

43) 의사 그레고리우스 참회고행지침서 18장(Kerff, 178쪽), Burkhard von Worms, Decretum XIX(Migne, 140 958C).

44) 원문은 "Si quis virginem vel viduam raptus fuerit, III. ann. peniteat cum pane et aqua"(Payer, 앞의 책, 169쪽. 각주 93에서 재인용).

행지침서 여러 곳에서 드러나며, 성서의 문구처럼 남성들이 여성들에 대해 불순한 생각을 갖는 것조차 금지했다.[45]

위에서 언급한 규정들은 일상 속에서 드물지 않게 일어났을 불미스러운 사건들을 미연에 예방하기 위한 교회 정책의 일환으로 보인다. 451년 칼케돈 공의회 이후 수많은 공의회에서도 납치한 여자를 정실부인으로 맞아들이도록 규정했다.[46] 이는 현실정치적으로도 한 여인을 둘러싸고 가문 간의 분쟁이 사회전반으로 퍼져나가는 것을 막기 위한 예방책이기도 했다.

중세 초기 참회고행지침서의 여성 보호적 조항들이 단순히 사회적 약자에 대해 교회가 가지고 있던 입장의 발로였는지, 아니면 기부행위 등을 통해 고위 성직자들과 우호 관계를 유지하고 있던 왕비나 귀족부인들이 적극적으로 개입했을 여지는 없었는지에 대해서는 더 많은 연구가 필요하다. 그러나 게르만적 성윤리가 무소불위의 힘을 발휘하던 현실 속에서 여성들이 교회로부터 구원의 희망을 얻고자 했음은 자명한 사실이다. 비록 구속력은 제한적이었지만[47] 참회서의 작성자들 역시 여성이 직면한 험난한 현실을

---

45) 비고테니아눔 참회고행지침서(P. Bigotianum) II 1,5(Bieler, 218쪽).

46) Payer, 앞의 책, 169쪽. 각주 96과 97의 자세한 사례 참조.

47) 참회서 작성 목적을 일선 사제들의 사목활동 지침서로 국한시켰던 기존 연구경향을 비판적으로 검토했던 커프의 글(F. Kerff, "Libri paenitentiales", 23~57쪽)이 1989년에 발표되면서, 참회서가 갖는 교회법적 구속력에 대해서도 새롭게 검토되고 있다. 이러한 연구동향에 대해서는 A.H. Gaastra, "Penance and the law: the penitential canons of the

냉철하게 인식하고 있었음을 기억해야 할 것이다.

참회서의 규정들을 역으로 재해석해보면, 실제로 당대의 여성들은 남성의 성폭력에 무기력했던 것 같다. 부녀자 유괴를 금했던 카롤링거 시대의 왕령들이나 힝크마르 주교가 『부녀 유괴 저지에 대하여』라는 제목의 글을 남긴 것만 보더라도,[48] 세속인들의 윤리는 교회의 이상과는 상당한 격차가 있었다. 8세기의 옥스퍼드 참회고행지침서(P. Oxoniense II)는 난봉꾼들에 대해 언급했는데, 이들은 자신과 관계를 맺은 여성들의 수를 기억할 수 없을 정도였다고 한다.[49] 사제들에게 전사들의 성 윤리는 아직 멀찍이서 바라볼 수밖에 없는 영역의 일이었다.

Collection in Nine Books", *Early Medieval Europe* 14/1, 2006, 85~102쪽 참조.

48) 이에 대해서는 뒤비, 앞의 책, 47, 53~55쪽 참조.

49) 옥스퍼드 참회고행지침서 II 14(Kottje 194). "간음자들 중 많은 남자들이 여성과 간음한 횟수를 기억하지 못하는 경우가 있는데, 이러한 자들은 40주 동안 단식을 해야 한다"(De eius, qui cum multis mulieribus fornicatus est. Propter fornicationem multi nesciunt numerum, cum quibus fornicati sunt, ille ieiunet ebdomada quadraginta). 의사 테오도루스 참회고행지침서 1, 26(575쪽) 역시 그 수를 기억할 수 없을 정도로 여러 여성들과 간음을 한 자는 10년의 참회를 해야 한다고 정했다. 원문은 "Si laicus fornicationem cum multis faeminis imitatur, id est cum vacantibus, sive cum sanctimonialibus, ita ut etiam numerum nesciat, X annos poeniteat, III in pane et aqua".

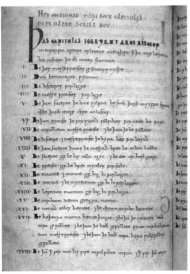

3-2 앵글로색슨
참회고행지침서의 일부.

주술 행위, 낙태, 피임

참회서 저자들은 신을 모독하는 파렴치한 행동(facinus)은 모든 부정한 행위의 근원인 우상숭배에서 비롯되기에, 이러한 중대 범죄(iniquitas)는 인간으로 하여금 행동의 자유를 상실케 하고 스스로를 파국으로 내모는(sacrifici) 결과를 초래한다[50]고 보았다.

50) 의사 에그베르투스 참회고행지침서 2, 22(Wasserschleben, 327쪽).
"교회에 신의 이름으로 기증하지 않고, 샘물, 바위, 나무, 우상 등에 시주를 약속하는 사람은 빵과 물만 먹으면서 3년 동안 단식을 해야 한다"
(Si homo quis eleemosynam suam voverit vel attulerit ad fontem aliquem, vel ad lapidem, vel ad arborem, vel ad alias quaslibet creaturas, nisi in nomine Dei, ad ecclesiam Dei, III annos in pane

이처럼 8세기 이후에는 주술적 행위[51]를 금지하는 규정들이 점차 증가했다. 특히 피·생리혈·정액·대변과 같은 육체적 분비물을 정결치 못한 것으로 보았고, 이를 섭취하는 행위는 참회에 처해졌다. 그레고리우스 참회고행지침서는 "병을 치료하려는 목적으로 남편의 피를 먹은 여인은 40일 동안 물과 빵만으로 참회해야 한다"[52]고 명령했다.

일부에서는 여성의 생리혈이 사랑의 묘약으로 둔갑하는 사례가 목격되기도 했다. 이는 아마도 암암리에 전래해오던 민간요법으로 보인다. 생리혈을 음식이나 음료수에 몰래 섞어 남편에게 먹이면 부인을 더욱 사랑하게 될지도 모른다는 믿음[53]처럼, 정액도 이러한 최음제 역할을 하는 것으로 생각되었다. 의사 테오도루스 참회고행지침서는 남편의 사랑을 얻고자 음식물에 남편의 정액을 넣는

---

et aqua jejunet).

51) 참회고행지침서에 나타난 주술적 행위에 대해서는 V. Flint, *The Rise of Magic in Early Medieval Europe*, Oxford University Press, 1991; J.C. Schmitt, "Les 'superstitions'", J. Le Goff(ed.), *Histoire de la France religieuse I: Des dieux de la Gaule a la papaute d'Avignon(des origines au XIVe siecle)*, Paris, 1988, 417~551쪽.

52) 원문은 "Mulier qui sanguinem viri sui pro remedio gustaverit XL dies ieiunet licet plus minusve"(270쪽). 그밖에 코르비 축약본 1, 35(Schmitz II, 608쪽); 랭스 참회고행지침서, 97, 41쪽.

53) 사랑을 촉진시키기 위한 다양한 마술적 비법들이 중세 말기까지 지속적으로 전수되었던 것으로 보인다. 이에 대한 구체적인 사례는 엠마누엘 르 루아 라뒤리, 유희수 옮김, 『몽타이유: 중세 말 남프랑스 어느 마을 사람들의 삶』, 도서출판 길, 2006, 518쪽 참조.

행위를 한 여인은 중징계에 해당하는 7년의 참회를 하도록 했고, 또한 남편의 바람기를 미리 잠재우기 위해 썩은 나무에 정액을 뿌리는 행위를 한 여인도 7년의 참회를 해야 한다고 정했다.[54]

교회가 지속적으로 금지하는데도 여성들이 주술행위에 강하게 의존한 까닭은 가부장적 사회구조 속에서 그녀들에게 선택의 여지가 많지 않았기 때문이었다. 전투 등의 이유로 오랜 기간 외지를 떠돌면서 외간 여인들에게 눈길을 주는 남편의 마음을 붙들어둘 별다른 방법이 없었던 여인들은, 자신들의 어머니와 할머니들이 했던 것처럼 주술적인 행동을 통해 마음속에 담겨 있던 한과 염원을 적극적으로 표현하고자 했다.

콜롬바누스 참회고행지침서는 "출산과 관련된"(per hoc mulieris partum)[55] 주술행위를 엄격히 금지하고 있다. 그 내용이 구체적으로 무엇인지 가늠하기 어려우나, "여성들을 주술행위에 끌어들이는 행위는 살인죄에 해당된다"는 문구를 보건대 낙태를 위한 주술이나 피임행위를 말하는 것 같다.[56] 흥미로운 점은, 일부 성직자들도 주술행위에 가담했다는 사실이다. 6세기 중엽의 피니아누스 참회고행지침서[57]는 "성직자나 여성"의 주술행위를 중대 과실로 보았고, 7세기에 작성된 콜롬바누스 참회고행지침서도 사제와

54) 의사 테오도루스 참회고행지침서 1,30, 576쪽.
55) 페이어는 이 구절을 "낙태"(abortion)로 번역(Payer, 앞의 책, 33쪽)했지만, 여기서는 낙태와 피임의 경우 모두를 상정할 수 있다.
56) 콜롬바누스 참회고행지침서 B6, 172쪽.
57) 피니아누스 참회고행지침서 18장, 78쪽.

같은 성직자가 주술을 자행했을 경우 참회를 통해 속죄해야만 한다고 규정한다.[58]

여성의 주술행위는 건강과 관련된 의학지식이 전무하던 시기에 여성들이 의지할 수 있었던 유일한 해결책이었다. "열병을 치유하기 위해 딸을 지붕이나 부뚜막에 올려놓는 것"을 금지했던 의사 테오도루스 참회고행지침서의 기록은 여성에게 주술적 행위가 갖는 의미가 무엇이었던가를 잘 보여준다. 물론 건강에 대한 염원은 남자들에게도 마찬가지였으며, 이를 위한 남성들의 주술적 행위에 대한 기록은 여성들의 그것 못지않게 자주 언급된다.

참회고행지침서는 마법이나 주술 행위를 통해 낙태를 하는 (abortum facere) 여인들에 대해서도 언급하고 있다. 이 경우 작성자마다 차이가 있어서 참회기간은 6개월에서 10년 사이로 다양하다. 가장 오래된 참회고행지침서 중의 하나인 피니아누스 참회고행지침서도 이미 낙태를 적극 금지하고 있으며,[59] 콜룸바누스 참회고행지침서는 주술적인 방법으로 낙태를 도와준 자는 6년간 사순절 단식을 해야만 한다고 규정했다.[60] 두 경우 모두 낙태금지 규정은 위에서 언급한 주술적 행위와 관련된 내용에 이어서 등장하는데, 낙태 시술자를 악마와 결탁한 자(maleficus) 혹은 독살자

---

58) 콜룸바누스 참회고행지침서 B6, 172쪽. 성직자의 주술적 행위는 중세 내내 행해졌던 것으로 보인다. 이에 대해서는 라뒤리, 앞의 책, 518, 519쪽 참조.

59) 피니아누스 참회고행지침서 19장, 78쪽.

60) 콜룸바누스 참회고행지침서 B6, 172쪽.

(veneficu)로 보아[61] 낙태행위를 일종의 마법의 약물을 이용한 주술적 행위로 인식했던 것 같다. 이러한 이유로 낙태를 도와줄 경우 여성은 초자연적인 힘에 의존하는 '위험한' 존재로 관리되었다.

특이하게도 임신기간에 따라 참회기간이 달리 규정되었는데, 그레고리우스 참회고행지침서는 임신 40일 이전에 낙태를 하는 경우에는 일 년, 그 이후의 낙태행위는 살인죄와 같은 중범죄로 규정했다.[62] 이는 40일이 지난 태아를 영혼(anima)과 육신을 지닌 독립적인 생명체로 보았던 당시의 관념에 근거한 것으로 보인다.[63] 그렇다고 임신 40일 이전의 영혼이 없는 태아에 대한 보호장치가 마련되지 않은 것은 아니었다. 단지 40일이 지난 뒤 낙태하는 것은 죄 없는 태아의 살해로 인식되면서, 그 범죄의 심각성이 더욱 심하다고 보았던 것이다.

중절성교(coitus interruptus)를 비판하는 구약성서의 구절(창세기 38장 1절~10절)은 당시 세간에 알려져 있던 민간 피임방법을 암시하는 반면, 부부의 결혼생활과 관련된 신약성서의 구절은

---

61) 코르비 축약본 7, 2.

62) 그레고리우스 참회고행지침서 105장, 263쪽. 일부 참회고행지침서들은 임신 40일 이후의 낙태를 살인죄로 규정하면서 구체적으로 3년간의 참회를 요구하고 있다. 예를 들면, Excarpsus Cummeani 6,11(Schmitz II 623).

63) 비고티아눔 참회고행지침서 IV, 2, 2~4(Bieler, 228쪽). "자궁에 있는 분비물의 육신과 영혼을 손상시키면, 빵과 물을 먹으면서 8년 동안 단식을 해야 한다"(Penitentia perditionis carnis et animae in utero, XIII peniteat in pane et aqua).

피임에 대한 일체의 언급을 회피하고 있다. 이에 반해 초대교회는 부부간의 피임행위를 적극 반대하고 나섰다. 이는 피임행위가 생명체의 보호라는 그리스도교적 사고에 위반되며 부부간 성행위는 출산을 위해서만 존재할 수 있다는 교리에도 부합하지 않는다고 인식했기 때문이었다.[64]

일찍부터 참회고행지침서는 피임에 대한 이러한 교회의 입장을 언급해왔다. 베다 에그베르투스 참회고행지침서(Paenitentiale mixtum Bedae-Egberti)에서는 고해성사를 하는 여인에게 임신을 피하기 위해 마법의 물약(maleficium) 또는 약초(herbae)와 같은 것들을 복용한 적이 있는지 사제가 묻고 있다. 만일 그랬을 경우, 정도에 따라 각각 7, 5, 3년 동안 참회해야 했다.[65] 9세기 중후반에 프랑스 북동부에서 작성된 마르테니아눔 참회고행지침서는 히에로니무스의 서한을 인용하면서, 피임용 약물(sterilitas)의 복용을 금지[66]했다.

---

64) John T. Noonan, *Empfängnisverhütung. Geschichte ihrer Beurteilung in der katholischen Theologie und im kanonischen Recht*, Mainz, 1969, 37, 107쪽.

65) 베다 에그베르투스 참회고행지침서 30장, 682쪽. "임신을 막기 위해서 물약이나 약초 등을 섭취했을 경우, 3년, 5년 혹은 7년의 참회를 해야 한다"(Bibisi ullum maleficium, id est herbas vel alias causa, ut non potuisses infantes habere, ……VII annos vel V aut III poeniteas).

66) 마르테니아눔 참회고행지침서(P. Martenianum) 47장(Hörmann, 380 쪽). "사람들은 피임용 약물을 복용하고, 심지어 태어난 아이를 죽이기

피임약을 약초(herbae), 악마의 약(maleficium), 독약(venefi-cium)이라고만 기록했기 때문에, 약물의 종류와 성분에 대해서는 구체적으로 알기 어렵다. 이러한 불확실성으로 인해 아리에스[67]와 같은 학자들은 중세여성들이 구체적인 피임 해결책을 알지 못했다고 주장한 바 있다. 그러나 최근의 연구결과[68]에 따르면, 고대부터 사용되었던 약초들이 중세 초기에도 민간에서 애용되었다고 한다. 예를 들면 박하의 일종인 페니로열(Pennyroyal), 향쑥(Artemisia), 버들, 운향(Rue) 등의 식물에서 채취된 약물이 대표적인 피임약으로 알려져 있었다. 이러한 약물을 사용한 여성들은 발각되었을 경우 마녀로 몰리기도 했다. 피임과 관련된 참회고행지침서 문구들을 조사한 로쉐는 벨라도나(Belladonna)와 인동덩굴의 혼합물을 사용했을 가능성을 제기했으며,[69] 삼나무에서 채취한 기름, 양배추 잎사귀, 신선한 맨드레이크(Mandrake)를 여성의 질에 피임용 좌약과 같이 사용했다는 의견도 있다. 그 외에 독일 지역에서는 마요라니(Marjoram), 백리향, 파슬리, 라벤더 등의 잎사귀나

도 한다"(……aliae vero sterilitatem bibunt et nedum nati homines homicidium faciunt).

67) Philip Ariès, *Geschichte der Kindheit*, München: Deutscher Taschenbuch Verlag, 1996.

68) D. Beckmann, *Das geheime Wissen der Kräuterhexen*, München: Deutscher Taschenbuch Verlag, 1990.

69) M. Rouche, "Abendländisches Frühmittelalter", P. Ariès, G. Duby, (eds.), *Geschichte des Privaten Lebens*, Frankfurt: S. Fischer, 1989, 523쪽.

'매춘부의 뿌리'로 알려진 식물의 뿌리들이 피임약으로 이용되었다.[70] 이러한 연구결과들을 종합해보면, 상당수 약초들이 피임이나 낙태를 위해 민간에서 전승되고 있었음직하다. 특히 강간 등으로 인해 원치 않는 임신을 하는 경우가 많았던 시대상황을 상정한다면, 이러한 약물의 복용은 여성들 사이에서 공공연한 비밀이었을 것이다. 비정상적인 남녀관계를 은폐하기 위해 이러한 약물을 사용했을 가능성도 적지 않다. 몽타이유의 여성주 플라니솔(Beatrice de Planissoles)이 본당신부 클레르그와 내연관계를 맺으면서 "피임제로 사용할 수 있는 약초"를 사용했다고 전하는 자크 푸르니에(Jacques Fournier) 주교의 기록을 통해 이러한 신빙성은 더욱 높아진다.[71]

참회고행지침서에는 피임과 관련한 이러한 중세적 상황이 반영되고 있었다. 그 결과 일부 참회서 저자들은 피임행위가 살인행위와 같다고 보았을 정도로[72] 임신을 예방하려는(ut non concipere) 세간의 풍토를 조물주의 창조질서를 어지럽히는 것으로 이해했으며, 부부간의 구강성교[73] · 항문성교[74] · 중절성교[75] 모두 창조주

___

70) Noonan, 앞의 책, 171쪽.

71) 라뒤리, 앞의 책, 292~295쪽.

72) Paenitentiale Vigilanense 6(Gonzalez Rivas, 191쪽). "여자는 얻을 수 있는 최대한 많은 물약을 섭취했다. 그녀는 스스로 그것이 살인 행위임을 알고 있었다"(Mulier quoque que potionem acceperit, quantosquumque concipere vel parere debuerat, tantorum homicidiorum re se esse cognoscat).

의 의도를 거역하는 비자연적인(non naturaliter) 행위들로 규정했다. 하지만 현실은 이러한 성직자들의 성윤리와는 다른 방향으로 흘러가고 있었다.

이상에서 살펴본 것처럼 주술행위 · 낙태 · 피임과 관련된 참회고행지침서의 구절들은 중세 초기 여성들의 일상적 삶을 새롭게 조명하는 계기가 될 수 있다. 성직자와 전사 중심의 경직된 사회에서 여성들은 나름대로 자신의 몸과 삶을 능동적으로 계획하고 꾸려나가려 노력했다. 비록 선택할 수 있는 방법이 매우 제한적이었지만, 이들은 주어진 환경에서 나름대로 최선의 해결책을 찾고자 했다. 여성들의 자구책은 남성중심적인 시스템 속에서 의혹과 경계의 대상이 되었으나, 적극적으로 삶을 개척하려는 다양한 시도들을 막을 수는 없었다. 이른바 주술과 마법 행위가 중세 내내 지속되었다는 사실이 이를 반증한다.

73) 노섬브리아 참회고행지침서 I 2,15, 291쪽. 바질 참회고행지침서 103장, 88쪽. "정액을 입에다 사정하는 자는 7년의 참회"(Qui semen in os mittit VII annis penitentiae).

74) 같은 곳, P. Parisiense compositum 97(Meens, 498쪽); 마르테니움 참회고행지침서 50,7, 385쪽.

75) 메르세부르크 참회고행지침서(P. Merseburgense) b 12(Kottje, 174 쪽). "임신을 회피하기 위해서 밖으로 사정하는 경우"(i…… vir semen effuderit…… ut non concipiat); Thdodulf von Orléans, MG Capitula episcoporum 2권(Brommer, 168쪽).

3-3 18세기 후반 고야가 그린 『마녀의 집회』. 이 작품은 마녀와 악마의 존재에 대한 망상에 사로잡혀 마녀재판을 벌였던 서양 사회를 꼬집고 있다.

동성애

참회고행지침서는 남성의 동성애[76]뿐만 아니라 여성간의 성행위에 대해서도 언급[77]하면서 3년의 참회를 규정하고, 그 빈도가

76) 의사 에그베르투스 참회고행지침서 6장(Wasserschleben, 324쪽), "동물과 관계를 맺는 자, 혹은 다른 남성과 비정상적인 관계를 맺는 남자"(Homo, qui se cum bestiis polluit, vel vir cum alio in re irrationali……). 참회고행지침서의 남색 행위에 대한 구체적인 언급들에 대해서는 Payer, 앞의 책, 40~43쪽 참조. 중세의 동성애에 대한 최근의 연구 성과로는 James A. Schultz, "Heterosexuality as a Threat to Medieval Studies", *Journal of the History of Sexuality* 15/1, 2006, 14~29쪽 참조.

심한 경우(saepe faciens)에는 7년의 중징계를 규정했다. 이는 신이 정한 질서(창세기 2장 24절)에 역행하는 끔찍한 짓(nefas)을 자행했기 때문이었다. 참회서 저자들은 간음(fornicatio)과 같은 죄악(iniquitas)을 저지른 자들에게 천국의 문이 굳게 닫혀 있다고 보았다.[78]

베다 에그베르투스 참회고행지침서는 레즈비언의 성행위를 구체적으로 묘사하고 있다. 홀로 혹은 다른 여인과의 관계를 통해 오르가슴을 느끼는 경우까지 다양하게 상정한다. 특이한 점은 일종의 인조 성기구(machina)를 이용한 수녀들간의 동성애에 대한 묘사인데, 이 경우 7년간 참회를 하도록 규정했다.[79] 수녀와 일반인 사이의 동성애에 대한 규정도 간혹 발견된다. 보름스의 주교 부르

---

77) 그레고리우스 참회고행지침서 95, 96장, 262쪽, "여성이 다른 여성과 성관계를 맺을 경우, 3년간 참회를 해야 한다. 간음행위를 자주 할 경우에는 7년간 참회를 해야 한다"(Si mulier cum muliere, III annos peniteat. Fornicationem saepe faciens, VII annos peniteat) 노섬브리아 참회고행지침서 I 2,12, 291쪽. 구체적인 사례는 Payer, 앞의 책, 138쪽 참조.

78) 의사 테오도루스 참회고행지침서 13,1, 598쪽, "방탕한 자들과 남색가들은 하느님의 나라에 들어갈 수 없을 것이다"(Item Apostolus dicit: Neque molles, neque masculorum concubitores, regnum Dei possidebunt).

79) 베다 에그베르투스 참회고행지침서 9장, 688쪽, "여성이 성도구를 이용하거나, 자위하거나, 혹은 다른 여성과 성관계를 맺을 경우, 3년간 참회를 해야 한다. 만일 여성 수도자가 다른 여성 수도자와 성기구를 가지고 간음을 했을 경우에는, 7년간 참회를 해야 한다"(Mulier qualicunque

카르트는 동성애 행위를 한 여인들에게 사제가 해야 할 질문을 다음과 같이 예시한다. "다른 여인들이 끓어오르는 욕정을 해소하기 위해 서로의 합의 아래 애무를 통해 오르가슴에 오르는 것처럼, 너도 그러한 행위를 하느냐?"[80]

그 빈도와 정도에서 남성들의 변태적 성행위[81]에 미치지는 못하지만, 여성의 동성애에 대한 참회고행지침서의 언급들은 단순히 여성성에 대한 남성 성직자들의 두려움과 환상의 결과로만 볼 수 없다. 최근의 연구 성과들에 따르면[82] 대부분이 남성 성직자였던 중세 사료의 저자들은 빈번했던 남색행위(sodomy)에 대해 일

molimine aut in se ipsa aut cum altera fornicaverit, III annos peniteat. Si sanctimonialis femina cum sanctimoniali per machinam fornicatur, VII annos peniteat); 의사 테오도루스 참회고행지침서, 581쪽. "여성 수도자가 다른 여성 수도자와 성기구를 가지고 간음을 했을 경우에, 7년을 참회해야 한다. 만일 다른 일반 여성과 성관계를 맺었을 경우에는, 5년의 참회를 해야 한다"(Sanctimonialis faemina, si cum sanctimoniali per aliquam machinam fornicaverit, VII annos poeniteat. Si cum laica, V annos). 랭스의 주교 힝크마르도 유사한 용도의 성기구(quasdam machinas)가 사용되었음을 언급한 바 있다(Payer, 앞의 책, 138쪽 참조).

80) Burkhard von Worms, *Decretum XIX*(Migne, 140, 972A-B), 원문은 "Fecisti quod quaedam mulieres facere solent, quando libidinem se vexantem extinguere volunt, quae se conjungunt quasi coire debeant et possunt, et conjungunt in invicem puerperia sua, et sic confricando pruritum illarum extinguere desiderant?"

81) 예를 들어 남성의 수간(獸姦)에 대해서는 Payer, 앞의 책, 44~46쪽 참조.

종의 부담감과 두려움을 가지고 있었고, 이를 미연에 예방하려는 차원에서 남성간의 동성애에 관심을 가지고 기록했다. 반면 여성 간의 동성애(female sodomy)는 원천적으로 불가능한 것으로 인식되어 관찰 대상이 될 수 없었다. 남성이 개입하지 않는 성행위는 불가능하다는 중세적 성관념은 철저한 남성중심적 사고의 결과였다. 이로 인해 남성들은 여성들만의 성관계가 성립될 수 있다는 사실조차도 부정했다.

이러한 외면과 무지에도 불구하고[83] 우리는 동성애라는 죄목으로 실제 재판에 회부된 여성의 존재를 확인할 수 있다. 중세여성의 동성애는 사료에 언급된 경우가 드물었을 뿐이지 엄연한 사회적 문제였던 것이다. 이렇게 본다면, 중세의 레즈비언 문제를 집중적으로 다루었던 유일한 사료인 참회고행지침서가 '여성문제'와 관련하여 갖는 의의는 더 커질 수 있다. 사색적인 교회학자들과는 달리 일선에서 활동하는 사제들은 현실의 문제에 쉽게 눈감

82) Judith C. Brown, "Lesbian Sexuality in Renaissance Italy: The Case of Sister Benedetta Carlini", *Signs 9/4*, 1984, 751~758쪽: Helmut Puff, "Female Sodomy: The Trial of Katharina Hetzeldorf(1477)", *Journal of Medieval and Early Modern Studies 30/1*, 2000, 41~61쪽: Francesca Canade Sautman, *Same Sex Love and Desire Among Women in the Middle Ages*, New York, 2001.

83) 11세기 신학자 다미아니(Petrus Damiani)가 자신의 글 『고모라의 책』 (*Liber Gomorrbianus*) 전체를 남색에 대한 내용으로 치장했으면서도, 레즈비언에 대해서는 단 한마디도 언급하고 있지 않다는 사실은 이러한 중세적 성향을 잘 대변한다고 할 수 있다.

을 수 없었다. 참회고행지침서는 바로 이러한 필요성이 남긴 독특한 기록물이다.

현실적인 성윤리 지침서

이 글에서는 사회·경제적 구조사의 틀에서 벗어나 여성의 입장에서 치밀하게 역사를 복원하려는 신문화사적 접근을 시도했다. 이를 위해 기존의 연구자들이 상대적으로 간과했던 참회고행지침서를 분석의 틀로 삼았다. 중세의 여성·결혼·가족과 관련한 대부분의 글들은 당대 최고의 교육을 받고 제도권 교회에 몸담았던 엘리트 성직자 집단에 의해 집필되어 오늘날까지 전해오고 있다. 그러나 전통의 보존을 염려했던 이러한 엄격주의자들의 글을 통해서만 당시 교회의 세계관을 파악하려 든다면 이는 극히 협소한 시각에 불과하다. 모든 성직자들이 동일한 윤리적 판단의 기준을 공유하지는 않았기 때문이다. 더구나 '사제들의 윤리'라는 울타리 밖에 있었던 세속인들의 불경건한 생각들과 일상적으로 맞닥쳐야 했던 일반 목회자들은 식자(識者)층이 제정한 윤리강령을 현실적으로 완화할 필요성을 절실하게 느끼고 있었다. 이것이 바로 유럽 전역에 현실의 목소리를 반영한 참회고행지침서가 작성된 중요한 동기였다.

사회 현실과 부딪치면서 사목활동을 해야 했던 현장의 사제들에게는 유연하고 융통성 있는 교리의 잣대가 절실했다. 지나친 엄격주의가 전사적 세속 윤리와 상충할 수 있다는 사실을 잘 인식하고 있었던 참회서의 저자들은, 이러한 이유로 정혼 파기 또는 이혼과 재혼 가능성과 같은 많은 예외조항들을 참회 목록에 포함시켰다. 또한 참회고행지침서에는 중세의 성·결혼·재혼·이혼·낙태·피임과 같이 여성들의 다양한 삶의 모습들이 진솔하게 담겨 있다. 이러한 점에서 중세 여인들의 일상적인 삶을 다룬 이 기록물은 아주 독특한 사료적 가치를 지닌다. 이혼·재혼·생리현상과 관련하여 시대적 제약이 있었지만, 중세여성들은 피임·낙태·동성애와 관련된 참회서의 규정에 나타난 것처럼 자신의 몸을 스스로의 결정에 맡기는 자유를 누리고자 했다. 이들은 교회의 친여성적인 목소리에 의존하는 동시에 민간요법과 주술행위를 통해 적극적인 삶을 살아갔다. 라뒤리의 표현을 빌리면 이들은 "때로는 로마 가톨릭에, 때로는 의사에, 때로는 약사에, 때로는 마술에, 때로는 민속에 의지했다". 종교와 마술이 완전하게 구분되지 않았던 이 시기에 여성들은 가능한 모든 것을 취사선택함으로써 삶을 스스로 개척해나가는 적극성을 보였다. 이들의 집단무의식 속에는 강한 자아가 싹트고 있었으며, 이러한 과정에서 전사들과 교회 엘리트들이 만든 도덕·윤리·규범과의 충돌을 경험하게 되었다.

마지막으로, 참회고행지침서의 저자들은 성과 관련된 문제에서 남성중심적 관행으로부터 벗어나려는 노력을 한 것으로 보인다. 중세 성직자들이 성을 터부시했다는 일반적인 주장과는 달리[84]

---

84) Gordon Rattray Taylor, *Wandlungen der Sexualität*, Düsseldorf-Köln, 1957; Karlheinz Deschner, *Das Kreuz mit der Kirche. Eine*

교회는 출산을 목적으로 한다는 전제 아래에서는 오히려 성을 긍정적으로 바라보았으며, 참회서의 저자들도 이러한 관점을 공유했다. 참회고행지침서에 드러나는 성윤리는 중세 초기 성직자들이 성과 관련된 모든 잘못이 여성에게 있다고 보았다는 주장과는 부합하지 않는다. 중세 초기의 성윤리가 모든 성행위와 여성에 대해 적대적이었으며, 권력욕에 사로잡힌 성직자들에 의해 주조되었다고 볼 수는 없을 것이다. 물론 여성을 '생리하는 동물'로 폄하하면서 생리 기간 동안 교회 출입과 성사 참여를 금지하는 등 중세 초기 사회의 여성 비하적인 색채가 배어 있었던 것 또한 사실이지만 말이다.

Sexualgeschichte des Christentums, 1. Aufl., Düsseldorf-Wien, 1974; Uta Ranke-Heinemann, *Eunuchen für das Himmelreich: Katholische Kirche und Sexualität*, Hamburg, 1990.

4 로마네스크·고딕 예술과 여성 이미지

역사의 빛과 그림자

우리는 대체로 인물과 사건 중심의 역사 서술에 친숙하다. 실제로 역사 연구의 출발점인 문헌사료는 특정한 영웅적 인물 또는 각 시대의 대표적인 문화적 상황에 대해 상세한 기록들을 전달하고 있다. 이러한 편협한 역사 서술이 진행된 결과, 역사는 '일부' 혹은 '반쪽'의 역사가 되었다. 서양사에서 고대 그리스는 민주주의의 옹호자 페리클레스와 그의 동료이자 당대 최고의 조각가 페이디아스가 설계한 파르테논 신전으로 대변되고, 로마사는 황제, 원로원 그리고 웅장한 콜로세움의 역사와 동일시된다. 근대사에서도 우리는 절대주의 시대의 태양왕 루이 14세와 베르사유 궁전을 떠올릴 뿐이다.

서양 중세사의 경우에도 일반적인 역사상(歷史像)은 고대와 근대의 그것과 그리 큰 차이를 보이지 않는다. 서양 중세사 역시 기사와 성(城), 성직자들과 대성당의 시대로 인식되고 있는 것이다. 그러나 이 장에서는 이 같은 중세의 빛에 가려져 역사 연구자들의 관심대상이 되지 못하고 역사의 그림자 속에서 살았던 '어둠의 자식들'에 연구의 초점을 맞추어보고자 한다. 중세여성의 삶 역시 이러한 숨겨진 역사의 한 부분이다. 총체적인 역사 연구는 '숨겨진 반쪽'을 찾을 때 가능해진다.

최근 국내외 학계에서 중세여성에 대한 연구가 활발히 진행되어왔다. 아직 밝혀지지 않은 내용도 많고 논란의 여지가 많이 남아 있지만, 문헌사료에 근거한 여성사 연구는 상당한 수준에 도달해 있다. 그러나 이 장에서 필자는 기존의 문헌중심적 접근방식에서 탈피하여 예술작품에 나타난 여성의 이미지를 연구 대상으로 삼고자 한다. 이처럼 새로운 접근방식을 통해 중세 여성문제를 다루고자 하는 이유는 다음과 같다.

우선, 문헌중심적 역사 연구는 중세여성의 일상적 삶과 사회적 지위를 밝히는 데 한계가 있다. 역사 기록은 대체로 역사적 사건과 이와 관련된 남성들의 업적과 활약상을 후대에 전달하기 때문이다. 특히 (남성) 성직자에 의한 지식의 독점화 현상(A. Hauser)이 정점에 달했던 중세의 여성 관련 기록물은 상당 부분 남성중심적이고 남성우월적인 색채로 채색되어 있다. 따라서 중세의 여성문제에 올바르게 접근하려면 무엇보다 비판적인 사료해석이 필요하다.[1] 곧, 사료의 계서화라는 전통적인 사료 인식의 굴레에서 탈피하여 그 동안 저평가되었던 사료의 분석에 대해 관심을 기울여야 한다.

---

1) 여성문제에 대한 중세 사료의 한계성에 대해서는 차용구, 「중세의 이단과 여성」, 『역사학보』 164, 1999, 221~248쪽 참조.

다음으로, 중세여성 연구에 관해 문헌사료가 갖는 한계성은 이에 국한되지 않는다. 중세의 양피지 문서는 '위조의 황금시대'에 조작이나 가필의 수단을 이용했던 전문 위조자들에게 수난을 당했다.[2] 이러한 문서 위조 작업은 대부분 성직자들이 교회나 수도원 재산과 연관된 분쟁에서 승리하기 위해 위조라는 최후의 무기를 사용하면서 비롯되었다. 반면 상대적으로 위조의 가능성이 낮았던 중세의 예술작품들은 과거의 기억을 오늘날까지 생생하게 전달하고 있다.

마지막으로, 예술과 역사의 유기체적 관계를 연구 대상으로 삼았던 기존의 이른바 교과서적인 예술사 연구에 새로운 바람이 불고 있기 때문이다. 양자 간의 유기적 구조는 이미 오래 전부터 연구의 대상이었다. 기존의 예술사 연구 경향은 크게 둘로 나누어볼 수 있는데, 우선 예술작품을 미학적으로 관찰하려는 작품중심주의를 들 수 있다. 이는 현실 세계를 통한 작품 이해를 등한시하여 작품이 제작되고 관찰되었던 당대의 현실적 의미로부터 예술이 철저히 유린되는 비역사적인 결과가 초래되었다.

역사와 예술의 상호관련성

이와는 다른 방법으로 예술에 접근하려는 시도는 "예술이 사회와 정치적 실재를 단순히 반영한다"는 표상주의적 예술 해석이

---

2) 중세의 사료 위조에 관해서는 차용구,「중세 사료 위조에 대한 심성사적 접근」,『서양중세사연구』3, 1998, 121~148쪽 참조.

다. 그러나 이 역시 예술과 역사를 단선적으로 해석하는 문제점을 안고 있다. 작품 자체보다 정치·사회·경제와 같은 역사 조건과 상황에 대해 지나치게 강조하다 보면 예술을 현상의 투명한 반영으로 이해하는 오류를 범할 수 있다. 예술을 역사의 인조물로 간주하는 단선적 해석의 실수를 범하지 않기 위해서는, 작품에 영향을 미친 역사 조건의 한계를 면밀히 설정할 필요가 있다. 곧 "시대정신의 표상성에 대한 전면적 재검토"(D. LaCapra)가 요구된다.

역사와 예술이 지닌 상호관련성에 대한 이러한 접근방식을 탈피하여, 지난 20여 년간 유럽과 미국 역사학계에서는 포스트모더니즘 연구 방법으로 역사에 접근하려는 시도를 해오고 있다. 아귈롱(M. Agulhon),[3] 스탄(R. Starn)[4]은 말과 글로 이루어진 것만을 텍스트로 간주하지 않고, 상징·이미지·기호·기표 역시 텍스트의 범주 속으로 끌어들였다. 그리하여 "역사가들이 거의 접근하지 않았던 이미지와 언어적 상징물이 만들어낸 문화적 영역"이 새롭게 개척되었다. 전통적 진영은 이러한 새로운 연구 방법론에 대해 냉담한 반응을 보였으나, 상징과 이미지 연구는 이제까지 망각되었거나 "하찮은" 것으로 다루었던 점들을 새롭게 부각시켰다.

이 장에서는 로마네스크와 고딕 예술작품들에 나타난 여성의 모

---

3) 아귈롱의 역사 연구 방법에 대해서는 안병직 외, 『오늘의 역사학』, 한겨레신문사, 1998, 278~283쪽.

4) 랜돌프 스탄, 조한욱 옮김, 「르네상스 귀족의 방에서 문화 보기」, 『문화로 본 새로운 역사: 그 이론과 실제』, 소나무, 1996, 287~323쪽.

습들을 도상학적 분석5)을 통하여 살펴보고자 한다. 비록 이 시기의 예술 주도 계층이 귀족·성직자에서 시민·성직자로 바뀌었지만,6) 중세 예술은 고대나 근대의 세속 미술과 구분되는 종교 예술이다. 따라서 필자는 중세 교회가 만들어낸 도상화된 여성 이미지를 추적함으로써, 중세 교회의 여성관을 고찰할 수 있으리라 생각한다.

로마네스크 예술 속 여성

베른바르트의 청동 부조물은 로마네스크 시대의 교회가 견지했던 여성관을 잘 보여주는 작품이다.4-1 이는 1000년경 독일 힐데스하임의 주교 베른바르트(983~1022)가 주문 제작한 힐데스하임 대성당 청동문의 한 부분으로, 흔히 「베른바르트의 청동문」으로 불리는 로마네스크 시대의 대표적인 작품이다. 여기서 우리의 주목을 끄는 것은 이브의 모습이다. 조물주가 아담과 이브를 창조할 때만 해도 두 사람의 키는 거의 비슷했다. 그러나 이들이 "너희가 죽지 않으려거든 먹지도 만지지도 마라"(창세기 3장 3절)는 신의 명령을 어김으로써 모든 것이 변하게 되었다. 하느님이 "너는 어찌하여 이런 일을 저질렀느냐?"(창세기 3장 13절) 하고 물

5) 에케하르트 캐멀링 외, 이한순 엮음, 『도상학과 도상해석학: 이론-전개-문제점』, 사계절, 1997.

6) 아놀드 하우저, 백낙청 옮김, 『문학과 예술의 사회사: 고대, 중세편』, 창작과 비평사, 1976, 200~282쪽; 장 젱벨, 편집부 옮김, 『커디드럴을 지은 사람들』, 산업도서출판공사, 1985, 45~71쪽.

으시자, 아담은 이브에게, 이브는 땅 위의 뱀에게 책임을 전가하고 있다.

어찌했든 우리는 여기서 몸 둘 바를 몰라 하는 이브의 모습을 발견할 수 있다. 모든 죄의 근원인 원죄에 대한 책임이 그녀의 어깨를 짓누르기 시작했다. 이러한 이유 때문인가. 에덴동산에서 추방되는 두 사람의 키를 비교하면 이브가 더 작게 묘사되어 있다.[7] 4-2 베른바르트의 문이 가시화하고 있는 남녀간의 도상적(圖上的) 불평등은 로마네스크 예술에서 자주 발견되는 요소 중 하나다. 중세 예술에서는 인물의 중요도에 따라 신체의 크기가 결정[8]되므로, 수학적 원근법을 따르는 르네상스 시기의 예술 작품이 등장하기까지는 아직도 몇 세기를 더 기다려야 했다.

'이브의 딸들'이 원죄에 대한 대가로 현세에서 남성에게 종속되어야 한다는 교회의 입장을 표명이라도 하듯이, 이브는 아담의 뒤를 따라 낙원의 문을 지나고 있다. 원죄에 대한 '여성 책임론'을 보여주는 베른바르트의 청동 부조물은 로마네스크 교회의 부정적인 여성관을 여실히 보여준다. 여성은 사탄의 유혹을 견디지 못할 만큼 판단력이 부족하고 나약한 존재이므로 남성에게 인도되어야 한다는 남성 우위의 당위론적 위계질서를 강조하는 중세 교회의

---

7) 힐데스하임 대성당의 「베른바르트의 청동문」은 탁월한 부조 기술로 제작된 대표적인 로마네스크 시대의 작품으로 손꼽힌다. 일반적으로 르네상스 시대에 와서야 이와 같은 수준에 도달했다고 평가된다.

8) E. Mâle, *Religious Art in France, the Twelfth Century: A Study of the Origins of medieval Iconography*, Princeton, 1978, 318~321쪽.

4-1 로마네스크 시대의 대표적인 청동 부조 작품인
「베른바르트의 청동문」.

4-2 에덴동산에서
추방되는 아담과 이브.
원죄를 저지른 이브는
아담에 비해 더 작게
묘사되어 있다.

이러한 여성박대적인 관념은 문헌사료에서도 어렵지 않게 찾을
수 있다.[9]

그러나 4-3에서도 암시되는 남성중심적 사회구조[10] 속에서도

9) 1182년경 프랑스 출신의 수도사 베르나르(Bernard de Fontcaude)는
자신의 목격담(Migne, *Patrologia latina* vol. 204, Sp.821)에서 "마치
사탄이 아담보다 이브를 먼저 유혹했듯이, 이단의 소굴로 빠져들었던 여
자들이 남자들을 유혹했다"(Seducunt mulieres prius, per eas viros; ut
diabolus prius Evam, et per eam Adam)고 기록했다. 이는 리옹 출신의

중세 봉건교회는 이중적 여성관을 형성하고 있었다. 이브적 여성관과 더불어 마리아적 여성관이 대두되었던 것이다. 이미 로마네스크 시대 이전, 특히 아우구스티누스의 저작에서도 이러한 이중적 사고를 엿볼 수 있다. 그 역시 초기 저작에서는 남성에 대한 여성의 종속적 지위를 강조하지만, 후기 저작에서는 조물주가 여성도 신의 형상을 모방하여 만들었기 때문에(imago dei) 남성과 여성은 성적으로 평등하다고 생각했다.

로마네스크 시대 또는 이미 중세 초기에도 여성들은 예술작품의 소재가 되었다. 그러나 여성을 다룬 작품의 수는 많지 않았고, 특히 대부분 왕비와 같은 상층 출신의 여성들만 묘사되었다. 뿐만

발데스(Petrus Valdes)를 추종하던 자들에 대한 험담의 글로서, 그리 큰 의미를 부여할 필요가 없는 문구일 수도 있다. 그러나 교회의 권위에 도전하는 이단의 등장에 대한 책임을 여성에게 떠넘기는 '여성 책임론'과 같은 '여성박대론'적 논조가 스며들어 있음을 부인할 수 없을 것이다.

10) 4-3은 중세의 삼위계적 사회구조를 다룬 작품이다. 이 그림에는 여자들이 나타나지 않는데, 이는 사회가 남성들에 의해 대변되고 있기 때문이다. 이 작품의 남성 중심적 경향에 대해서는 자이트, 앞의 책, 167쪽 참조. 그림 중앙에 자리한 예수 그리스도의 오른편에 기도하는 자들(oratores) 즉 제1계층인 성직자들의 모습이 보인다. 그리스도의 왼쪽에는 제2계층인 전투하는 자들(bellatores), 곧 세속귀족이 위치하고 있다. 하단에는 농부들이 밭을 가는 장면이 묘사되어 있는데, 이들이 바로 제3계층(laboratores)이다. 이러한 삼위계적 신분 질서가 오랫동안 유지될 수 있었던 이유는, 그림이 묘사하듯이 신분구조 자체가 신에 의해 정해진 질서로 인식되었기 때문이다. 교회와 귀족 등 기득권 집단은 신분제 타파와 같은 새로운 집단적 움직임들에 대해 '신이 정한 질서에 대한 모독'이라는 이데올로기적 무기를 사용했다.

4-3 중세의 삼위계적
사회구조. 신분질서는
신에 의해 정해진
것으로 인식되었다.

아니라 예술에서 여성은 수동적 대상이었지 주체가 되지 못했다.
대다수 작품들은 남성 주문자의 지시에 따라(G. Duby) 남성적
시각에서 만들어졌다. 교회 내부의 모자이크 장식, 성당 입구의
청동문과 같이 중세의 예술은 단순히 개인 소장용으로 완성되지
않았다. 따라서 여성을 소재로 한 중세의 종교적 예술품은 남성들
이 특정 여성상을 부각시키고 이를 '규범화'하는 데 이용되었다고
할 수 있을 것이다.[11]

유혹하는 여성 이미지

4-4는 12세기 전반기에 프랑스에서 건축된 전형적인 로마네스크 성당인 오텡(Autun)의 성 라제레에 새겨진 부조물로, 나체의 이브를 묘사한 작품이다. 고대 그리스 로마의 예술가들이 인간의 나신을 심미적인 각도에서 조명했다는 것은 이미 잘 알려진 사실이다. 반면에 중세 초기에는 그리스도교적인 상징주의 예술의 시대가 도래하면서, 인간의 나체를 주제로 한 작품들이 사라져갔다. 따라서 오텡 성당에 등장한 나체 이브상은 로마네스크 시대에는 매우 드문 사례다. 그런데 이 작품에서 우리의 관심을 더욱 끄는 사실은 로마네스크 시대에 나체 묘사를 천박함의 상징으로 이용했다는 사실이다.[12] 이러한 이유로 이 작품 또한 여성에 대한 부정적 이미지의 표상으로 해석될 수 있다.

언어학자 오스틴(J. Austin)의 용어를 차용하면, 이 작품 속에는 이브의 딸들로부터 오는 유혹을 경계하라는 비언표적(非言表的) 의미가 내포되어 있다. 동시에 텍스트와 콘텍스트의 상호교류성(intertextuality)을 강조했던 포콕(J.G.A. Popock)과 스키너(Q. Skinner)의 언어적 콘텍스트주의(linguistic contextualism)의 설명 방식에 따르면, 텍스트를 이해하는 데 무엇보다 우선되어야 할

---

11) G. Duby, M. Perrot, *Geschichte der Frauen im Bild*, Campus, 1992, 54~56쪽.

12) 이에 대해서는 J. Alexander, "Labeur and Paresse : Ideological Representations of Medieval Peasent Labor", *The Art Bulletin* 72, 1990, 436~452쪽, 여기서는 439쪽.

4-4 오팅 성당에 부조된 나체 이브상.
로마네스크 시대에 나체 묘사는 천박함의 상징으로 이용되었다.

작업은 저자의 진정한 의도를 파악하는 것이다. 포콕과 스키너에
따르면, 텍스트의 저자는 작품을 통해 동시대인들을 설득하거나
그들로 하여금 어떤 행위를 실행하게 할 것을 기대하며 이를 의도
한다. 이를 위해 저자는 독자와 공유하는 공동의 언어 관례
(linguistic convention)나 담론 속에서 텍스트를 쓰고 읽기를 기
대하는 것이다. 그렇다면 오팅 성당의 나체 이브상에서도 로마네
스크 시대의 사회와 교회가 견지하고 있던 여성에 대한 부정적 이
미지를 추출해낼 수 있지 않을까? 당시의 문헌사료에서 여성 비
하적인 문구들을 추출하는 것이 그리 어렵지 않다는 사실은 이를
잘 증명한다.[13] 작가 또는 주문자(성직자)는 악의 유혹에 쉽게 빠

---

13) 이에 대해서는 차용구, 「중세의 이단과 여성」, 221쪽 이하.

4-5 독일 나움스부르크 대성당 내부에 있는 「에케하르트와 우타」 입상.
우타는 유혹을 상징하는 머리결을 베일과 옷자락으로 가리고 있다.

지는 '열등하고' '전염성이 있는' 여성들에 대한 경고의 메시지를
작품을 통해 당대의 관찰자들에게 전하곤 했다. 포콕과 스키너의
주장대로 여기에 당대의 언어 관례가 쓰였다면, 우리는 부정적 여
성관이라는 당대의 사회공동체적 담론을 상정해볼 수도 있을 것
이다.

　모데나 성당의 부조물 역시 나체의 여인을 소재로 삼았다. 여기
서도 유혹을 나타내는 여성의 긴 머리를 볼 수 있다. 작품에 묘사
된 것처럼, 사탄을 상징하는 기괴한 형태의 존재와 교류하는 여인
의 모습은 여성이 사탄의 유혹에 쉽게 빠져드는, 정신적으로 수양
이 덜 된 나약한 존재라는 중세 교회의 여성관을 또 한 번 부각시
키고 있다. 여성의 머릿결은 남성을 유혹하기 때문에, 대부분의
중세여성들은 머릿결을 베일 속에 감추어야만 했다.4-5 14)

푸코는 권력이 지식을 창출한다고 말한 바 있다. 로마네스크 시대의 권력 소유자들인 (남성) 성직자와 세속귀족은 작품 속에 남성우월적, 더 나아가 여성혐오적 사회 담론을 담도록 했던 것으로 보인다. 이들은 남성중심적 가치관과 지배 이데올로기에 적합한 여성상만을 다루고, 그것에 반대되는 부분을 과감히 생략하는 방식을 취했다. 이러한 '과도한 의례화'(Hyperritualization)[15]는 의도적으로 창출되었다. 제작자들은 당대의 사회적 담론들에서 의례적 요소들을 뽑아 자신들의 텍스트에 사용했다. 이러한 방식으로 제작자들은 당대의 관례를 더욱 관습적으로 만들고, 이미 정형화된 것을 고착화함으로써 암암리에 '과도한 의례화'를 생성해냈다. 로마네스크의 성당들이 도시 한복판에 세워진 고딕 대성당들과는 달리 세속과 담을 쌓고 금욕적 삶을 지향했던 수도원 부속 성당임을 고려한다면, 제작자(성직자)의 의도는 더욱 확연하다.

14) 4-5는 독일 나움부르크 대성당 내부에 있는 기증자상(寄贈者像)인 「에케하르트와 우타 부부」로, 이 작품은 13세기 독일 자연주의 예술의 백미로 손꼽힌다. 망토를 자신의 몸 쪽으로 당기면서, 베일을 턱까지 가린 우타의 모습은 전형적인 당대의 정숙한 현모양처의 모습을 연상케 한다. 이처럼 중세 예술은 여성의 정상적 행위(behavioral normalcy)를 규정 짓는 남성중심적 이데올로기의 기능을 수행했다. 「에케하르트와 우타 부부」 입상에 대해서는 T. Copplestone, *Art in Society: A Guide to the Visual Arts*, N.J: Engelwood Cliffs, 1983, 118쪽 참조.

15) 이는 고프만(E. Goffman)이 그의 저서 *Gender Advertisements*(New York, 1979, 84쪽)에서 사용한 개념이다.

4-6 전형적인 로마네스크 건축물인 성 마리아 막달레나 성당의 팀파눔과 상인방.
로마네스크 예술은 성모 마리아의 이미지를 그리스도에 비해 부수적으로 묘사했다.

고딕 시대, 마리아의 예술적 승화

중세 예술에 나타난 여성의 모습을 고찰하면서 필자의 관심을
끌었던 점은 로마네스크 시대의 부정적 여성 이미지가 고딕 시대
로 들어서면서 점차 긍정적으로 변한다는 사실이다. 고딕 예술에
나타난 이미지의 변화 과정을 추적하기 전에 로마네스크 예술에
나타난 여성의 이미지를 다른 각도에서 엿볼 수 있는 작품들을 좀
더 고찰해보자.

4-6은 프랑스 부르군디 지방의 베즐리에 세워진 성 마리아 막달
레나 성당의 팀파눔(Tympanum, 박공지붕 윗부분의 벽)과 상인방
(Lintel, 입구를 수평으로 가로질러 놓인 석재)의 모습이다. 베즐리
의 성당은 전형적인 로마네스크 교회 건축물로, 중세 유럽의 대표적

순례지였던 산티아고 데 콤포스텔라(Santiago de Compostela)로 향하는 순례자들이 거쳐야 했던 곳이다. 1120년경에 조각된 팀파눔 부조물에는 아기 예수의 탄생을 축하하는 목자들의 경배를 주제로 하며, 상인방에는 그리스도의 어린 시절 장면들, 천사 가브리엘이 성모에게 하느님의 아들을 잉태했음을 알리는 '수태고지', 마리아가 엘리사벳을 방문하는 내용의 '방문', '목자들의 경배', '구세주 아기 예수의 탄생' 장면이 새겨져 있다.

베즐리에서처럼 로마네스크 예술에 나타난 성모의 이미지는 대체로 아기 예수의 탄생에 관한 신약복음서의 이야기들과 연관 지어졌다. 마리아는 단지 구세주 그리스도의 어머니로서 묘사되었으며, 경배의 대상은 그리스도였지 성모가 아니었다. 성모 마리아의 이미지는 그리스도에 비해 부수적인 것으로 묘사되는 데 만족해야 했다.[16) 로마네스크 양식인 므와삭(Moissac) 성당4-7과 베즐리 성당4-8에서 볼 수 있는 그리스도의 모습은 전지전능하고 (omnipotens) 위엄 있는 이미지를 전달하며, 보는 이로 하여금 경외감을 느끼게 한다. 고딕 예술의 주된 소재였던 그리스도의 수난상(受難像)에 나타난 인간적 예수의 모습은 어디에서도 찾아볼 수 없다. 로마네스크 시대의 그리스도상을 분석한 뒤비에 따르면, 묵시론적 이미지의 그리스도는 마리아에게조차 자신의 육신을 접

---

16) 이러한 부수적 이미지를 내포하는 마리아의 모습은 10세기 중반에 제작된 신성로마제국 황제 오토 1세의 상아 부조물에 잘 묘사되어 있다. 자입트, 앞의 책, 65쪽.

4-7, 4-8 므와삭 성당(위)과 베즐리 성당(아래)에 있는 부조물.
로마네스크 시대의 그리스도상은 전지전능하고 위엄 있는 이미지로
보는 이로 하여금 경외감을 느끼게 한다.

축하지 못하게 할 정도로 군림하는 지배자(Christus Pantokrator)로서의 위풍을 과시하고 있다.[17]

이러한 로마네스크적 마리아 이미지는 12세기 중반에 들어서면서 점차 변한다. 성모 마리아에 초점이 맞추어진 고딕 시대의 작품을 통해 이미지의 변화를 확인할 수 있을 것이다. 고딕 예술이 만들어낸 성모 이미지는 단순히 아기 예수를 낳고 보호하는 지상의 어머니가 아니었다. 성인이 된 예수의 천상(天上)의 동반자로 승화된 마리아 이미지가 부각되기 시작한 것이 많은 작품에서 발견된다.

상리스(Senlis) 대성당의 중앙 팀파눔은 1170년경에 완공된 것으로,[18] 입구 전체가 성모 마리아의 모습으로 장식된 최초의 고딕 대성당으로 유명하다.[4-9] 상리스 대성당이 전달하는 마리아의 고딕적 이미지는 로마네스크 예술의 그것과는 상이하다. 여기서 우리는 아기 예수를 무릎에 안은 모습이 아니라, 성인이 된 예수와 나란히 앉아 서로 대등하게 마주보는 성모 마리아의 모습을 볼 수 있다. 또한 비록 심하게 마모되었지만, 팀파눔을 지탱하는 상인방에서는 성모의 영면(永眠)과 부활의 장면을 확인할 수 있다. 성모의 영면 장면에서는 사도들이 그녀의 죽음을 애도하면서 주위에 모여 있고, 오른쪽 부활의 장면에서는 천사들이 성모를 부축하며

---

17) G. Duby, *Die Zeit der Kathedralen: Kunst und Gesellschaft 980–1420*, Frankfurt a. M.: Suhrkamp, 1999, 145쪽.

18) 상리스 대성당에 대해서는 P. Wilhelm, *Die Marienkrönung am Westportal der Kathedral von Senlis*, Hamburg, 1942 참조.

4-9 상리스 대성당의 중앙 팀파눔. 고딕 예술은 그리스도의
동반자로서 승화된 마리아의 이미지를 부각했다.

일으키고 있다. 이렇게 해서 마리아는 승천하여 마침내 예수 그리
스도의 옆에 앉게 된다. 그녀의 동반자적인 이미지가 부각되는 순
간이다. 특히 승천한 마리아가 왼손에 든 책은 지혜의 상징으로,
천상적 지혜의 옥좌에 앉아 있는 마리아의 이미지를 한층 더 강조
한다. 이처럼 상리스 대성당의 부조물들은 천상의 여왕으로서 성
모 마리아의 권능을 부각시키려는 도상학적 이미지들의 결합체로
볼 수 있다.

　12세기 후반에 변화된 성모 마리아의 이미지는 13세기에 들어
서면 다시금 예술적 승화를 경험한다. 파리 노트르담(Notre-
Dame) 성당은 '우리의 성모 마리아'라는 이름에서 알 수 있듯이
마리아에게 봉헌된 성당이다. 1210년부터 1220년 사이에 제작된

4-10 성모 마리아에게 봉헌된 파리 노트르담 성당의 서쪽 파사드.
12세기 후반에 변화된 성모 마리아의 이미지는 13세기에
들어서면 다시금 예술적 승화를 경험한다.

이 성당 서쪽 파사드의 왼쪽 팀파눔에 모셔진 마리아의 모습은 이러한 변화를 잘 지적한다.[4-10] 상인방에는 부활하는 마리아의 모습이 묘사되어 있고, 팀파눔에는 천사가 하늘에 불려 올려진 그녀에게 천상 모후의 관을 씌우고 있다(「성모의 대관」[The Coronation of Virgin]). 석재 상인방 하나로는 무거운 팀파눔을 지탱하기 힘들기 때문에 중세의 건축가들은 정문 입구 중앙에 트뤼모(trumeau)라는 중앙 기둥을 설치했는데, 노트르담 성당의 트뤼모에는 아기 예수를 안고 서 있는 마리아의 모습이 있다. 13세기 중반에 건설된 아미앵 대성당의 트뤼모에도 이러한 마리아 입상들이 세워진다.[4-11]

마리아 중심적 고딕 예술은 1190년부터 건축되기 시작한 스트라스부르크 대성당에서 그 절정에 달했다. 대부분의 프랑스 고딕 대성당들처럼 마리아에게 봉헌된 이 성당의 남쪽 익랑 파사드의 팀파눔은 성모의 죽음과 대관을 주요 주제로 삼았다. 성모의 죽음을 애도하는 사도들의 중앙에 위치한 그리스도가 그녀의 영혼을 받아들이는 장면에서, 성모의 침상 앞에 무릎을 꿇고 있는 마리아 막달레나의 표정에는 다른 인물군의 사실적인 표정들 못지않은 생명감이 깃들어 있다.[4-12] 이는 고딕 예술의 사실적 기법의 정수라 할 수 있을 것이다. 또한 그리스도가 승천한 마리아에게 천상 모후의 관을 씌워주는 모습을 주제로 한 「성모의 대관」에서 성모 마리아는 이제 그리스도의 천상에서의 동반자이자 교회의 어머니로서 묘사된다. 스트라스부르크 대성당을 드나들었던 당시의 사람들은 물론 그 앞을 지나던 도시민들 모두 이를 묵상했음직하다.

4-11 13세기 중반에 세워진 아미앵 대성당 트뤼모의 마리아 입상.
성모 마리아는 이제 그리스도의 천상에서의 동반자이자 교회의 어머니로 묘사된다.

4-12 스트라스부르크 대성당의 팀파눔에 부조된 성모의 죽음 장면은
고딕 예술의 사실적 기법의 정수라 할 만하다.

여성 중심적 예술작품의 등장

고딕 시대의 성모상들은 낙원에서 추방되면서 전가된 원죄에
대한 죄책감으로부터 여성들을 해방시켰다. 이러한 상징성은 막
달레나 성녀의 이미지 변신에서도 나타난다.[19] 거리의 여인이자
죄인인 그녀가 스트라스부르크 대성당 팀파눔에서처럼 작품의 중
심인물로 등장하게 된 반면, 남성 사도들은 오히려 주변인물로 묘
사되었다. 이 시기부터 남자 성인들과 더불어 여성들도 성녀로 축
성되고 성녀전이 씌어지기 시작했다는 사실을 간과하지 않는다
면, 12세기를 기점으로 여성에 대한 중세 교회의 입장 변화가 진
행되었다고 볼 수 있을 것이다.

19) Duby, 앞의 책, 215쪽.

실제로 이 시기에 도시여성들의 재산상속권이 시혜적이나마 도시법으로 인정되면서, 여성들의 경제적 운신의 폭이 확산되었다.[20] 세속인들의 기부금에 의존하던 교회의 입장에서 볼 때 이제 여성, 특히 도시여성들은 더 이상 배척의 대상이 될 수 없었다. 하우저의 사회사적 예술 해석에 따르면, 서양 역사에서 정치·경제적 중심축의 이동은 항시 문화양상의 변화를 초래했다. 따라서 마리아 공경, 성녀 축성, 성녀전 제작, 마리아 중심적 예술작품의 등장은 사회 경제적 여권 신장이라는 전제 조건 속에서 가능했다고 볼 수 있다.

고딕 시대에 여성 중심적 예술작품들이 등장했다는 사실은 인장(印章)에 각인된 여성상에서도 엿볼 수 있다. 법적 구속력을 갖는 문서에 부착되는 인장은 12세기까지 남성 군주들의 전유물이었다. 그러나 고딕 시대에 들어와서 여성들이 재산권과 관련된 법률 문서를 발행할 수 있게 됨으로써, 곧 여성의 법률 행사권이 통념적으로 인정됨으로써, 인장에 여성 군주의 모습이 새겨지게 되었다.4-13 [21] 특히 1201년에 제작된 홀란트의 백작부인 아델하이

20) 이에 대해서는 김병용, 「중세 도시여성의 사회적 지위에 대한 고찰. 독일 중·북부 지역의 도시법을 통해 본 재산권과 상속권을 중심으로」, 『서양사론』 67, 2000, 41~64쪽 참조.

21) 여성의 인장 사용에 대해서는 자입트, 앞의 책, 331쪽. 자입트는 두 개의 여성 인장을 제시하는데, 하나는 기마시합용 투구를 양손에 든 포메른의 공작부인 아그네스의 것이고, 다른 하나는 기마시합용 투구와 문장이 새겨진 방패를 들고 서 있는 공작부인 엘리자베트의 것이다.

4-13 고딕 시대 여성 군주들의 인장. 홀란트의 백작부인
아델하이트의 인장(오른쪽)은 여성 기마상의 모습을 하고 있다.

트(Adelheid von Kleve)의 인장은 대담하게도 여성 기마상의 모
습을 하고 있다.[22] 원죄의 근원인 '이브의 딸' 여성이 이제 세속
영지의 통치자로 탈바꿈한 것이다.

　이러한 역사적 배경 속에서 12세기 초에 만들어진 서양장기 체
스의 '여왕'(Queen)을 해석할 수 있을 것이다.[23] 정작 장기를 고
안해낸 인도인들이나 이를 유럽에 전달한 아랍인들은 여왕을 생
각해내지 못했던 반면, 유럽에서는 여성을 상징적으로 대변하는
여왕이 고안되었다. 이러한 일련의 예술적 변화들에 주의를 기울
인다면, 중세여성의 지위에 중대한 변화가 있었을 가능성을 상정
할 수 있지 않을까.

22) 같은 책, 331쪽.
23) 같은 책, 293쪽.

'이브의 딸'에서 마리아적 여성상으로

이처럼 고딕 예술에서 여성의 이미지가 변화한 데는 당시 여성의 사회·경제 및 법적인 지위상승과 관련이 있는 듯하다. 마자르족, 바이킹족과 같은 이민족들의 침입을 성공적으로 방어한 유럽사회는 11세기부터 안정기에 들어선다. 인구가 증가하고 교역이 활성화되면서 교역거점으로 도시가 형성되었다.[24] "도시의 공기는 자유를 창출한다"는 당시의 유행어에서도 알 수 있듯이, 도시민들은 점차 결혼의 자유를 비롯해 재산 소유권과 상속권 등의 권리를 획득했다. 도시여성들도 재산 상속권과 같은 사회 경제적 분야에서 자유의 공기를 향유할 수 있게 되었다. 특히 교역과 상업이 활기를 띠었던 일부 도시에서는 여성의 재산권이 도시법에 성문화될 정도로 여성의 권리와 지위에 많은 변화가 일어났다. 이러한 자유의 물결은 서서히 인근 장원에도 파장을 일으켰고, 점차장원 여성의 토지 상속권도 인정되었다.[25] 그 결과 뒤비의 말을 인용하면, "13세기에는 귀족여성들의 사회적 지위가 상승하기 시작했다".[26] 물론 이 시점에서 일부 계층 남녀간의 성적 평등론을 거론할 수는 없을 것이다. 그렇지만 부정적 여성 이미지에서 긍정적 이미지로의 예술적 변화가 중세사회에서 여성의 지위 변화와

24) H. Fuhrmann, *Einführung ins Mittelalter*, München, 1988, 25쪽.
25) E. Ennen, *Frauen im Mittelalter*, München, 1991, 86, 94, 132, 133쪽;
    F. L. Ganshof, *Feudalism*, London/New York/Toronto, 1959, 128쪽;
    차용구, 「중세의 이단과 여성」, 131쪽 이하.
26) Duby, 앞의 책, 244쪽.

무관하다고 단정 짓기는 어렵다.

다음으로 12세기 중반부터 등장하기 시작한 새로운 성모상(像)에 대한 배경사적 문제를 짚어보고자 한다. 로마네스크 시대의 종속적인 이미지로부터 고딕 시대의 독립적인 마리아 이미지로의 변화는 어떻게 설명할 수 있을까? 이미지 변화의 원인으로 우선 사회 전반에 만연했던 마리아 공경 사상을 들 수 있다. 독일의 대표적인 중세여성사가인 엔넨(Edith Ennen)은 자신의 저서 『중세여성』(*Frauen im Mittelalter*)에서 마리아 공경 사상의 등장을 당시 여성의 사회경제적 지위 향상과 연관하여 설명한다.[27] 마리아 공경 사상은 12세기 이래로 스콜라 철학자들과 같은 중세 지식인들 사이에서뿐만 아니라 민중의 신앙생활 속으로 확산되었다.[28] 이러한 마리아 공경 사상의 저변화는 이브적 여성상에서 마리아적 여성상으로, 부정적 여성상에서 긍정적 여성상으로 변화하는 종교적 배경이 되었을 것이다. 추론컨대 작품의 주문가들과 작가들은 이러한 사회적 분위기에 편승하여 새로운 여성상을 창출해냈다고 말할 수 있다.

그러나 한편으로는 예술이 역사적 현실의 반영이라는 단선적이고 표상주의적인 해석 범주를 벗어날 필요가 있다. 라카프라가 지적했듯이, 예술 해석에서 시대정신의 표상성에 대한 전면적 재검

---

27) E. Ennen, 앞의 책, 112쪽. 이에 대해서는 뒤비도 같은 입장을 표명하고 있다(Duby, 같은 책, 215쪽).
28) Duby, 같은 책, 214쪽.

토가 이루어져야 한다. 예술을 이해하는 과정에서, 작품 자체보다 정치·사회·경제 등의 역사 조건과 상황에 대해 지나치게 강조하다 보면 예술을 단순히 역사적 현실의 반영으로만 폄하하는 오류 속으로 빠져들 위험이 있기 때문이다. 따라서 작품에 영향을 미친 역사 조건의 한계를 명확히 설정할 필요가 있다.

예술의 사회적 기원이라는 고전적 해석의 굴레로부터 벗어나 제작·주문가의 의도를 파악할 필요가 있지 않을까? 제작·주문가는 작품을 통해 동시대의 수용자들에게 어떠한 메시지를 전달하고자 했을까? 시각적 이미지가 중세인들에게 미친 영향력은 오늘날의 영화나 텔레비전보다도 더 강했을 것이다. 중세인들은 이미지에 쉽게 동화되었기 때문이다. 성 베르나르두스(St. Bernardus)가 베잘리 성당 앞에서 제2차 십자군 원정을 제창하자,[29] 수많은 사람들이 스스로 유서를 작성하고 예루살렘을 향해 험난한 순례의 길을 떠났을 정도로 중세는 광적인 신앙의 시대였다.[30] 힘든 여정에서 접하는 웅장한 수도원 건물은 순례자들에게 휴식의 위안감을 주었겠지만, 동시에 팀파눔에 각인된 예술적 이미지가 강력한 종교적 메시지로 전달되었을 것이다.[31]

29) 같은 책, 158쪽.

30) B. Tierney, S. Painter, *Western Europe in the Middle Ages: 300–1475*(제3판), 이연규 옮김, 『서양 중세사: 유럽의 형성과 발전』, 집문당, 1997, 253쪽.

31) 로마네스크 시대의 예술품들은 성가를 동반한 장엄하고도 화려한 미사봉헌, 창조주의 계시가 담긴 성서의 봉독과 묵상과 더불어 당대 교회에

물론 고딕 시대와 비교해보면, 로마네스크 교회 건축물의 팀파눔 작품들이 대중을 위한 것은 아니었다. 수도원 부속 교회는 주로 명상과 참회의 삶을 살았던 수도승들을 위한 장소였다. 하지만 뒤비의 조사에 근거하면, 로마네스크 교회의 부조물, 특히 발도파와 카타리파가 '극성'을 부리기 시작하던 1100년 이후 제작된 수도원 부속 교회의 부조물들은 민중 교화의 의도에서 제작되었다. 고딕 예술은 "투박하고 무지한" 대중들이 참된 진리를 담고 있는 교리를 쉽게 이해할 수 있도록 제작된 교리서였다.[32] 고딕 건축 양식의 창시자로 불리는 쉬제(A. Suger)도 신학서를 집필하듯이 생 드니 수도원 교회를 감독 건축하지 않았는가.[33]

원죄의 근원인 '이브의 딸들'이라는 부정적 여성상이 고딕 시대

서 전략적으로 이용되었다. 11세기 이래로 유럽 대륙을 휩쓸었던 이단들은 공통적으로 성사(聖事)를 부정했고, 모든 형태의 종교 예술을 우상숭배로 거부했다(이에 대해서는 차용구, 「중세여성들의 '역할거부'론」, 『사학지』 32, 1999, 141~159쪽). 1025년 이단의 활동에 제동을 걸기 위해 소집된 아라스 공의회에서는 글을 읽지 못하는 민중을 올바른 길로 인도하기 위한 조형 예술의 적극적 이용을 공식적으로 권장했다(Duby, 앞의 책, 139쪽). 결국 로마네스크 시대의 교회는 예술을 '전략적 차원'(pictorial strategy)에서 이용했음을 알 수 있다. 예술의 전략적 차원에 대해서는 K. Nolan, "Narrative in the Capital Frieze of Notre-Dame at Etampes", *The Art Bulletin* 71, 1989, 166~184쪽, 특히 182쪽 각주 64 참조.

32) Duby, 같은 책, 139, 168쪽.
33) 같은 책, 173쪽. 에밀 말(E. Mâle)과 같은 대표적인 중세 예술사학자는 중세 교회예술을 교리의 신학적 표현(theology of art)이라고 했다.

에 점차 극복되어갔다는 사실은 주문가였던 성직자의 여성관의 변화를 의미할 수 있다. 고딕 시대의 예술가들은 로마네스크 작가들과는 다른 제작의도를 가지고 있지 않았을까? 12세기는 '길 잃은' 수많은 여성들이 무리를 지어 방랑설교가나 발도파와 카타리파 같은 이단포교자들의 추종자가 되었던 시기였다.[34] 이를 충격으로 받아들인 제도권 교회는 뒤늦게야 여성 포교활동에 적극성을 보였다. 그리하여 폐쇄적이고 내향적인 수도원 중심의 중세 교회는 민중의 생활 터전 속으로 되돌아오기 시작했다.

최후의 심판이 도래하기를 고대하면서 요한계시록의 말씀을 더욱 충실히 묵상했던 로마네스크 교회와는 달리, 고딕 시대의 교회는 인간 예수의 현세적 삶을 그린 복음서에 더욱 관심을 보였다. 교회

---

34) "이 사탄의 사도들은 정숙한 여인, 과부, 처녀, 기혼녀들을 주위에 끌어들이고, 여인들을 인도할 권리가 있었던 사도들의 흉내를 내고 다닌다". (Isti apostoli Satanae habent inter se feminas…… continentes, viduas, virgines, uxores, sau…… quasi ad formam apotolarum, quibus consessa fuit potestas circumducendi mulieres, "Epistola Everni Steinfeldensis praepositi ad S. Bernhardum", *Migne PL,* vol.182, 1862, Sp. 679 이하). 이 기록은 1143년 라인 강변의 쾰른에서 벌어진 카타리파에 대한 이단 심문에 직접 참여했던 에베르빈(Everwin von Steinfeld)이 클레르보의 베르나르에게 보낸 서한의 일부 내용이다. 다양한 부류의 여성들이 이단 활동에 참여했음을 짐작케 하는 기록으로, 중세 교회의 사목 담당자들은 여성의 이단 참여를 충격적으로 받아들였던 것 같다. "그들은 말과 행동으로 교회에 큰 충격을 주었다." (Quidam in ecclesia dictis et factis plurimos scandalizant, *Occasione errorum,* W. Perger, *Beiträge zur Geschichte der Waldensier im Mittelalter,* München, 1877, 243쪽).

는 더 이상 정적(靜的)이기를 거부하고, '말과 행동으로서'(verbo et exemplo) 초대 교회의 이상을 실현하려는 동적(動的)인 교회로 변해갔다.[35] 특히 도시민 포교에 전념했던 탁발 교단의 수도사들은 여성들을 위한 종교공동체를 설립했고, 대중 설교를 통해 적극적으로 여성 포교활동에 앞장섰다.[36] 성모 마리아를 통한 긍정적 여성상의 등장은 여성을 원죄의 근원으로 규정하고 이단으로 몰고 갔던 과거 경험에 대한 반성을 의미하지 않을까. 실제로 그러했다면, 여성에 대한 긍정적 이미지를 부각하는 것이 고딕 예술가들의 제작 의도였을 것이다. 교회는 과거의 실수를 반복하지 않기 위해 여성들에게 친근감 있는 담론을 형성하고자 했을 것이다.

더욱이 고딕 양식의 대성당들은 주교좌성당으로서, 당시 흥기하기 시작한 도시에 세워졌다. 결국 고딕 예술은 도시의 부흥이 만들어낸 예술 양식이다. 조금 더 자세히 언급하면, 도시의 종교적 심성으로부터 잉태된 예술이다.[37] 주교와 주교참사회 못지않게 도시 상인들도 성당 건축에 적극적으로 동참했다. 샤르트르에서는 각 동업조합마다 스테인드글라스 제작에 관여하여 자신들의

---

35) Norbert de Xanten, *MG SS* vol. 12, 675쪽, "복음의 말씀만을 믿으며 사도적인 삶을 실천하는"(……pure evangelia et apostolica vita); 같은 책, 678쪽, "우리는 사도적 삶의 모방자가 되었다"(……imitatores apostolorum effecti sumus).

36) 유희수, 「Jaques de Vitry의 대중 설교와 Exemplum」, 『서양중세사연구』 2, 1997, 77~108쪽.

37) Duby, 앞의 책, 167쪽. 특히 성 드니 성당의 건축과 관련해서는 170쪽 참조.

예술적 의욕(Kunstwollen)을 표출했다.[38] 동업조합이나 도시 공동체 모임이 개최된 곳도 대성당이었다. 도시의 대성당은 로마네스크의 수도원 부속성당과는 달리 일상생활에서 중심적인 역할을 담당했다. 도시민 누구나 들어와서 기도할 수 있고, 대성당 앞마당에는 시장이 섰다. 물건을 사고팔기 위해 모인 남녀 시민들 모두 우뚝 솟은 대성당을 바라보면서 자신들의 도시에 대해 자긍심을 가졌다고 한다.[39] 대중 장소에 공개된 대성당 부조물을 통해 제작자와 감독자들은 새로운 여성관을 표출하기 시작했다.

사회·경제적 권리를 획득하고, 장인의 미망인으로서 남편의 장인직을 계승할 정도로 도시여성들의 지위가 상승한 시대 조건 속에서 새로운 담론이 형성되었다. 포콕과 스키너의 언어적 콘텍스트주의 연구 방법에 비추어보면, 예술작품은 새로운 담론을 만들었다. 이 담론은 도시민들이 공유했던 '공동의 언어 관례'(여성에 대한 긍정적 사고) 속에서 만들어졌을 것이다. 작품(텍스트)과 역사조건(콘텍스트)의 '상호 교류성'(intertextuality)이라는 관점에서 긍정적 여성 이미지의 등장을 당시의 사회적 변화와 연계하여 해석할 수 있을 것이다.

물론 일부 도시여성들과 귀족계층 여성들만이 재산권이나 상속권과 같은 경제·사회적 권리를 획득함으로써 어느 정도 지위 향상을 이룩했던 사실을 부정할 수는 없다.[40] 더욱이 여성의 권리와

38) 같은 책, 195쪽.
39) 같은 책, 194쪽.

4-14 나움스부르크 성당의
「에케하르트와 우타」 입상에서는
더 이상 로마네스크 시대의
이브적 여성을 찾아볼 수 없다.
그러나 여전히 남편과 비교될
만큼 왜소하고 수줍은 모습은
남성적 관점에서 도출된
도상적 불평등을 드러낸다.

자유가 남성에 의해 시혜적으로 주어졌듯이, 남성중심적 사회구조에는 커다란 변화가 없었다. 예술에서도 새로운 여성의 이미지가 부각되기는 했으나, 이러한 변화가 도상적인 '성적 평등'으로 이어졌다고는 할 수 없다. 이는 가부장적 사회에서 여성의 재현에 불과했다.

나움부르크 성당의 「에케하르트와 우타」 조상(彫像)에서 우리

40) 뒤비와 망드루 역시 그들의 저서에서 11세기부터 진행되었던 여성의 지위 상승에 특별한 관심을 보인다(G. Duby, R. Mandrou, *Histoire de la civilisation française: Moyen Age–XVIe siècle*: 김현일 옮김, 『프랑스 문명사 상』, 까치, 1995, 153쪽).

4-15 『하인리히 사자공의
성경』(1188) 삽화에서 여성은
의도적으로 작게 묘사되었다.
이는 남성적 관점에서
표출된 도상적 불평등의
대표적 사례이다.

는 더 이상 로마네스크 시대의 이브적 여성의 모습을 찾을 수 없
다. 남편과 대등하게 서서 정면을 주시하는 우타의 표정은 현실
지향적이고 생동감 있다.4-14 그러나 남편과 비교될 정도로 왜소
하고 수줍은 모습이다. 이처럼 남성적 관점(androzentrisch)에서
도출된 도상적 불평등은 다른 작품들에서도 발견되는데, 『하인리
히 사자공의 성경』 삽화가 그 대표적인 경우다.[41] 4-15 하인리히
사자공(Heinrich der Löwe, 1129~95)과 마틸다(Matilda)의 결
혼식 장면에서 무릎을 꿇고 기도하는 하인리히는 실제로는 단구

41) 이 작품에 나타난 도상학적 불평등에 관해서는 H. Fuhrmann, 앞의 책,
236쪽 참조.

인데도 옆에 서 있는 부인과 키가 비슷하게 묘사되었다. 이처럼 고딕 시대 예술작품에 표출되기 시작한 여성에 대한 '관대함' (generositas)은 성적 불평등 속에서의 예술적 변화였다. 도시여성들에게 제한적이나마 주어진 재산상속권이 도시 밖으로 재산이 유출되는 것을 방지하고자 했던 남성들의 시혜적 책략이었듯이,[42] 관대한 여성 이미지가 도출되는 가운데 여전히 남성중심적 중세 예술은 지속되고 있었다.

여성의 사회적 지위상승은 예술에 새로운 바람을 몰고 왔지만, 이 변화가 곧바로 남녀의 '성적 평등'으로 이어지지는 않았다. 여성은 『하인리히 사자공의 성경』 그림에서와 같이 의도적으로 작게 묘사되었고, 남성적 관점에서 표출된 이러한 도상적 불평등은 중세사회의 여전한 성 역할 관행을 드러낸다. 한 익명의 조각가가 생동감 있게 묘사한 나움스부르크 성당의 남녀 조상에서 우타는 남편 에케하르트와 대등하게 서 있지만, 그녀의 모습에서 우리는 당시의 도덕 관념을 엿볼 수 있다. 그녀는 오른손으로 망토를 자신의 몸 쪽으로 당긴 수줍은 모습을 하고 있으며, 결혼한 부인임을 알리는 베일로 턱까지 얼굴을 가리고 있다.[43] 한편 죽음이 주로 여성으로 의인화되고 있었던 사실[44] 또한 여성에 대한 부정적

42) 김병용, 앞의 글, 62쪽.

43) T. Copplestone(ed.), 앞의 책, 118, 119쪽.

44) 자이트, 앞의 책, 498쪽에 수록된 그림 참조. 죽음에 대한 도상학적 분석은 필리프 아리에스, 유선자 옮김, 『죽음 앞에 선 인간』, 동문선, 1997.

사고가 종식되지 않았음을 보여준다. 중세는 아직 끝나지 않았다.

그러나 온통 잿빛이었던 암울한 시대에도 어둠을 걷어내는 움직임들이 있듯이, 12세기 예술에서도 새로운 시도들이 진행되었다. 하우저는 이러한 변화에 대해 고딕 예술의 등장은 19세기의 낭만주의, 인상파 예술과 더불어 서양 예술사에서 혁명적인 변화를 일으켰다고 해석했다.[45) 여성들의 '자기 표현'을 위한 공간이 만들어지기 시작했던 때도 바로 이 시기였다.[46) 12세기 독일의 구다(Guda) 수녀는 『성 바르톨로메오의 설교』라는 필사본을 제작하면서 대담하게도 자신의 이름 약자(G)를 명시하고 그 둘레에 "죄 많은 여인 구다가 이 책을 쓰고 그렸다"(Guda peccatrix mulier scripsit et pinxit hunc librum)고 적었다. 고대 그리스 로마의 예술이 사라진 뒤 대부분 중세 예술품의 작가들이 익명이었다는 사실을 기억한다면, 구다 수녀의 서명은 매우 획기적인 일이었

45) 아놀드 하우저, 백낙청, 염무웅 옮김, 『문학과 예술의 사회사 현대편』, 창작과 비평사, 1974, 171쪽.

46) 최근 서양 여성사학계는 소수의 특정 여성들이 이룩한 탁월한 정치적 업적에 대한 연구 동향에서 벗어나, 다수 여성들의 삶의 궤적에 관심을 기울이기 시작했다. 남성의 고유 영역이었던 정치 분야에서 남성적인 일부 여성들이 보여준 활동상에서 더 나아가, 다양한 영역에서 드러난 활동이 연구 대상으로 부각되고 있다. 특히 예술분야에서 나타나는 '여성다운 여성'의 자아추구에 대한 연구는 여성사 연구의 새로운 경향이다. 이러한 연구 동향과 관련해서는 이종경 · 김진아, 「여성의 경험과 사회적 지위─서유럽 중세를 중심으로」, 『역사교육』 107, 2008, 245~270쪽 참조.

47) 구다의 서명은 여성 예술가의 것으로는 가장 오래되었다고 알려지고 있

다.[47] 그만큼 12세기 여성 예술가들의 자의식에 대한 각성이 컸다고 볼 수 있다.[48]

중세 여성 예술가의 또 다른 사례로 클라리키아(Claricia)를 들 수 있다. 12세기 독일 남부에서 활동하던 그녀는 성서의 시편을 필사한 책에 자신의 모습을 삽화로 표현하고 서명을 남겼다. Q자의 꼬리처럼 매달려 있는 그녀의 천진난만한 모습이 인상적이다.**4-16**

12세기의 개혁적 종교운동[49]으로 성녀들의 사도적 삶을 다룬 예술작품이 만들어졌을 뿐 아니라, 예술 이미지의 변화도 이루어졌다. 여성에 대한 이브적인 부정적 이미지를 극복하고 인간적인 따스함이 깃든 작품들이 등장하기 시작했다. 원죄의 근원인 '이브의 딸들'

다. C. Frugoni, "The Imagined Woman", G. Duby, M. Perrot (eds.), *A History of Women in the West, Volume 2: Silences of the Middle Ages*, 1994, 336~422쪽, 특히 414, 415쪽 참조. 대부분 중세 예술작품이 익명으로 제작되었기 때문에, 작가의 성별을 구분하기란 매우 어려운 작업이다. 그러나 구다 외에도 디에무드(Diemud, 1057~1130)와 같은 여성 작가들이 중세에 활동했다는 사실은 남성의 독점 영역이었던 예술 분야에서도 여성들의 진출이 가시화되었음을 보여준다. 이는 아마도 중세여성, 특히 고위 신분의 여성들이 수도 단체에 희사했던 기부 행위와 무관하지 않을 것으로 보인다. 이 주제에 대해서는 더욱 심층적인 연구가 필요하다. 중세의 여성 미술가에 대해서는 휘트니 채드윅, 김이순 옮김, 『여성, 미술. 사회: 중세부터 현대까지 여성 미술의 역사』, 시공아트, 2006 참조.

48) 같은 맥락에서 란츠베르크의 헤라트 수녀원장의 『기쁨의 정원』(*Hortus Deliciarum*)을 들 수 있다. 이에 대해서는 자이트, 앞의 책, 184, 298 쪽 참조.

49) 브랜다 볼튼, 홍성표 옮김, 『중세의 종교개혁』, 느티나무, 1999.

4-16 12세기 여성 예술가
클라리키아의 필사본.
그녀는 자신의 모습을 삽화로
그리고 서명을 남겼다.

이라는 부정적 여성관을 담은 작품들은 여성의 마리아적 이미지 혹은 성녀적 이미지로 대체되었다. 랭스 대성당의 부활 장면을 다룬 작품에서 여성 역시 부활의 대상으로 삼았다는 사실[50]은 여성의 이미지가 원죄의 근원인 이브적 이미지라는 멍에로부터 벗어나기 시작했음을 보여준다. 교회 자체를 여성으로 의인화한 스트라스부르크 대성당의 작품**4-17** 역시 같은 맥락에서 고려되어야 한다.

50) 부활의 장면은 자입트, 앞의 책, 305쪽에 수록.

4-17 스트라스부르크 대성당에 있는 이 작품은 교회 자체를
여성으로 의인화하고 있다. 이는 여성 이미지가 원죄의 근원인
이브적 이미지로부터 벗어나기 시작했음을 보여준다.

부활하는 여성

이 장에서는 중세의 예술작품들을 문헌중심적 역사연구 방법론에 대한 보완적인 사료로서 살펴 보았다. 앞으로는 지금까지 중세사 연구에서 간과되었던 많은 예술품들에 대해 관심의 빛을 던져야 할 것으로 생각한다. 역사의 그림자에 가려져 문헌사료가 절대적으로 부족한 분야의 경우, 다양한 사료 발굴의 필요성이 더욱 절실하다. 이러한 이유로 예술작품을 통해 중세 여성문제에 접근하려는 시도를 해보았다.

중세인들은 교훈적 예술관을 가지고 있었다. 로마네스크와 고딕 시대의 수도원장과 주교는 예술을 통하여 자신들의 정신세계를 반영하고자 했다. 이러한 이유로 이들은 독특한 의미 구성과 상징화를 통하여 중세 교회의 세계관을 예술작품에 표출시키고자 부단히 노력했다. 이들이 의도했던 바는 작품 수용자(감상자)들에게 중세 교회의 특정 교리를 전달하거나 주입하려는 것이었다. 따라서 중세 로마네스크와 고딕 예술은 미학 외적인 각도에서 고찰되어야 한다는 생각이 이 장의 출발점이었다. 작품을 둘러싸고 있던 당대의 사회적 조건(콘텍스트)을 규명함으로써, 중세 예술(텍스트)에 대한 심층적이고 총체적인 이해가 가능하다는 것이다. 중세 예술은 교회와 같은 권력 집단의 이데올로기적 무기였고, 권력은 지식을 통제하고 사회적 담론을 형성했다. 미술사학자 노클린(Linda Nochlin)도 자신의 글("Why Have There Been No Great Women Artist?")에서 강조한 바 있듯이, 미술은 "사회적 세력들"에게 영향을 받으며, 그것은 사회제도들에 따라 매개되고 결정되면서 사회적 상황 속에서 구성된다.

　이 장에서는 특히 스키너와 포콕의 언어적 콘텍스트주의 분석 방법을 통해 중세 로마네스크·고딕 예술에 나타난 여성상을 분석했다. 그 결과 작품 속에 전이된 봉건사회의 남성중심적 사회구조와 가부장적 문화가 더욱 확연히 드러났다. 로마네스크 시대의 성직자들은 부정적 여성관을 피력하고자 특정 이미지(이브적 이미지)를 부각시키고, 이러한 여성 이미지를 수용자에게 고정화시키고자 했던 것으로 보인다. 그러나 교회의 여성관은 12세기부터 일어난 사회적 변화에 상응해 서서히 변모하기 시작했으며 예술 작품 속에서도 여성에 대한 관대함이 나타나기 시작했다. 교회 예술도 12세기의 현실적 변화를 따라야 했던 것이다. 다만 이것이 남성 주도의 예술적 변화였음을 다시 한 번 더 상기해야 한다. 여성들의 자기 표현을 위한 공간은 여전히 매우 제한적이었다.

5 아퀴나스의 여성관

아리스토텔레스와 중세 교회 여성관의 변화

여성사에 대한 관심이 높아지면서, 중세의 교회 문헌에 비추어 진 여성관에 대한 연구도 국내외에서 서서히 진행되고 있는 편이 다.[1] 여러 연구 성과가 있었지만, 아직도 많은 연구자들이 기존의

---

1) 외국 학자들의 글로는 René Metz, "Le Statut de la femme en droit canonique médiéval", Brussel : Librairie Encycolpédique, 1962 ; R.R. Ruether(ed.), *Religion and Sexism : images of woman in the Jewish and christiam traditions*, New York : Simon and Schuster, 1974 ; Maire-Théré d'Alverny, "Comment les théologiens et les philosophes voient la femme", *La femme dans la civilisations de Xe-XIIIe siècles*, Poiters, 1977, 105~129쪽 ; Famer Scharon, "Persuasive Voices : Clerical Images of Medieval Wives", *Speculum* 61, 1986, 517~543쪽 ; Caroline Walker Bynum, " '……And Woman His Humanity' : Female Imagery in the Religious Writing of the Later Middle Ages", Caroline Walker Bynum, Stevan Harrel and Paula Richman(eds.), *Gender and Religion : On the Complexity of Symbols*, Boston : Beacon Press, 1986, 257~288쪽 ; Theodor

편협한 해석 방식에서 벗어나지 못한 것으로 보인다. 남성과 여성을 동등하지는 않으나 상호 보완적인 존재로 보았던 르네상스 시대의 인문주의적 시각과는 대조적으로, 중세적 여성관을 단순히 '여성 혐오주의'로 귀결시키려는 경향이 바로 그것이다.

심지어 일부 학자들의 경우이지만, 사료 수집과 해석에 더 많은 시간을 투자하기보다는 잃어버린 여성의 역사를 되찾으려는 감정에 치우친 나머지 무책임한 글들이 발표되기도 했다.[2] 이제 감정이입을 자제하고 조심스럽지 못한 접근방식에서 벗어나 사료를 객관적이고 총체적으로 분석할 필요가 있다. 과연 중세사회가 여성적대적인 남성들만의 집합체였다는 주장을 계속해서 무비판적

Schneider(ed.), *Mann und Frau: Grundproblem theologischer Anthropologie*, Wien: Herder, 1989; Herlinde Pissarek-Hudelist(ed.), *Die Frau in der Sicht der Anthropologie und Theologie*, Düsseldorf: Patmos Verlag, 1989; Jacques Dalarun, "The Clerical Gaze", Christiane Klapisch-Zuber(ed.), *A History of Women in the West 2: Silences of the Middle Ages*, London: The Belknap of Havard University Press, 1992, 15~42쪽; Renate Jost und Ursula Kubera, *Wie Theologen Frauen sehen: von der Macht der Bilder*, Freiburg · Basel · Wien, 1993; 국내 학자의 글로는 차용구, 「서양 중세 로마네스크와 고딕예술에 나타난 여성의 모습」, 『서양중세사연구』 제7집, 2000, 145~167쪽; 차용구, 「중세 교회의 여성관—기존의 연구 성과에 대한 재검토」, 『서양중세사연구』 제11집, 2003, 1~25쪽이 대표적이다.

2) 이 점과 관련해서 정현백은 "여성사 연구가 전문 역사학자들의 지원보다는 여성운동의 실적 속에서 태동했다보니, 자연히 이는 정치와 학문, 혹은 운동에의 열정과 학문적 규율 사이에서 방황하게 되었다"고 지적했다 (「새로운 여성사, 새로운 역사학」, 『역사학보』 제150집, 1996, 3쪽).

으로 수용해야만 할 것인가, 이러한 견해는 혹시 문자와 지식을 독점했던 성직자들의 글 중에서도 특정 부분만을 확대 포장한 결과가 아닌가 하는 의문이 이 글의 출발점이다.

서양 중세사회에서 기독교가 사회 윤리로 정착하는 동안 전통적인 여성관이 변화해갔다는 사실은 부인하기 어렵다.[3] 시기와 지역, 성직자 개개인의 관점에 따라 상이한 여성관이 도출되므로, 중세 교회의 여성관을 간략하게 설명하기란 쉽지 않아 보인다.[4] 더욱이 중세 교회가 강조했던 여성관은 중세 후기로 넘어가면서 아리스토텔레스 사상이 재발견[5]됨으로써, 또 한 번의 변화를 경험한다. 서유럽 지성사의 발전에 아리스토텔레스 사상이 끼친 영향은 매우 크다. 이 책의 관심이 되고 있는 기독교적 여성관의 변화에도 이는 중요한 분기점이 되었던 것으로 보인다. 여기서는 대표적인 스콜라 학자인 성 토마스 아퀴나스(Thomas Aquinas, 1225~74)의 여성관에 초점을 맞추고자 한다. 중세의 가장 위대한

3) 더욱이 여성을 위한 교육기관이 거의 부재했던 시대 상황에서 종교는 여성의 삶과 윤리관, 사유방식에 결정적인 영향을 주었다. 따라서 중세 교회가 여성에 대해 견지했던 입장은 피상적인 교리문답 수준에만 그친 것이 아니라, 가정 속에서 여성의 삶을 규정하는 이데올로기로 작용했다.

4) 이에 대해서는 차용구, 앞의 글, 4쪽 참조

5) 이에 대해서는 Jacques LeGoff, *Die Intellektuellen im Mittelalter*, Stuttgart: Klett-Cotta, 1986, 특히 23~28쪽; 김중기, 「아리스토텔레스 정치사상의 재발견—John of Salisbury의 Policraticus를 중심으로」, 『서양중세사연구』 제6집, 2000, 1~22쪽; 차용구, 「왜 중세 독일에서는 대학 형성이 지체되었는가?」, 『사적』 53, 2001, 39~62쪽, 특히 40~42쪽 참조.

사상가로 간주되는 아퀴나스는 『신학대전』(*Summa Theologiae*) 과 『이교도를 위한 신학』(*Summa Contra Gentiles*)을 집필하면서 아리스토텔레스의 지식이론을 받아들였다. 그는 여성의 본성과 덕목을 언급하면서도 이 위대한 '철학자'의 자연과학적 사고에 귀를 기울였던 것으로 보인다. 이 장에서는 아퀴나스의 신학에 나타난 여성관을 고찰하면서 그의 철학적 스승인 아리스토텔레스의 여성관이 어떻게 기독교적 여성관에 흡수되고 수용되었는가에 대해 조사해보고자 한다.

중세로 간 아리스토텔레스 사상

중세의 기독교적 여성관은 고대 그리스 로마와 이슬람과 같은 외부 세계에서 유입된 '이교도 문화'의 영향을 받은 것으로 알려진다. 특히 11세기 중반 아프리카 출신의 콘스탄티누스(Constantinus Africanus)의 번역을 통해 아랍의 의학 지식이 서구 사회에 알려지게 되는데,[6] 이를 계기로 중세의 의학 지식은 획기적인 변화를 경험한다. 이후 12세기에 스페인의 톨레도에서 아랍 세계의 선진 의학서들이 번역·소개되면서 이슬람 세계의 의학적 권위는 더욱 인정받았다.[7] 이렇게 의학 분야에서 이슬람의 권위가 상당히 높아졌고, 이슬람 철학자들을 통해 전해진 아리스토텔레스의 자연

---

6) Thomasset Claude, "The Nature of Women", Christiane Klapisch-Zuber(ed.), 앞의 책, 45쪽.

7) Jill N. Claster, *The Medieval Experience: 300-1400*, New York — Londen: New York University Press, 1982, 264쪽.

철학적 지식 또한 하나의 의학적 사실로 받아들여졌다. 그 결과 아리스토텔레스의 이론은 중세의 해부학과 생리학에 커다란 이론적 변화를 가져왔다. 아리스토텔레스의 과학적 저술들에 대한 중세인의 경외감은 실로 대단했으며, 그 결과 그의 반(反)여성적 편견이 스콜라 철학자들의 생식이론에 스며들었다.

무엇보다도 아리스토텔레스의 『동물학』(De animalibus)이 미카엘 스코투스(Michael Scotus)와 뫼르베케의 기욤(Guillaume de Moerbeke)에 의해 각각 1221년경과 1260년경에 라틴어로 번역되면서, 중세 의학 지식에 중요한 변화를 가져왔다. 이처럼 해부학과 생리학에 대한 아리스토텔레스의 지식이 13세기 스콜라 철학자들에게 적잖은 영향을 미치면서, 아퀴나스의 스승이었던 대 알베르투스(Albertus Magnus)가 『동물학』에 관한 주석서를 저술하기도 했다. 비록 알베르투스의 생리학적 지식이 보잘 것 없었다고는 하지만, 이는 당시로서는 매우 혁신적인 조사와 고민의 결과였다. 도미니코회 교단 수사로서 수녀들과 다른 여성들의 고해성사로부터 얻은 지식을 통해 여성이 에로틱한 꿈을 꾸는 이유를 설명하거나[8] 또는 남녀 관계에서 전희(前戲)의 필요성을 인식했다는 점[9]은 성욕을 죄로 규정했던 전시대의 금욕주의적인 전통 속에서는 찾기 힘든 사례였다. 아리스토텔레스주의자였던 알베르투스의 이러한 노력으로 아리스토텔레스의 자연철학은 더

---

8) Thomasset Claude, 앞의 글, 58쪽.
9) 같은 글, 63쪽.

널리 전파될 수 있었다.

이처럼 중세의 목적론적인 신학은 그 신학적 논거를 건실히 구축하기 위해 해부학과 생리학 등의 의학적 지식뿐 아니라, 필요하다면 외부 세계에서 들여온 그리스 철학을 받아들이는 데도 주저하지 않았다. 사실 중세 과학은 권위에 의존했으며, 엄밀한 객관적 관찰이나 실험에 따른 것은 아니었다. 이러한 시대 분위기 속에서 아퀴나스는 스승 알베르투스처럼 여성에 대한 철학을 개진하면서 아리스토텔레스의 성 이론을 받아들인다. 중세 말기에 본격화된 아리스토텔레스에 대한 연구는 서구 사상사를 바꾸어놓을 만큼 혁명적인 힘을 제공했고, 완성된 사상 체계를 구축할 수 있는 다양한 자료를 가져왔다고 할 수 있다.

토마스의 유혹

형제자매들이 많은 집안에서 자란 아퀴나스는 어려서부터 여성들과 자연스럽게 지낼 수 있는 분위기 속에서 성장했던 것으로 보인다.[10] 하지만 당시 관행에 따라 5살의 어린 나이에 몬테 카지노의 분도회 수도원에 봉헌되면서 인생의 새로운 전환점을 맞는다. 아퀴나스는 15살 되던 해인 1239년에 나폴리 대학[11]에 들어갈 때까지 성장기의 대부분을 남성들만의 폐쇄적인 세계에서 보냈다.

10) J. 와이스헤이플, 이재룡 옮김, 『토마스 아퀴나스 수사』, 성바오로출판사, 1998, 34~35쪽 참조.
11) Odilo Engels, *Die Staufer*, Stuttgart-Berlin-Köln-Mainz: Kohlhammer, 144쪽 참조.

신성로마제국 황제 프리드리히 2세가 1224년 설립한 나폴리 대학에서 아퀴나스는 후에 학문적 스승이 되는 아리스토텔레스의 철학을 접할 기회를 가졌다. 파리 대학과 같이 교황권의 영향력 아래 있었던 여타의 대학에서는 아리스토텔레스에 대해 강의하는 것이 금지되어 있었으나, 나폴리에서는 이 고대 철학자의 학문이 정식 교과목으로 채택되었기 때문이다.

나폴리에서는 이에 못지않은 또 다른 중요한 만남이 아퀴나스에게 있었다. 아퀴나스는 당시 그곳에서 활동하던 새로운 탁발 수도회 소속의 도미니크회 수도사들의 청빈한 삶과 해박한 성서 지식, 복음 선포에 대한 열정에 깊은 감명을 받고 입회하기로 결심한다. 하지만 새로운 수도단체인 탁발 수도회에 가입하는 것을 적극적으로 반대했던 가족들은 그를 강제로 구금하다시피 했다. 그의 가족들은 그가 베네딕트 수도회의 대수도원장이 되리라고 확신하고 있었기 때문이었다.

도미니크회에서 탈퇴할 것을 강요하던 가족들의 갖은 노력이 모두 허사로 돌아가자, 이들은 최후의 수단으로 아퀴나스가 갇혀 있던 방에 선정적인 옷차림의 아름다운 여인을 들여보낸다. 대다수의 전기 작가들이 전해주는 '유혹 이야기'다. 분노한 아퀴나스는 난로에서 꺼내든 불붙은 장작을 휘둘러 그 여인을 방에서 내쫓았다. 그리고 장작개비로 벽에 십자가를 긋고 무릎을 꿇고서 성모의 보호를 간구했다. 이후 그가 깊은 잠에 떨어지자 천사가 나타나 그를 위로하며 허리에 거친 띠를 매어 주었다. 그는 격심한 고통을 느껴 저절로 소리를 지르게 되었지만, 그 후부터는 육욕의

5-1 '아퀴나스의 유혹'을 소재로 한 17세기 스페인 화가
벨라스케스(Velázquez)의 작품. 아퀴나스를 유혹하는 데
실패한 여자가 황급히 문을 나서는 장면이 인상적이다.
아퀴나스에게 여성은 유혹의 상징이며 거부해야 할 대상이었다.

욕정에 시달리지 않고 동정을 지킬 수 있었다고 한다.[5-1] 이 일화의 진실성에 대한 검토는 논외로 하더라도, 스스로 독신의 길을 걷기로 결심한 젊은 아퀴나스에게 여자는 유혹의 상징이며 거부해야 할 대상이었다.

하지만 아퀴나스가 인생에서 여러 여성들과 직·간접적으로 도움을 주고받았다는 사실을 참고할 필요는 있다. 그는 누이의 남편이 죽었을 때 매제의 유언집행인 자격으로서 왕을 직접 방문하는 수고를 아끼지 않았고, 이탈리아 여행 때에는 형수가 소유한 성에서 신세를 지기도 했다. 루이 신성왕의 딸이자 브라반트의 대공직을 가지고 있었던 귀족부인에게는 통치와 관련해서 다양한 자문을 한 적도 있었다. 그렇지만 그의 신학세계를 구축하는 데 여성이 차지하는 비중은 매우 미미했을 것으로 보인다. 아래에서 좀더 살펴보겠지만, 여성에 대한 그의 언급들은 다른 신학적 문제들의 주변부적인 역할만을 담당할 뿐이었다. 사실 '여성문제'는 아퀴나스 신학에서 큰 비중을 차지하지 못한다. 아퀴나스 신학 전문가 코스터(D. Koster)의 지적대로, 아퀴나스는 세 가지 분야, 즉 예술, 어린아이들, 여자에 대해 아는 것이 전혀 없었을지도 모른다. 따라서 그의 저서에 나오는 여성에 대한 언급들은 순수하게 이론적인 것으로, 그의 경험이나 당시의 현실과는 거리가 있었다고 볼 수 있다.

잘못 태어난 남자

아퀴나스는 하느님이 남성과 같이 여성도 직접 본인의 형상대로 창조하셨다고 봄으로써[12] 다소 발전된 견해를 내놓았다. 하지만 근본적으로 "여자는 잘못 태어난 남자"라는 아리스토텔레스의 신념을 받아들였다. 하느님께서 남자와 여자를 이성적인 존재로 창조하셨지만,[13] 여자는 그 신체적 나약함으로 인해 이성이 약화되어버리고 말았다고 한다. 따라서 여성은 불완전한 존재로 남게 된다.

이러한 아퀴나스의 여성관은 특히 고대 아리스토텔레스의 여성관[14]에 많은 영향을 받은 것으로 보인다. 아리스토텔레스가 제시한 인간의 생식에 관한 이론은 『동물학』 중에서도 가장 핵심적인 내용을 담고 있는 「동물 발생론」(De generatione animalium)이 라틴어로 번역되어 소개되면서 그 명성이 절대화되었다. 여성관과 관련해서, 아퀴나스 자신도 아리스토텔레스의 이러한 절대적 권위에 상당 부분 의존하고 있음을 고백하고 있다.[15] 아마도 아리

12) *Summa Theologica*(『신학대전』, 이하 *STb*로 약칭) I, 93, 6 ad 2 "남성과 여성 모두 신의 형상을 닮았으며, 모두 이성적인 존재로 이와 관련해서 양성 간에 차이가 없다"(Imago Dei utrique sexui est communis, cum sit secundum mentem, in qua non est distinctio sexuum).

13) *STb* I, 3, 1 ad 2; I,93,6 c; *STb* I, 29, 4 ad 2, "이성적이고 사회적 존재"(animal rationale et sociale); *STb* I, 96, 4 c, "가정적이고 공적, 정치적, 상호의존적, 사회적 존재"(animal domesticum et civile seu politicum seu sociabile seu sociale).

14) Giulia Sissa, "The Sexual Philosophies of Plato and Aristotle", Pauline Schmitt Pantel(ed.), *A History of Women in the West 1: From Ancient Goddesses to Christian Saints*, London: The Belknap of Havard University Press, 1994, 46~82쪽.

15) *STb* I, 99, 2 ad 2, "철학자(아리스토텔레스)가 『동물지』에서 말했듯

5-2, 5-3 아퀴나스(왼쪽)와 아리스토텔레스(오른쪽). 중세 후기로 갈수록
기독교 사상은 플라톤주의보다 아리스토텔레스 철학에 영향을 받았는데,
그리하여 형성된 스콜라 철학의 정점에 아퀴나스가 서게 된다.

스토텔레스에 대한 이러한 의존성 때문에 아퀴나스는 "아리스토
텔레스의 포로"[16]라고 불리는 것 같다. 어찌했든 아퀴나스의 글을
자세히 살펴보면, 여성과 관련된 부분에서 어김없이 아리스토텔

이"(sicut Philosophus dicit, in libro de Animalibus); *STh* I, 96, 4,
"그래서 철학자가 『정치학』 서론에서 말했듯이"(Et ideo Philosophus
dicit, in principio Politicorum); *Sentenzenkommentat* II, 44, 1, 3
ad 1, "철학자에 의하면"(secundum Philosophum); *STh* I, 92, 2,
"철학자가 『윤리학』 7권에서 말했듯이"(ut Philosophus dicit in VII
Eticorum); *STh* II-II, 156, 1 ad 1, "철학자가 여성들에 대해서 말했듯
이"(quod Philosophus loquitur de mulieribus).

16) Jacques LeGoff and Gabriele Bonhoeffer, 앞의 책, 112쪽.

레스의 생각이 인용되는 것을 확인할 수 있다.

아리스토텔레스는 남성이 '능동적 생식력'(virtus activa)의 소유자이기 때문에, 남자만이 생식할 수 있다고 주장한다. '수동적 생식력'(virtus passiva)을 지닌 여성은 생명체에게 '질료'에 해당되는 영양만을 공급할 뿐이다. 이를 조금 더 자세히 살펴보면 다음과 같다. 아리스토텔레스는 모든 사물은 생성을 위해 네 가지 원인, 즉 질료인·형상인·작용인·목적인을 필요로 한다고 보았다. 여기서 주목해야 할 점은 그가 이 원인들을 인간에 적용하여 설명할 때 남성우월주의적인 관점을 반영한다는 사실이다. 즉, 여성은 단지 질료인으로서의 역할만 할 수 있을 뿐이며, 나머지 형상인·작용인·목적인으로서의 역할은 남성만이 할 수 있다는 것이다. 그는 질료인은 수동적인 역할만 하고 나머지 원인들은 능동적인 역할을 한다고 주장했다. 이러한 이유로 재생산 과정에서 여자는 남자에 비해 훨씬 열등하고 하찮은 도구적 역할만 하는 것으로 그려졌다.[17]

이러한 아리스토텔레스의 생리학 이론은 아퀴나스의 여성관을 더욱 어둡게 채색하는 데 기여했던 것으로 보인다. 그 대표적인 사례가 여성은 "선천적으로 결점을 가지고 우연하게 태어난 남성" 혹은 "모자란 남성"(mas occasionatus 또는 masculus occasionatus)이라는 표현이다. 아리스토텔레스가 「동물 발생론」[18]에서 사용한 이

---

17) 이에 대해서는 Giulia Sissa, 앞의 글, 62쪽 이하 참조.
18) *De generatione animalium II*, c 3, 737 a 27.

문구는 아퀴나스의 저작에서도 여러 차례 인용되는데,[19] 여기에서도 생명의 탄생과 관련해서 남성주도적 사고가 근저에 깔려있는 것으로 보인다. 아퀴나스는 "생식(generatio humana)에서 본원적인 것(intentio prima)은 남성에게 달려있기 때문에, 생식과정에서 남성은 능동적인 역할(principium activum)을 담당하지만 여성에게는 단지 수동적인 역할(principium passivum)만이 주어질 뿐이다"[20]라고 보았다.

특히 아퀴나스는 미카엘 스코투스(Michael Scotus)의 『동물학』 번역본을 인용하는 과정에서 자신의 남성중심적 사고를 또 다시 드러낸다. 이 번역본에는 "여성은 거의 우연에 의해 장애를 받은 남성과 같은 존재"(Femina est quasi mas occasionatus)로 나와 있으나, 아퀴나스는 이를 인용하는 과정에서 '거의'(quasi)라는 단어를 생략했다. 오히려 '모자란'(occasionatus) 앞에 '불완전한'(imperfectus sive) 또는 '불완전할 뿐만 아니라'(imperfectum et)를 첨부하면서 여성의 불완전성을 강조했다. 그는 생리학에 일

---

19) *STh* I, 92, 1 ad 1; *STh* I, 99, 2 ad 1, "여자아이는 선천적으로 결점을 가지고 우연하게 태어난 남자아이로, 이는 보편적 본성의 의도 때문만이 아니라, 개별적 본성의 의도 때문이기도 하다"(quod femina dicitur mas occasionatus, quia est praeter intentionem naturae particularis: non autem praeter intentionem naturae universalis). *Ad Timotheum I*, c 2, 13; *De Veritate*, 9 ad 9.

20) *STh* III, 67,4 ad 3. 원문은 "In generatione carnali······ femina non potest esse principium generationis activum, sed passivum tantum".

가견을 가지고 있던 스승 알베르투스의 『동물학』 주석서를 통해 아리스토텔레스의 여성관을 간접적으로 접하기도 하는데, 알베르투스도 여성을 "여성은 모자란 남성이다"(Femina est vir occasionatus) 혹은 "여성은 결점을 지닌 남성이다"(Femina est mas occasionem passus)로 표현하면서 역시 quasi를 삭제했고, 여성과 관련한 문구에서 imperfectus sive 혹은 imperfectum과 같은 부정적인 뜻의 단어들을 첨부했다. 아퀴나스와 알베르투스의 이러한 차별적 여성관은 13세기 중반 교회의 입장을 이해하는 데 중요한 단서가 될 수 있을 것이다.[21]

생물학에 기반을 둔 아리스토텔레스의 성차별주의적 사고[22]는 그의 이원론적 세계관과 밀접한 관계를 가지고 있다. 아리스토텔레스는 모든 사물에서 두 가지 측면을 구별했는데, 하나는 형상(morphe)으로서 사물이 현재 존재할 수 있게 하고, 다른 하나는 질료(hyle)로서 형상을 지탱해준다. 여기서 형상/질료의 관계는 현실성/가능성, 영혼/육체, 능동성/수동성, 뜨거움/차가움의 속성들로 정리될 수 있다. 아리스토텔레스는 이 같은 자신의 자연철학적 사고를 남녀의 관계에도 적용하여, 남성은 형상의 소유자인 반면에 여성은 질료의 제공자로 보았다(여성 질료설). 결론적

21) Thomasset Claude, "The Nature of Women" 45쪽; Christine Haag, *Flucht ins Unbestimmte: das Unbehagen der feministischen Wissenschaften an der Kategorie*, Würzburg, 2003, 135쪽 참조.

22) 이하 Ingmar Düring, *Aristoteles. Darstellung und Interpretation seines Denkens*, Heidelberg, 1966, 542~553쪽 참조.

책으로

세계를

짓는다

한길사

지중해 세계가 이슬람 :

로마멸망 이후의 지중

"영고성쇠가 역사의 이치라면, 로마제국도 예외가 될 수는 없다. 로마인
팍스 로마나도 과거지사가 되었다. 이 질서 없는 지중해를 지배한 것은
지중해의 제해권을 둘러싸고 펼쳐진 기독교와 이슬람 간의 천년의 공방
— 시오노 나나미

시오노 나나미 대하역사평설

로마인 이

- 로마를 읽으면 우리가 보이고, 세계를 큰 눈으로 보게 된디
- '로마'는 여전히 벤치마킹의 모델이며 「로마인 이야기」는
- 로마제국은 바로 우리의 현실과 미래를 비추는 거울이다.
- 1천여 년의 역사 대로망이 우리를 상상의 세계로 날게 한

으로 이야기하면, 아리스토텔레스는 어머니를 닮은 자식은 있을 수 없으며, 모든 자식들은 아버지의 유전자를 이어받게 된다는 유전학설을 제시하고 있다. 그의 이론을 좀더 추적하면, 정액이 여성 몸에서 배출되는 질료들을 '제압할 정도로' 높은 온도를 가질 경우 태아의 성은 남성으로 결정된다는 것이다(정액이론).

아리스토텔레스의 이러한 생물학적 정의에 근거해서 아퀴나스 역시 생식과정에서 남성의 주도적인 역할을 인정하면서, 정자(virtus seminalis)가 태아의 탄생에 결정적인 영향력을 미친다고 보았다.[23] 단지 외부의 우연한 요인들(occasiones)에 따라 생식과정에 문제가 생겼을 경우에 남자아이(puer)가 아닌 여자아이(puella)가 태어나게 되는데, 아퀴나스는 이를 "불완전한 남성" 곧 마스 오카시오나투스(mas occasionatus)로 보았다. 이렇게 태어난 여자아이는 결점이 있으며 불완전한 출생과정(generatio imperfecta)을 경험하게 된다.

이처럼 아퀴나스는 아리스토텔레스의 열등한 여성관을 사실로 인정하고 그대로 답습한 것으로 보인다. 이런 정의를 토대로 여자의 탄생에 대한 이론에 이르면 여성차별적 표현은 극에 달한다. 스콜라 철학 이론, 특히 자연신학의 "모든 행위자는 자기와 유사한 것을 만든다"(Omne agens agit sibi simile)[24]는 구절은 아퀴나스

23) *STh* I, 115, 2 ad 3. "남성의 정자는 생식과정에서 능동적인 역할을 한다"(Semen maris est principium activum in generatione animalis).
24) 아퀴나스의 경우 *Contra Gentiles* II, 24 n. 3; *STh* I, 94, 2.

의 여성관을 이해하는 데 중요한 단서가 될 수 있다. 남자만이 작용자의 역할을 한다면 자신과 비슷한 존재인 남자아이만 세상에 태어나야 할 것이다. 하지만 남자뿐 아니라 여자가 태어나기도 한다. 그럴 수 있는 이유는 남성의 고유한 능동적 생식력이 방해를 받아 그 힘이 약해졌거나 여성이 보유한 질료가 불량(Indispositio)하기 때문이다.

아퀴나스는 생식에 영향을 미칠 수 있는 외적 요소로 태양 빛이나 바람 등의 기후적인 것들을 들기도 하는데, 특히 북풍(北風)은 남성의 탄생을 돕고 남풍(南風)은 여성의 탄생을 돕는다고 보았다. 남풍에 담긴 습기 때문에 여성이 태어난다는 것이다.[25] 여기서도 아퀴나스는 여성의 탄생에 대해 아리스토텔레스의 이론에 근거하고 있으며, 그보다 더 많은 것을 알고 있는 것 같아 보이지 않는다. 여성은 남풍의 결과이고 곧 불완전한 존재라는 아리스토텔레스의 생각이 다시 한 번 더 인정되고 있을 뿐이다.

---

25) *STh* I, 99, 2, ad 2, "여자아이의 출생은 능동적 힘의 결핍 혹은 질료의 잘 못된 배합 때문만은 아니다…… 때로는 우연한 외적인 요인에 의해서도 가능한데…… 북풍(北風)은 남자아이의 탄생을 돕고, 남풍은 여자아이의 탄생을 돕기도 한다"(quod generatio feminae non solum contingit ex defectu virtutis activae vel indispositione materiae…… Sed quandoque quidem ex aliquo accidenti extrinseco…… quod ventus septentrionalis coadiuvat ad generationem masculorum, australis vero ad generationem feminarum). *STh* I, 115, 3 ad 4.

여성의 종속성을 강조한 아퀴나스

아리스토텔레스-아퀴나스의 여성관은 더 나아가 신체의 나약함을 정신적 나약함으로까지 연결시킨다. 아리스토텔레스가 고안해낸 여성의 본성 개념은 아퀴나스에게 그대로 전수되어, 여성은 남성에 비해 육체·이성·윤리 등의 모든 면에서 나약한 존재임을 강조했다. 아퀴나스는 여성의 존재는 남성과 비교해서 열등하며, 여성의 이성적 판단능력의 수준은 제한적일 수밖에 없다는 주장을 펼친다. 특히, 잘못된 생식과정에서는 정력(vis seminalis)이 부족하여 여성 신체의 습기가 모두 건조되지 못하기 때문에 여성 신체의 평균온도가 낮아지며, 이것이 여성의 육체적·정신적 나약함으로 이어진다고 보았다.[26] 또한 불완전한 남성의 모습으로 태어난 여성은 이성적 판단력을 결여하며, 이러한 이유로 이성보다는 감성에 따라 행동하기 때문에 경솔할 수밖에 없는 존재다.[27] 아퀴나스는 더 나아가서 여성의 도덕성까지도 문제 삼는다. 그는 여성은 공동선(公同善)을 염두에 두지 않고 오직 자신의 이익만을 생각하며 윤리의식이 결여되어 있기 때문에, 남성의 엄격한 지

---

26) *Ad Timotheum* I, c 2, 12, "여성은 육체적으로 남성보다 유약하며, 그래서 정신적으로도 나약하다"(Sicut mulieres sunt mollioris corporis quam viri, ita et debilioris rationis). *STh* Suppl. 62, 4 ad 5, "여성의 신체는 습하기 때문에, 욕정에 더욱 나약하다"(Quia in mulieribus est plus de humore, et ideo sunt magis ducibiles a concupiscentiis).

27) *STh* II-II, 156, 1 ad 1.

도를 받아야만 한다고 보았다.[28] 또한 여성에게는 이성이 배제되어 있으므로, 남녀간 지배와 복종이라는 역할분담은 필연적이라고 생각했다.

결국 이러한 나약함으로 인해 여성은 남성에게 복종해야 한다고 아퀴나스는 강조하고 있다.[29] 여기서도 그는 자신의 철학적 스승인 아리스토텔레스의 여성관을 충실히 답습한다.[30] 아퀴나스에게 아리스토텔레스의 철학은 성서를 올바르게 이해하기 위한 수단이었던 것처럼, 그는 고린도전서 11장 3절에 언급된 대로 "아내의 머리는 남편"(Caput autem mulieris vir)이어야 하는 이유를 논리적으로 설명하고자 했던 것으로 보인다. 아퀴나스에게 남성에 대한 여성의 복종의 근거는 남성의 육체적 완벽함과 이성적 판단력의 우월성이었다.[31]

이처럼 여성의 종속성을 강조하기 위해 아퀴나스는 원죄 이전에도 여성이 남성에게 본성적(naturaliter)으로 예속되어 있었음을 부각시킨다.

만일 어떤 사람이 그보다 더 현명한 다른 사람에게 인도되지 않는다면, 인간 사회의 올바른 질서가 유지될 수 없을 것이다. 이러한 예속성 때문에 여성은 남성에게 본성적으로 복종해야

---

28) *Ad Corinthios* I, c 7, 13.

29) *Sentenzenkommentar* II, 21, 2, 1 ad 2.

30) *Ad Corinthios* I, c 11, 11.

31) 같은 곳.

된다. 왜냐하면 남자[32]는 본성적으로 더 풍부한 이성적 판단력(discretio rationalis)의 소유자이기 때문이다.[33]

계속해서 아퀴나스는 하느님이 여자를 남자로부터 창조한 것이 여성의 남성에 대한 종속의 기원이라고 설명한다.

　남성과 여성은 단순히 생식의 필연성 때문에만 결합되어 있는 것이 아니라, 가정생활 때문에도 그러하다. 가정에서는 남자와 여자에게 각기 다른 역할들이 부여되어 있고, 여기서 남자는 여자의 머리다. 이러한 이유로 여자는 자신의 원천(principio)인 남자로부터 형성되었다.[34]

---

32) 이 부분에서 아퀴나스는, 의도적이었는지 알 수는 없지만, 남자를 일반 명사인 homo로 표기했다.

33) *STh* I, 92, 1 ad 2. 원문은 "defuisset enim bonum ordinis in humana multitudine, si quidam per alios sapientiores gubernati non fuissent. Et sic ex tali subiectione naturaliter femina subiecta est viro: quia naturaliter in homine magis abundat discretio rationis".

34) *STh* I, 92, 2. 원문은 "mas et femina coniunguntur in hominibus non solum propter necessitatem generationis…… sed etiam propter domesticam vitam, in qua sunt alia opera viri et feminae, et in qua vir est caput mulieris. Unde convenienter ex viro formata est femina sicut ex suo principio". 마찬가지로 *STh* II-II, 164, 2 ad 1, *STh* I, 93, 4 ad 1, In epistolam primam ad Corinthios c 11, 12, *STh* Suppl. 19, 3 ad 4.

아퀴나스는 이외에도 여러 문헌에서 여성이 남성에게 예속되어 있다는 것을 당연시하며 다양한 근거로 이를 기정사실화한다. 그의 논조를 요약하면, 여성은 육체적 나약함과 이성적 판단 능력의 결여, 윤리적 타락으로 인해 남성의 엄격한 통제를 받아야 한다. 남녀의 생물학적 차이점을 과장하고, 남성에 대한 여성의 종속성을 당연시하는 아퀴나스의 여성관은 다분히 서양의 전통적인 가부장제 이데올로기에 기반하고 있다.

여성은 하느님의 창조물

아리스토텔레스 철학을 기독교 신앙과 접목시키려는 아퀴나스의 시도는 혁신적이었다. 그러나 학문적 진보성에도 불구하고 많은 연구자들은 그의 여성관이 당대의 신학자들 중에서도 특히 보수적이었다고 주장한다.[35] 물론 위에서 살펴본 것처럼, 아퀴나스는 아리스토텔레스의 여성관을 보편적이고 불멸의 규범으로 받아들였고, 그 결과 여성성은 우월한 남성성의 결핍 내지는 퇴보로

---

35) 대표적으로 Elisabeth Gössmann, "Naturaliter femina est subiecta viro. Die Frauein verminderter Mann? Thomas von Aquin", Renate Jost, Ursula Kubera(eds.), *Wie Theologen Frauen sehen-von der Macht der Bilder*, Freiburg · Basel · Wien, 1993, 37~56쪽; R. R. Ruether(ed.), *Religion and Sexism: images of woman in the Jewish and christian traditions*, New York: Simon and Schuster, 1974; Eleonor Mclaughlin, "Die Frau und die mittelalterliche Häresie. Ein Problem der Geschichte der Spiritualität", *Concilium* 12, 1976, 34~44쪽.

묘사된다. 이에 대해 현대 여성학자들은 아퀴나스가 여성을 타자화하고 자아의 동일한 변종 정도로 설정했다고 비난한다.

그러나 과연 아퀴나스를 "여성 혐오주의의 원조" 혹은 단순한 "남성 쇼비니스트"로 규정할 수 있는가? 고대의 남성 주도적 생식 이론이 작품 곳곳에 보이지만, 신학자였던 그는 창조설화에 근거하여 여성의 창조가 애초부터 하느님이 원하셨던 것(intentio naturae universalis)이라고 해석한다. 창세기에도 나타나 있듯이 여자는 하느님이 창조 때부터 원하셨던 인간의 '보편적 본성' (natura universalis)을 지니고 있다. 남성과 마찬가지로 여성도 신의 창조물(opus Dei)이다.[36]

아퀴나스가 활동하던 당시에는 창조주가 원죄의 근원이었던 여성을 창조했다는 '부담을 덜어주기 위해' 여인들이 천사들을 통해 창조되었다는 주장이 나올 정도로 부정적 여성관이 지배적이었다.[37] 이와는 대조적으로 아퀴나스는 하느님이 여성을 자기의 형상대로 직접 창조하셨다고 보았다. 더 나아가 하느님과의 근본적인 관계에서 남녀의 차이가 없으며 모두 하느님의 모상[38]으로 본

---

36) *STh* I, 92, 1 ad 1, *Contra gentiles* IV, 88. "마찬가지로 여성의 나약함은 부활에 방해가 되지 않는다. 여성의 나약함은 자연의 역행이 아니라 자연의 의도이다"(Similiter etiam nec infirmitas feminei sexus perfectioni resurgentium obviat. Non enim est infirmitas per recessum a natura, sed a natura intenta).

37) Alfons Hufnagel, "Die Bewertung der Frau bei Thomas von Aquin", *Theologische Quartalschrift* 156, 1976, 133~147쪽, 특히 138쪽 참조.

아퀴나스의 여성관은 당대의 시대상황을 고려할 때 어느 정도 진보된 것으로 볼 수 있다.

또한 아퀴나스는 남녀 모두 구원 대상이고[39] 남성뿐만 아니라 여성도 신의 은총을 받을 자격이 있다고 하면서 하느님 앞에 남녀의 평등성을 부각시킨다. 또한 여성의 예언 능력[40]을 인정하고 이 점에서 남녀간의 성별의 차이를 인정하지 않았다. 비록 한계도 많았지만, 이처럼 아퀴나스에게서는 동시대인들과 비교할 때 여성에 대한 전통적인 흐름을 변화시킬 수 있는 긍정적인 판단이 적지 않게 등장한다. 그의 저술에 나타나는 작은 변화의 움직임들을 좀더 세세히 조사한다면, 그를 단순히 여성 비하론자로만 낙인찍을 수 없을 것이다.

아내는 남편의 동반자적 조력자

아퀴나스는 당시에 통용되던 편견들을 어느 정도 극복하는 데 기여했을 뿐만 아니라, 당시 사회 상황에서는 실제로 상상하기 어려웠던 남자와 여자의 상호보충적인 역할에 대한 전망을 제시하기도 했다. 그는 인간이 생명을 유지하기 위해 남자는 여자의 도움을 필요로 한다고 보았다.[41] 부부가 '우정공동체'(societas amicabilis)를 이루면서 그들 사이에 '최상의 우정'(maxima

38) *STh* I, 93, 6, ad 2.
39) 같은 책, III, 55, 1 ad 3.
40) 같은 책, II-II, 177, 2 ad 2.
41) 같은 책, I, 92, 1.

amicitia, maxima familiaritas, firmisssima fides)과 '평등성'
(aequitas)이 깃들도록 노력할 것을 당부하면서, 아퀴나스는 다음
과 같이 말한다.

우정이란 크면 클수록 더욱 돈독하고 오래 유지될 것이다. 남
편과 아내 사이에는 가장 건실한 우정이 존속해야 한다. 그들의
결합은 육체적인 결합 행위를…… 위해서뿐만 아니라 가족 공
동체의 원만한 유지를 위해서도 필요하다.[42]

아퀴나스는 남녀 사이의 우정에 대해서도 기존의 관점을 변형했
다. 부부간의 우정관계를 설명하면서 철학자 아리스토텔레스의 개
념들을 차용하기는 했지만, 철학자의 생각이 기독교 교리와 모순
될 경우에는 그와 반대되는 입장을 취했다. '가족공동체'(societas
domestica)의 중요성을 강조했던 아리스토텔레스는 여성이 우정
이라는 자연적 덕에 관련해서 남성보다 열등하다고 생각했다. 아
퀴나스는 철학적 스승의 이러한 공동체 개념을 답습하면서도, 여
기에 우정의 개념을 첨부하여 '우정공동체'를 탄생시켰다. 여성이
참된 우정관계를 이룰 수 없다는 아리스토텔레스의 이론을 변화

42) *Contra Gentiles* III, 123. 원문은 "Amicitia, quanto maior, tanto est
firmior et diuturnior. Inter virum autem et uxorem maxima
amicitia esse videtur: adunantur enim non solum in actu carnalis
copulae…… sed etiam ad totius domesticae conversationis
consortium".

시키면서 아퀴나스는 남녀가 동등한 동반자라고 주장한다.[43]

　더욱이, 강한 우정은——철학자가 『윤리학 VIII』에서 주장하듯이——많은 사람들 사이에서는 이루어질 수 없다. 따라서 만일 한 여자가 한 남편을 가지고, 그 남편은 여러 아내들을 가진다면, 두 사람 사이에 평등한 우정관계(aequalis amicitia)가 이루어질 수 없을 것이다. 그렇게 될 경우 이는 자유인간의 우정이 아닌 노예적인 복종 관계가 될 것이다.[44]

아퀴나스는 남녀가 평등한 우정관계를 유지하기 위해서는 서로에 대한 자유로운 관계를 전제하면서, 부부 사이에 수평의 도덕을 제시한다. 그러면서 아퀴나스는 혼인의 불가해소성(societas per totam vitam)이 남녀의 우정을 보호하는 데 기여할 수 있음을 강조한다.

　우정은 평등을 전제로 한다. 만일 아내가 여러 남편을 가지는 것이 자손 번식에 방해가 되기 때문에 허용되지 않는다면, 이와

---

43) 같은 곳, "남녀의 우정 관계가 지속되지 못하다면 남녀의 평등성은 사라지게 될 것이다."(Videtur etiam aequitati repugnare si praedicta societas dissolvatur.)

44) 같은 책, 124 n. 5, 원문은 "Praeterea. Amicitia intensa non habetur ad multos: ut patet per philosophum in VIII Ethicorum. Si igitur uxor habet unum virum tantum, vir autem habet plures uxores, non erit aequalis amicitia ex utraque parte. Non igitur erit amicitia liberalis, sed quodammodo servilis".

마찬가지로 한 남자가 여러 아내를 가지는 것도 허용되어서는 안 된다. 그렇게 되면, 그 아내와 남편의 우정관계는 자유로운 것이 아니라 종속적인 것이 될 것이다.[45]

남녀관계는 노예적인 복종관계(subiectio servilis)로 전락해서는 안 되며, 동반자(socia)의 입장에 서야 한다는 것이 아퀴나스의 부부관이다. 이를 정당화하기 위해 그는 여자가 남자의 머리나 발이 아닌 '갈비뼈'로부터 만들어졌다는 사실을 들고 있다.

왜냐하면 여자가 남자 위에 군림하지 않아야 하기 때문에 (남자의) 머리로부터 만들어지지 않았고, 그러나 또한 남자에 의해 마치 여자 노예처럼 복종을 강요당하고 무시당하지 않기 위해 그의 발로부터 만들어지지도 않았다.[46]

부부간의 우정에 대한 아퀴나스의 이러한 생각은 당시의 시대

---

45) 같은 책, III, 124 n. 4, 원문은 "Amicitia in quadam aequalitate consistit. Si igitur mulieri non licet habere plures viros, quia hoc est contra certitudinem prolis; liceret autem viro habere plures uxores: non esset liberalis amicitia uxoris ad virum, sed quasi servilis. Et haec etiam ratio experimento comprobatur: quia apud viros habentes plures uxores, uxores quasi ancillariter habentur".

46) *STh* I, 92, 3, 원문은 "Neque enim mulier debet dominari in virum: et ideo non est formata de capite. Neque debet a viro despici, tamquam serviliter subiecta; et ideo non est formata de pedibus".

적 상황[47]을 반영한다고 볼 수 없을 정도로 '혁신적'이었다. 아퀴나스는 한편으로는 아리스토텔레스의 사상을 충실히 모방하면서도, 또 다른 한편으로는 이를 신 앞에 남녀의 평등이라는 기독교 신앙과 결합시키고자 부단한 노력을 기울였던 것으로 보인다.

아퀴나스의 '우정론'은 남성중심적 중세사회의 외피 속에 여성의 동질성을 인정하는 목소리들이 상존해왔음을 보여준다. 이미 라바누스 마우루스(Hrabanus Maurus, 780~856)는 "여성은 창조 신화의 완벽성을 보완하는 역할을 수행하도록 만들어졌음"을 강조[48]했으며, 9세기의 연대기 작가 아도(Ado) 역시 "이브는 모든 창조물의 어머니로, 그녀의 도움 없이는 인류가 번성할 수 없다"고 보았다.[49] 아퀴나스와 같은 시대에 활동했던 성 보나벤투라(Bonaventura, 1221~74)도 "여성이 남성으로부터 도움을 받듯이, 남성도 여성의 은혜를 입는다"고 하면서, 여성의 독립된 정체성을 전제로 해서 남성과 여성의 상호 보완적 역할을 강조하고 있다. 마지막으로 아퀴나스의 스승 알베르투스도 부부간 우정의 중요성을 부각시켰다.[50]

이처럼 아퀴나스의 인간학에서는 여성의 남성에 대한 복종이라

47) 이에 대해서는 Edith Ennen, *Frauen im Mittelatler*, München: Verlag C.H. Beck, 1991, 86~112, 143~207, 220~231쪽 참조.
48) Hrabanus Maurus, *Commentariorum in Genesim libri* IV, *Migne PL* 107, Sp.482.
49) Ado von Vienne, *Chronicon, Migne PL* 123, Sp.23, 24.
50) Thomasset Claude, "The Good Wife", *A History of Women in the*

는 전통적인 관습을 받아들이면서도, 기독교 세계의 부부가 "최고의 우정"으로 결합된 공동체를 형성하기 위해 노력해야 함을 강조한다. 이는 위에서 살펴본 것과는 달리, 여성의 종속성을 강조하는 아퀴나스의 입장과는 매우 대조적으로 보인다. 하지만 다른 신학자들의 저서에서도 이러한 양면적인 여성관을 발견할 수 있기 때문에, 이를 아퀴나스만의 이중적 태도로 돌릴 수는 없다.[51] 이러한 이중성은 아마도 신학자들의 주관심사가 여성이 아닌 신의 질서에 대한 이해였기 때문일 것으로 보인다. 여성은 이들 신학체계의 주변적인 것으로 파악되었으며, 여성에 대한 관점도 맥락에 따라서 달라지곤 했다.

아퀴나스의 양가적 여성관은 다음의 경우에서도 명확히 드러난다. 부부간의 평등한 우정관계를 강조했던 아퀴나스는 여성들을 재산과 함께 언급하면서, 여성이 필요한 이유를 오직 생식이라는 관점에서만 고찰하는 것처럼 보인다.

인간은 삶을 유지하기 위해 재산을 필요로 하는데, 이를 통해 그는 식량·의복과 그 밖의 생활필수품들을 구할 수 있다. 그 외에도 인간은 이 모든 것을 관리하기 위해 시중드는 사람들을 필요로 한다. 또한 인간의 삶은 종의 번식을 통해 유지될 수 있

West 2, Silences of the Middle Ages, 111쪽.

51) 이에 대해서는 차용구, 『서양중세사연구』 제11호, 「중세 교회의 여성관: 기존의 연구 성과에 대한 재검토」, 2003, 1~25쪽 참조.

는데, 이를 위해 인류는 여자를 필요로 한다. 이는 여자로부터 아들(filium)을 얻기 위함이다.[52]

위의 인용문에서 볼 수 있는 것처럼, 부부간의 평등한 우정관계를 강조했던 아퀴나스도 여성을 '아들'을 얻기 위한 도구 정도로 보았다. 그의 이중적 여성관이 다시금 확인된다.

원죄의 근원은 아담이다

아퀴나스는 "이브를 통해 세계에 모든 죄가 들어왔다"라는 동시대인들의 편견[53]에도 동의하지 않았다. 아퀴나스는 남성의 정자가 자녀 출산에 결정적인 역할을 하기 때문에, 원죄는 아담을 통해 그의 모든 후예들에게 전파되었다고 보았다. 만일 이브 혼자서 죄를 지었고 아담이 죄를 짓지 않았더라면, 인류에게 원죄란 존재하지 않았을 것이다.[54] 이런 주장의 배경에는 아이러니하게도 여성폄하의 근거가 되었던 아리스토텔레스의 생식이론이 놓여 있

---

52) *STh* I-II, 105, 4, 원문은 "et ad talem vitae conservationem opitulantur homini exteriora bona, ex quibus homo habet victum et vestitum et alia huiusmodi necessaria vitae; in quibus administrandis indiget homo servis. Alio modo conservatur vita hominis secundum speciem per generationem, ad quam indiget homo uxore, ut ex ea generet filium".

53) 차용구, 앞의 글, 1~26쪽.

54) *STh* I-II, 81, 5, "출생에서 능동적인 역할은 아버지로부터 비롯되고, 어머니는 질료를 제공한다. 따라서 원죄는 어머니가 아니라 아버지로부터

다. 그 이론에 따르면 원죄의 전수는 아담이 최초의 범죄를 통해 '허약해진' 생식력, 구체적으로 정자를 통해 단지 '허약한' 신체를 낳을 수밖에 없다는 사실에 근거하고 있다. 이 허약한 신체는 죄에 빠지기 쉬워서 자신의 모든 원죄가 나올 수 없다는 것이다. 이 점에서 아퀴나스는 동시대의 신학자들과는 다른 입장을 취하고 있음을 알 수 있다.[55]

물론 메히틸트(Mechtilde von Magdeburg)와 같은 일부 지식인들도 모든 죄를 여성에게 뒤집어씌우려는 신학적 사고를 수정하려고 노력했지만,[56] 교부들과 중세 초기의 많은 신학자들은 이브에게 원죄의 멍에를 짊어지게 했고, 여성을 모든 죄의 온상으로 매도해갔다. 그렇다면 아퀴나스의 원죄론은 매우 혁신적인 것으로 볼 수 있다. 또한 "만일 이브 홀로 죄를 지었을지라도, 인간 출산의

비롯된다. 만일 아담이 죄를 짓지 않고 이브가 죄를 지었다고 한다면, 자식들은 원죄를 짓지 않았을 것이다. 그러나 반대로 아담이 죄를 짓고 이브가 짓지 않았다면, 자식들은 원죄를 지었을 것이다"(quod principium activum in generatione est a patre, materiam autem mater ministrat. Unde peccatum originale non contrahitur a matre, sed a patre. Et secundum hoc, si, Adam non peccante, Eva peccaset, filii originale peccatum non contraherent. E converso autem esset, si Adam peccasset, et Eva non peccasset).

55) *STh* I, 92; Otto Herrmann Pesch, *Thomas von Aquin: Grenze und Größe mittelalterlicher Theologie. Eine Einführung*, Mainz: Matthias Grünewald, 1988, 217쪽; Jacques Dalarun, "The Clerical Gaze", 40쪽.

56) 차용구, 앞의 글, 1~26쪽.

활동적 원리는 남자이기 때문에 원죄는 유전되지 않았을 것이다"
라는 아퀴나스의 판단은 골수 여성 비하론자라는 기존의 비판으로
부터 그의 명예를 어느 정도 회복할 단서가 될 수 있다. 따라서 아
퀴나스를 통해 중세의 여성 비하적인 신학적 전통이 더욱 강화되
었다는 기존의 무비판적인 해석은 수정이 필요하다. 그 또한 다른
신학자들과 마찬가지로 이중적인 여성관을 견지했기 때문이다.

탈금욕주의적 여성관

아퀴나스는 인간의 심성에 대해서도 각별한 관심을 가지고 이를
심사숙고의 대상으로 삼았다. 여기서도 그는 아리스토텔레스를 기
저에 두고 있었다. 아퀴나스는 "지성적 영혼은 일반 육체의 형상"
(anima intellectiva est forma corporis)이라고 하면서, 영혼과
육체는 분리되지 않는 단일성을 지닌다는 심신일원론을 주장한
다.[57] 그의 심신일원론은 "영혼을 육체의 형상"으로 규정하는 아
리스토텔레스의 이론에 기초하는 것으로, 그는 플라톤의 심신이원
론적 주장을 비판하면서 영혼과 육체의 분리 가능성을 부정했다.
자신의 질료 형상설에 기초하여 아리스토텔레스는 육체와 영혼의
관계는 질료와 형상의 관계이며, 형상이 질료와 분리되어 존재할
수 없다고 보았다. 중세 초기부터 12세기까지는 플라톤의 심신이
원론적 사고의 경향이 강했다면, 13세기에 이르러 아퀴나스는 아
리스토텔레스적인 인간관의 도움을 받아 심신일원론을 주장한다.

---

57) *STh* 1, 92; Pesch, 앞의 책, 217쪽.

여기서 아퀴나스는 육체적인 것을 멸시했던 플라톤주의적인 심신이원론을 부정하면서, 영혼이 현존하기 위한 필수조건인 육체 없이 영혼은 존재할 수 없다고 보았다. 영혼과 육체가 "직접적이고 내밀하게" 결합되었다고 생각한 그는 육체를 부정적인 것으로 평가하지 않았다. 육체는 더 이상 영혼의 감옥이 아니요, 영혼의 방해물이나 단순한 도구도 아니다. 또한 인간의 육체성은 영혼이 전생에 지은 죄에 대한 벌이나 죄의 결과가 아니라 신의 원천이며 영혼의 구원을 위해 주어진 것이다.[58]

이러한 아퀴나스의 심신일원론은 성에 대한 중세적 편견을 버리는 데도 긍정적인 영향을 미친 것으로 보인다. 그는 전래해오던 금욕주의적 관점을 벗어나 성관계가 "인간의 본성"(naturalia homini)에 속한다고 보았다. 이러한 이유로 마일스(M. R. Miles)는 아퀴나스가 "성은 자연적인 인간 행위의 하나임을 확인"하고 있다고 주장한다.[59] 실제로 아퀴나스는 인간의 신체구조를 토대로 인간이 두 가지의 구별된 성을 가진 것과 이에 바탕을 둔 성관계가 인간의 본성에 속한다고 보았다. 심지어 대타락 이전 무죄 상태에서도 인간 번식과 인류 보존에 필요한 출산이 있었으며, 이는 남녀의 성적접촉(generatio per coitum)으로 가능했다고 보았다. 그러면서 교부철학자인 닛사의 그레고리우스(Gregorius

---

58) 이에 대해서는 구체적으로 *STh* I, 76, 1~8; I, 75, 4; I, 91, 3.

59) Margaret R. Miles, *Fullness of Life: Historical Foundations for a New Asceticism*, Philadelphia: Westminster Press, 1981, 130쪽.

Nyssenus)가 했던 언급, 곧 "낙원에서 인간 번식은 천사들의 경우에서처럼 성교 없이 진행되었다"는 주장을 정면으로 반박했다.

아퀴나스는 계속해서 "무죄 상태에서도 출산은 오늘날에 이루어지듯 그렇게 이루어졌을 것이다. 그때나 지금이나 인간들은 비슷하기 때문이다"[60]라고 적고 있다. 인간의 '몸'에 대한 이러한 긍정적 판단을 내린 아퀴나스의 생각은 아우구스티누스 이래로 통념화되어온 금욕주의적 성윤리[61]와는 상당한 차이를 보인다. 성 히에로니무스가 여성을 3등급으로 구분하여 처녀, 과부, 결혼한 부인 순으로 '등급표'를 작성한 것은 중세 전반기의 금욕주의적 전통을 반영한 것으로 볼 수 있다. 하지만 이러한 차등화된 여성관도 아퀴나스 시대 이래로 서서히 사라져갔다.

아퀴나스 여성관의 양면성

남성에 대한 여성의 복종이라는 전통적인 윤리관을 답습한 아퀴나스의 여성관에는 아리스토텔레스의 인간학이 사상적 토대가 되었다. 남녀의 성격 구조를 생물학적인 기반에서 설명하고 개인

---

60) *STh* I, 98, 2. 원문은 "primi homines in perfecta aetate conditi fuerunt. Si igitur in eis ante peccatum generatio fuisset per coitum, fuissent etiam in Paradiso carnaliter coniuncti".

61) 아퀴나스의 여성관을 기독교의 금욕주의적 전통 속에서 이해하려는 대표적인 연구로는 로빈 메이 쇼트, 허라금·최성애 옮김, 『인식과 에로스: 칸트적 패러다임에 대한 비판』, 이화여자대학교 출판부, 1999, 특히 102~121쪽 참조.

의 문화적 체험과 차이를 무시했던 이 위대한 철학자의 관찰 방법은 아퀴나스에게 여과 없이 전승되었다. 아퀴나스의 인간론은 아리스토텔레스의 인간론을 완성시킨 것이었다. 아퀴나스는 아리스토텔레스의 '여성의 본성' 개념을 받아들여 여성은 남성에 비해 육체적으로나 이성적·윤리적으로 나약한 존재이므로 남성에게 복종해야 한다고 강조했다. 이는 결국 생리학적 차이로 가치의 불평등을 정당화하는 것이다.

그러나 이러한 여성관은 시대적인 인식에 따른 문제로, 이성이 결핍된 존재로서의 성격을 가진다는 여성 이해는 중세 이후에도 오랫동안 지속되었다. 계몽주의 철학자 칸트는 여성을 자유로운 선택능력을 갖지 못한 수동적인 존재이자 다른 사람의 지도·명령·보호를 받아서 움직이는 사람으로 간주했고, 시민적 인격을 완전히 갖추지 못했기 때문에 독립성을 갖지 못한다고 보았다. 프로이트에게도 여성은 남성 성기가 없는 '조그마한 남자'에 불과했다. 그에게 여성적인 것은 결핍 또는 부재로 특징지어졌고, 여자는 남자의 반사물에 지나지 않았다.

따라서 아퀴나스를 '여성 혐오주의의 원조'로 보는 일부 페미니스트 신학자들과 역사가들의 무책임한 언급은 신중하게 재고되어야 할 것 같다. 여성의 종속성을 강조하는 아퀴나스의 입장과는 매우 대조적으로, 그의 저서들은 여성과 남성의 독립적인 존재가치를 인정하는 목소리들도 함께 담고 있다. 아퀴나스는 단지 아담의 갈비뼈로 만들어졌다는 이유만으로 여성을 남성의 부속적 존재로 인식하기보다는, 창조의 신비를 충만하게 하는 보완적 사명감을 지닌 자립적인 존재로 보았다. 이러한 아퀴나스의 여성관을 기존의 연구자들은 너무나도 쉽게 간과해왔다. 그런데 아퀴나스 여성관의 양면성은 여타의 중세 신학자들의 저서에서도 자주 발견되는 태도이다. 이러한 이중성은 아마도 신학자들의 주관심사가 여성이 아니라 신의 질서에 대한 이해였기 때문일 것이다. 여성은 신학체계의 주변적인 것으로 파악되었고, 여성에 대한 관점도 맥락에 따라 달라지곤 했다. 그러므로 이를 아퀴나스만의 이중적 태도로 돌릴 필요는 없을 듯하다.

이상에서 살펴본 것처럼, 중세의 여성 비하적인 신학적 전통이 아퀴나스를 통해 더욱 강화되었다는 일부 연구자들의 해석은 수정이 필요할 것으로 보인다. 아퀴나스의 여성관이 아리스토텔레스의 생리학적 이론에 토대를 두고 있지만, 아리스토텔레스와 기독교 교리가 모순되는 경우 아퀴나스는 이 위대한 철학자와 반대 입장을 취했다. 그가 남긴 방대한 신학 서적 가운데 몇 구절이 여성폄하적인 내용을 담고 있다고 해서 그를 반여성주의자로 규정한다면, 이러한 해석 자체가 비역사적이다.

II 일탈 逸脫

일탈은 개인에게 규율을 강요하는
사회적 징계의 결과이다. 역사 속의 여성들이
거부한 것은 사회가 여성에게 강요한
의무였으며, 사회적 규범을 준수하지 않는
이러한 행동은 일탈 행위로 낙인 찍혔다.

6 청빈의 이상을 꿈꾼 이단 여성들

이단의 여성 책임론

이 사탄의 사도들은 정숙한 여인·과부·처녀·기혼녀들을 주위에 끌어들여서, 마치 여인들을 인도할 권리가 있었던 사도들의 흉내를 내고 다닌다.[1]

이 기록은 1143년 라인 강변의 쾰른에서 벌어진 카타리파(Cathari)에 대한 이단 심문에 직접 참여했던 에베르빈(Everwin von Steinfeld)이 클레르보의 베르나르(Bernard de Clairvaux)에게 보낸 서한의 일부다. 1182년경 프랑스 출신의 수도사 베르나르(Bernard de Fontcaude)도 여성들 사이에서 선풍적 인기를

---

1) Epistola Evervini Steinfeldensis praepositi ad S. Bernhardum, *Migne PL*, vol. 182, Paris, 1862, Sp.679 이하. 원문은 "Isti apostoli Satanae habent inter se feminas······ continentes, viduas, virgines, uxores sua······ quasi ad formam apostolarum, quibus consessa fuit potestas circumducendi mulieres".

모으고 있던 리옹 출신의 발데스(Petrus Valdés)를 비난했다. 발데스와 그의 추종자들이 "여성들에게도 남성과 동등하게 교리를 강론하도록 허락했다"[2]는 이유였다. 베르나르는 같은 기록에서 "마치 사탄이 아담보다 이브를 먼저 유혹했듯이, 이단의 소굴로 먼저 빠져들었던 여자들이 남자들을 유혹했다"[3]는 이단의 여성 책임론을 부각시키기도 했다. 여기서 우리는 우선 중세 교회 내의 여성 박대론적인 논조를 쉽게 읽을 수 있다. 그러나 더 흥미로운 사실은 12세기 여성들의 이단 참여가 중세 사목 담당자들이 더 이상 간과할 수 없을 정도로 심각했다[4]는 점이다.

여성은 왜 이단에 가담했나

중세 이단[5]의 양대 산맥인 발도파(Waldeness)[6]와 카타리파[7]

2) Bernhardi Abbatis Fontis Caldi Adversus Waldensium sectam liber, *Migne PL*, vol. 204, Sp.825.

3) *Migne*, 같은 책, vol. 204, Sp.821.

4) "Occasione errorum." W. Perger, *Beiträge zur Geschichte der Waldensier im Mittelalter*, München, 1877, 243쪽. "그들은 말과 행동으로 교회에 큰 충격을 주었다…… 여성들은 제단에서 미사를 집전했다"(Quidam in ecclesia dictis et factis plurimos scandalizant…… quod femine ad altare ministrant).

5) '이단'(異端)이란 교회의 권위에 의해 그릇된 것으로 배척된 신학 교리나 체제를 의미한다. 교회는 처음부터 하느님이 주신 계시를 성령의 영감을 받아 해석할 권한을 가진 유일한 수호자로 자처하여, 공식적인 해석에서 벗어나려는 시도들을 교회의 단일성을 파괴시키는 것으로 보았다. 아우구스티누스 역시 『신국론』에서 교회의 교리(dogmata)를 치명적

에 여성들이 적극 참여한 사실은 오랫동안 유럽 역사학계의 관심사였다. 특히 구동독의 마르크스주의 중세 사학자들은 이미 1950년대에 여성과 이단 문제를 활발히 거론했다. 이들의 설명에 따르면, 중세 이단은 봉건 경제의 위기로 인해 형성됐고, 주로 경제적으로 어려움을 겪던 도시 하층민들과 소귀족의 딸들이 이단에 가입했다.[8] 그 사료적 근거로 이들은 여성 직물공들의 높은 이단 참여율을 든다. 착취받던 여성 직물공들이 이단 운동에 적극 가입하

으로(mortifera) 파괴하려는(pestifera) 사람들을 '이단자들'(haeretici)로 규정했다(*De civitate Dei*, 51,1).

6) '발도파'라는 명칭은 이 교단의 창시자인 발데스에서 비롯되었다. 프랑스 리옹을 거점으로 성장하기 시작한 발도파는 스스로를 '리옹의 가난한 자'(Pauperes de Lugduno) 또는 '가난한 그리스도의 추종자'(Pauperes Christi)로 불렸으며, 당대의 가톨릭교회는 이들을 '샌들을 신은 사람들'(Insabbatorum, Sandaliati, Ensates)로 기억했다.

7) 청정무구(淸淨無垢)를 의미하는 '카타리'라는 명칭은 1163년에 처음으로 사료에 등장한다. 불가리아에서 비롯된 보고밀파(Bogomiles)의 교리가 제2차 십자군 원정 이후 원정대와 상인들에 의해 서유럽에 전파되었고, 이후 보고밀파의 영향을 받은 소종파(小宗派)가 생겨나 12세기 중반부터 독일 라인 지역, 북부 프랑스를 중심으로 급속히 성장했다. 카타리파는 물질을 악의 근원으로 보아 신과 대립시키는 이원론(二元論)과 육식·결혼생활·사유재산 등을 부정하는 극단적인 금욕주의가 특징이다. 특히 교단의 성직자들이 보여준 도덕적 청결성으로 인해 짧은 시간에 많은 추종자들을 모을 수 있었고, 그 결과 12세기 말까지 11개 주교구(主敎區)가 개설되었다. 로마 교회는 이를 이단으로 규정했고, 교황 이노켄티우스 3세는 1181년부터 1229년까지 3차례에 걸쳐 십자군을 파견하여 이들을 무력으로 제압하려 들었다. 그러나 카타리파는 15세기 초까지 존속했다.

면서 '여성 해방'(Emanzipation der Frau)까지도 주장했다는 것
이다. 물론 이 같은 해석 방법은 다분히 사적 유물론적 이데올로
기에 근거한다.

중세 이단의 형성 배경으로 이러한 경제적 측면을 도외시할 수
는 없으나, 사회주의 계열의 중세사학자들은 사료 해석에서 오류
를 범했다. 특히 견직물 산업에 종사했던 도시여성 임금 노동자들
이 "생존적 차원"(Versorgung)에서 이단에 가입했다는 설명방식
에서 그러하다. 이단 가담자들의 직업에 대한 기록에 따르면 이들
은 견직공으로 생계를 유지했고, 일부 몰락 소귀족의 딸들이 빈곤
에 몰려 이교집단에 귀의[9]한 것도 사실이다. 그러나 여성 견직공
과 같은 도시 하층민만이 "생계유지"(nutriendas)를 위해 이단에

8) 라이프치히 대학은 "라이프치히 학파"로 불릴 정도로 이 분야에서 선도
적 역할을 담당했다. 구동독의 대표적 중세사가였던 베르너(Ernst
Werner)는 1953년 제출한 자신의 박사학위논문에서 이단과 여성 문제
를 화두에 올렸고, 그의 뒤를 이은 코흐(Gottfried Koch)와 여성 중세학
자 하르크센(Sibylle Harksen)이 각각 1962년과 1974년에 베르너의 이
론을 충실히 답습했다. Ernst Werner, "Die Stellung der Katharer zur
Frau", *Studi medievali, serie terza 2*, 1961, 295~301쪽: Gottfried
Koch, *Frauenfrage und Ketzertum im Mittelalter. Die
Frauenbewegung im Rahmen des Katharismus und des
Waldensertums und ihre soziale Wurzeln*, 12-14. Jahrhundert,
Forschungen zur mittelalterlichen Geschichte 제9권, Berlin, 1962:
Gottfried Koch, "Die Frau im mittelalterlichen Katharismus und
Waldensertum", *Studi medievali*, serie terza 5, 1964, 741~774쪽:
Sibylle Harksen, *Die Frau im Mittelalter*, Leipzig, 1974.

가담했다는 도식적인 사료 해석[10]은 더 깊은 숙고를 필요로 한다. 중세 이단에는 다양한 신분 계층이 가담했기 때문이다.

발도파의 창시자인 발데스도 부유한 상인이었으나 자신의 재산을 자발적으로 포기하고, "청빈의 이상"(amor pauperitatis)을 추구했다. 따라서 빈곤이 그를 이단으로 만든 것은 아니다. 다른 이단 주동자와 추종자들도 매일매일의 양식을 스스로 노동을 통해 얻고자 했지만, 경제적인 이유만으로 이단 분파에 가담했던 것은 아니었다. 이들은 이단 가입 '이후' 생계를 위해 숙련 기술이 필요 없는 직물 분야에서 일자리를 찾았다. 직물 산업은 당시 도시에서 가장 번성했으므로 도시를 중심으로 활동했던 비숙련 이단자들은 쉽게 일자리를 구할 수 있었다. 결론적으로 "착취 받던" 견직공들이 이단에 가담했던 게 아니라, 이단자들이 양모와 견직물 작업소에서 노동을 하거나 혹은 직접 운영을 담당

---

9) 카타리파의 본거지였던 툴루즈에서 이단 색출을 전담했던 클레르보의 베르나르가 조사한 바에 의하면 이단자들은 견직공으로 살아갔다. "사제와 성직자들, 외모가 초라하고 수염이 덥수룩한 사람들이 남자 방적공과 옷감 짜는 여공들 사이에서 발견되었다"(Clerici et sacerdotes, populis ecclesiisque relictis, intonsi et barbati apud eos inter Textores et Textrices plerumque inventi sunt, *Migne PL*, vol. 183, Sp.1092). 경제적 빈곤으로 인한 이단 가입과 관련해서는 Koch, "Die Frau im mittelalterlichen Katharismus", 749쪽에서 재인용. "가난에 찌든 부모들은 교육과 양육을 위해 자식들을 이단에게 보냈다"(quas parentes earum ratione paupertatis erundiendas et nurtriendas tradebant hereticis).

10) Koch, 같은 글, 747쪽.

했던 것이다.[11]

더욱이 프랑스 남부 툴루즈의 백작부인 엘레오노르(Eleonore), 푸아(Foix) 백작가문 출신의 에스클라르몽드(Esclarmonde) 또는 카르카손(Carcasonne) 근교 니오르(Niort) 성의 여주인 에스클라르몽드(Esclarmonde) 같은 부유한 고위 귀족부인들이 이단에 적극적으로 참여[12]했던 이유를 단순히 경제적으로만 볼 수 없다. 여성들이 모두 생존을 목적으로 이단에 참여했던 것은 아니다. 그 수를 정확히 파악할 수는 없으나, 수녀원을 탈출한 수녀들이 발도파와 카타리파에 가담[13]한 원인 또한 경제적인 것으로만

---

11) 이단 가입자들이 본래의 직업을 버리고 직물업을 생계유지의 수단으로 택했던 많은 사례들이 있다. 쇠나우(Schönau) 수도원의 에크베르트(Eckbert)의 보고에 따르면(*Migne PL* vol. 195, Sp.13) 이단들이 직물 작업소에서 공동으로 거주했으며(Ab usu texendi…… habent in cellariis et textrinis et in huiusmodi subterraneis dominibus), 툴(Toul) 교구 출신의 한 성직자는 이단에 가담하고자 밀라노까지 와서 성직을 버리고 직물공이 되었다. 원문은 "quidam sacerdos…… recessit…… apud Mediolanum ad discendam ibi plenius doctrinam hereticorum, qui etiam ibidem abjecto sacerdotio faciebat artificia texencium"(Albert Lecoy de la Marche, *Anecdotes historiques, Légendes et Apologues tirés du recueil inédit d'Etienne de Bourbon*, Paris 1877, 215쪽).

12) J. Beyssier (ed.), *Wilhelm de Puylaurens, Chronica*, Paris, 1904, 127쪽. Arno Borst, *Die Katharer*, Freiburg/Wien/Basel, 1996, 87쪽, 특히 각주 30 참조.

13) *Migne PL*, vol. 181, Sp.1720. 원문은 "In hac seductione quamplures …… momachae…… pervenerunt".

속단하기 어렵다.

또한 대부분의 교회 사료는 이단에 유혹된 여인들을 정숙한 여인(continentes)·과부(viduas)·처녀(virgines)·기혼녀들(uxores)처럼 일반 여성들(mulieres)로 표현했지, 이들이 하층민 집단의 여성에 국한된다는 기록은 없다. "오히려 부유한 신자들이 자의적인 선택을 통해 현세적인 부를 포기하고" 가난한 그리스도의 추종자(pauperes Christi)가 되고자 했다는 기록이 발견될 뿐이다. 중세 이단과 여성의 문제를 사료에 근거하여 객관적으로 다루기 위해서는 기존의 경제 결정론적 시각으로부터 탈피해야 한다.

그룬트만(Herbert Grundmann)은 1930년대에 이단과 여성문제를 처음으로 종교적 측면에서 다루었다. 그는 11세기 이후 이단의 형성과 성장 배경을 당시 유럽에서 일어났던 다양한 종교운동들(Religiöse Bewegungen) 속에서 찾았다. 그레고리우스 7세와 같은 개혁 교황들(Reformpäpste)이 성직 매매와 축첩 행위 등을 척결하기 시작하면서, 교회에는 개혁의 바람이 불고 있었다. "중세의 종교개혁"은 더욱 광범위하게 전개되어, 일반 평신도들도 제도권 교회의 개혁을 열망하게 됐다. 그러나 중세 교회는 거세게 불어온 평신도들의 종교적 열정을 충족시킬 수 없었고, 대중들은 새로운 위안처를 찾아 나섰다.[14]

---

14) H. Grundmann, *Religiöse Bewegungen im Mittelalter. Untersuchungen über die geschichtlichen Zusammenhänge zwischen der Ketzer, den Bettelorden und der religiösen*

그룬트만의 연구에 따르면 12세기 종교운동의 열기 속에서 여성들 역시 종교적 각성을 경험했다. "능동적으로 종교적인 삶에 참여하고픈 열정"(Drang nach aktivem Anteil am religiösen Leben)은 다양한 유형으로 분출됐다. 시토와 같은 개혁교단에 동참했으나, 일부 여성들은 제도권 교회의 울타리 밖에서 뿌리를 내리던 이단에 눈길을 돌리는 여성들도 있었다. 특히 남성중심의 제도권 교회로부터 소외감을 느꼈던 여성들은 이단에 가담함으로써 적극적인 종교 활동을 전개하고자 했다. 이런 이유로 여성에게도 남성과 동등하게 성직권과 설교권을 부여했던 카타리파와 발도파의 여성 추종자들의 수가 점차 증가했다.[15] 그룬트만은 이단에 대

Frauenbewegung im 12. und 13. Jahrhundert und über die geschichtlichen Grundfragen der deutschen Mystik(Historischen Studien 9), Berlin, 1935(제1판), Hildesheim/Zürich/New York, 1977(제4판).

15) 이단들이 여성들을 사제로 임명하고 설교권을 부여했다는 사실은 이미 상당수 당대인들에 의해 목격되고 기록됐다. 프랑스 남부의 수도사이자 시인이었던 에르망가우(Matfre Ermengaud)는 12세기 말에 자신의 저작인 『이단에 대한 소책자』(*Opusculum contra haereticos*)에서 카타리파에 가담한 세속인들, 특히 여성들이 설교를 한다는 사실에 대해 경악을 금하지 못했다. "quod tam laici quam femine possunt……predicare(Opusculum Ermengaudi conrta haereticos"(*Migne PL*, vol. 204, Sp.1235~1272). 클레르보의 베르나르의 비서였던 고프리(Gottfried de Auxerre)는 발도파 여성 설교자들에 대해 보고한 적이 있다(Giovanni Gonnet, *Enchiridion fontium Valdensium*, Torre Pellice, 1958, 45~49쪽). 도미니코 수도사였던 스테판(Stephan de Bourbon) 역시 발데스가 어떻게 주위에 많은 여성들을 모으고, 이들을

한 자신의 종교적 접근 방법을 1970년대까지도 계속 견지했다.[16]

세 번째 부류의 연구자들은 중세 교회에서 사목 능력(cura animarum)의 결핍을 이단 형성의 배경으로 든다. 기성교회가 참된 그리스도교적 삶에 대한 평신도들의 갈증을 해소시키지 못하자, 그 대신 이단이 많은 추종자, 특히 여성 추종자들을 흡수했다는 설명이다. 이러한 연구 결과는 딘젤바허(Peter Dinzelbacher)의 공헌으로 돌릴 수 있는데, 1988년 한 심포지엄에서 그는 중세 교회의 남성 사제들이 "여성을 위한 사목 활동을 등한시했음"(Vernachässigung der Frauenseelsorge)을 지적했다.[17] 수도사들과 재속 사제들이 의식적(bewußt)으로 여성들의 영적 치유를 등한시했다는 것이다. 출산 후 산고를 겪는 산모나 생리 기간의

강론자·설교자로 양성했는가에 대해 상세한 기록을 남겼다(Marche, *Anecdotes historiques*, 292쪽, "……dictus Waldensis…… evangelia et ea que corde retinuerat per vicos et plateas predicando, multos homines et mulieres… … ad se convocando…… quos eciam per villas circumjacentes mittebat ad predicandum…… tam homines quam mulieres…… per villas discurrentes et domos penetrantes et in plateis predicantes").

16) Herbert Grundmann, "*Neue Beiträge zur Geschichte der religiösen Bewegungen im Mittelalter*", *in Herbert Grundmann: Ausgewählte Aufsätze* vol. 1(Schriften der Monumenta Germaniae 21/1), Stuttgart, 1976, 38~92쪽.

17) Peter Dinzelbacher, "Rollenverweigerung, religiöser Aufbruch und mystisches Erleben mittelalterlicher Frauen", Peter Dinzelbacher, Dietrich Bauer(eds.), *Religiöse Frauenbewegung und mystische Frömmigkeit im Mittelalter*, Köln-Wien, 1988, 1~58쪽.

여성에게 성체 성사를 거부하거나 심지어 교회 입당조차 금하는 사례[18]가 자주 있었고, 경우에 따라서는 수녀들의 성체 성사가 거부되기도 했다. 이처럼 제도권 종교가 여성에 대한 사목활동을 등한시하는 데다 일부 성직자들이 비도덕적 행위[19]마저 저지르자, 결국 많은 여성들은 정통 교회를 멀리하게 되었다.

제글(Peter Segl)과 같은 연구자는 이단의 득세 원인으로 일반 신자들의 교리에 대한 얕은 지식을 들었다.[20] 상당수 일반 신도들은 자신에게 접근했던 사람들이 이단의 포교자였다는 것을 알지 못했기 때문에 이들에게 쉽게 호감을 품었고, 청빈한 외모와 생활 방식을 지닌 포교자들을 추종했다. 실제로 독립적인 장원 경영으로 재정이 비대해진 교회와 수도원은 '기도와 노동'(ora et labora)이라는 베네딕트 성인의 계율을 잊은 지 오래였다. 반면에 청빈을 포교의 수단으로 삼아 남루한 차림으로 포교에 나선 이단 설교자

18) 여성들의 불만을 자극했던 당시의 이러한 실례들은 13세기 중반 독일 파사우 교구의 한 익명의 작가(Passauer Anonymus)에 의해 수집·기록됐다(Alexander Patschovsky, "Auszüge aus dem Sammelwerk des Passauer Anonymus", *Quellen zur Geschichte der Waldenser* (Texte zur Kirchen-und Theologiegeschichte 18), 1973, 70~103쪽). 중세의 이러한 관행에 대한 신학적 연구로는 Peter Browe, *Beiträge zur Sexualethik des Mittelalters*(Bresslauer Studien zur historischen Theologie 23), Breslau, 1932, 특히 1~35쪽을 들 수 있다.

19) Passauer Anonymus, 앞의 책, 84쪽.

20) Peter Segl, "Die religiöse Frauenbewegung in Südfrankreich im 12. und 13. Jahrhundert zwischen Häresie und Orthodoxie", *Dinzelbacher, Religiöse Frauenbewegung*, 99~116쪽.

들이 사회 곳곳에 침투하고 있었다.

중세여성과 이단 문제는 1970년대 이래로 새로운 관점, 즉 여성의 입장에서 다루어지기 시작했다. 미국의 여성 사학자 맥러린(Eleanor Mclaughlin)은 중세여성과 이단 문제를 남성의 관점에서 벗어나 여성의 입장에서 다루고자 했던 첫 번째 연구자이다. 그 결과 맥러린은 기존의 연구자들과는 상이한 결론에 도달했다. 카타리파와 발도파에서 여성들이 남성들보다도 적극적이었거나 주도적이었다는 '의혹'은 입증될 수 없다고 맥러린은 주장한다.[21] 사료 속에 나타난 여성들의 적극적인 이단 가입은 애초부터 여성 편견증을 가지고 있던 중세의 남성 성직자나 수도사에 의해 기록됐기 때문에 신빙성이 없다는 것이다. 또한 맥러린은 여성 적대적인 중세의 기록을 후대 사가들이 무비판적으로 받아들임으로써, 여성의 이단 참여가 부당하게 강조됐다고 말한다. 물론 세가 확장되면서 카타리파도 여성 혐오적(msisogyn)인 성향을 띠기는 했지만, 초기 카타리파는 의도적으로 여성 추종자들을 흡수하는 데 많은 노력을 했고, 이후에도 여성의 참여가 지속적으로 이루어졌다. 이단 종교 재판 판결문들을 조사한 최근의 연구는 남

21) Eleanor Mclaughlin, "Die Frau und die mittelalterliche Häresie. Ein Problem der Geschichte der Spiritualität", *Concilium 12*, 1976, 34~44쪽. 맥러린의 결론은 다른 두 명의 미국 역사학자들에 의해 지지되었다. Richard Abels, Harrison Ellen, "The Participation of Women in Languedocian Catharism", *Medieval Studies* 41~42, 1979~1980, 215~251쪽.

성 중심의 중세 봉건사회에서 여성의 이단 참여도가 낮지 않았음을 보여준다.

발도파와 카타리파의 여성들

신흥종교에 대한 중세여성들의 관심도에 대한 당대의 기록들은 산발적이고 단편적으로만 전해진다. 그나마 대다수 기록들이 이단 운동을 신의 섭리에 대한 도전으로 보는 가톨릭 성직자들에 의한 것[22]이므로, 사료에 대한 객관적 분석이 급선무다.

여성의 이단 참여율을 고증하는 데 중요한 첫 번째 자료로 1241년 5월부터 1242년 4월 사이에 케르시에서 작성된 종교재판문서를 들 수 있다. 물론 이 사료와 관련하여 재판이 이루어진 시기를 문제 삼을 수 있다. 이 시기는 프랑스 남부에 거점을 두고 있던 카타리파를 전멸시킨 '이단에 대한 십자군 전쟁'(1209∼29)이 이미 종료된 상태였기 때문이다. 그러나 비록 이 전쟁으로 인해 이단의 주동자와 단순추종자들이 지하로 잠입했지만, 현재까지 이보다 더 구체적인 숫자를 제시하는 사료는 아직 발견되지 않고 있다. 이 사료에 따르면 이단 혐의로 판결은 받은 사람은 모두 646명이었다. 이들 중 카타리파는 364명이었고, 30퍼센트가 여성 추종자들이었다. 발도파의 경우 반 이상인 52퍼센트, 카타리파와 발도

---

22) "이단의 사탄화"(Demonization of Heretics)에 관해서는 Leon Neal McCrillis, *The Demoniza-tion of Minority Groups in Christian Society during the Central Middle Ages*(University of California 박사학위논문), 1974, 154∼222쪽.

파 둘 다에 관여했던 75명 중 30퍼센트 정도가 여성 추종자들이었다.[23]

여성의 이단 참여율을 보여주는 또 다른 사료로서 툴루즈의 종교재판문서[24]를 들 수 있다. 도미니코 수도회의 수사인 베르나르(Bernard de Caux)와 장(Jean de Pierre)은 툴루즈 교구 북부지역의 106개 마을에 대해 1245년부터 1246년까지 대규모 이단수사를 벌였다. 두 심문관은 5,600명을 심문하여 카타리파의 핵심 세력이라 할 수 있는 남녀 사제들[25]을 색출해냈다. 그 결과, 1217년 이전에는 카타리파 사제들의 남녀 성비가 각각 435명과 174명으로 전체 사제직의 30퍼센트를 여성이 차지했는데, 1217~22년에는 23퍼센트(남성 254명, 여성 75명), 1223~28년에는 22퍼센트(남성 687명, 여성 174명)로 점차 여성 사제의 비율이 감소했다. 이후 1229~34년에는 남녀 사제의 비율이 남성 1167명, 여성 186명으로 여성 사제의 비율이 14퍼센트로 급감했으나, 1235~46년에는 여성 사제의 비중이 다시 서서히 증가하는 추세를 보였다.

이러한 중세 사료의 통계 수치에 대해 신빙성 문제가 제기되기

23) 프랑스 남서부 퀴시(Quercy) 지역의 이단재판문서 조사 결과에 대해서는 Segl, 앞의 글 참조.

24) 현재 툴루즈 시립 도서관에 보관되어 있는 이 종교재판문서는 아벨과 엘런(Abels and Ellen, "The Participation of Women in Languedocian Catharisme")에 의해 조사가 이루어졌다. 필자는 툴루즈 재판문서에 나타난 여성의 이단 참여율을 밝히는 데 이들의 논문에 근거했다.

25) 카타리 신도들은 교단의 사제들을 여성 완덕자(perfectae), 남성 완덕자(perfecti)로 불렀다.

6-1 알비와 툴루즈와 더불어 카타리파의 본거지였던 카르카손 성.
이곳에서 카타리파들은 기독교 원정대에 최후까지 항전했지만,
상당수가 잔인하게 학살되거나 화형 당했다.

도 하나, 케르시와 툴루즈의 종교재판문서는 대략 다음과 같은 윤
곽을 보여준다. 우선 이단 내의 여성 사제 비율이 상대적으로 높
았다. 중세 가톨릭교회가 단 한 명의 여성에게도 사제권을 부여하
지 않았던 사실을 고려하면, 여성들은 신흥종교집단 내에서 적극
적인 종교 활동의 돌파구를 찾았다고 볼 수 있다. 또한 20년간 이
단들을 공포의 도가니로 몰아넣었던 이단 십자군 전쟁을 겪으면
서 세력이 약해지던 상황에서도 적지 않은 수의 여성 추종자가 있
었음을 확인할 수 있다.

　그런데 여성의 중세 이단 참여는 발도파와 카타리파에서만 발
견되는 새로운 현상이 아니었음을 주목할 필요가 있다. 두 이교집
단에서처럼 여성들의 역할이 두드러지지는 않았지만, 11세기부터
이미 여성의 이단 참여가 자주 목격됐다. 1022년경에는 오를레앙
(Orléans)과 툴루즈에서 여성들이 이단 추종자로 지목됐고, 1028
년에는 이 지역의 백작부인이 주도한 이단 조직이 투린(Turin) 근
처에서 발각되어 화형에 처해지기도 했다.[26] 그러나 11세기의 이

6-2 카타리파에 대한 십자군 원정 이후 체포된 이단 혐의자들이
카르카손 성을 떠나는 장면. 남자들과 함께 여자들의 모습도 보인다.

단들은 서로 연대감을 형성하지 못했고 공동의 목적의식도 없었
던 개개 분파주의자들이었기 때문에, 여성과 이단 문제는 중세 가
톨릭교회에 논란을 일으킬 정도가 아직 아니었다.

26) Koch, 앞의 글, 743쪽; Borst, 앞의 책, 67, 68쪽.

도시의 성장과 여성의 지위 향상

이단 문제에 대한 기존의 연구 결과들을 종합해보면, 사회 경제적·종교적 측면에 연구가 집중됐음을 알 수 있다. 그러나 여성들의 이단 참여는 결국 중세 봉건사회와 교회가 정한 성 역할 고정관념에 대한 도전이었기에, "중세 이단과 여성문제"를 중세의 남성중심적 제도적 장치들과 관련해서도 파악해야 한다.

사회와 종교 영역에서 여성들의 역할거부는 도시로부터 시작됐다. "도시의 공기는 자유를 창출한다"(Stadtluft macht frei). 이 경구는 도시의 자유로운 생활을 동경하여 도시로 인구가 유입됐던 11세기에 유래했다. 도시 인접 지역의 농민이나 농노들은 비록 제한된 범위지만 임금노동을 통해 재산을 모을 기회가 주어지자 목숨을 걸고 도시로 도주하기 시작했다.[27]

그러나 여성을 포함한 도시 거주자들은 처음부터 자유를 누리지는 못했다. 12세기 초만 해도 아직 도시에는 장원의 상속법과 재산법적 관습이 영향을 미쳤다. 도시민들은 차츰 이러한 제재 조항들에 대해 공개적으로 불만을 표시했고, 배우자의 자유로운 선택과 같은 개인적 자유를 요구했다.[28] 그 결과 12세기에는 많은 도시들에서 결혼의 자유가 법적으로 보호되기 시작했다. 재산상속권과 소유권에서도 도시의 여성들은 많은 자유를 얻게 됐고, 일부 도시에서는 부부 사이의 동등한 재산상속권이 인정됐다. 특히 교역과

---

27) Edith Ennen, *Frauen im Mittelalter*, München: C. H. Beck, 1991, 92쪽.
28) 같은 책, 93쪽.

6-3 11, 12세기 중세여성들의 전반적 지위 상승은 도시의 성장과
도시여성의 지위 향상에 기인한다.

상업의 중심이 됐던 일부 도시에서는 여성들의 재산권이 성문화될
정도로 여성의 지위에 많은 변화가 일어났다.[29] 도시 인구의 성장
을 꾀했던 도시 영주들도 자유로운 도시정책을 통해 도시의 자유
의 폭을 확장시키는 데 일역을 담당했다.

29) 같은 책, 94쪽.

6-4 노동하는 여성. 서양 노동사 · 경제사에서 여성은
남성 못지않게 중요한 역할을 수행했다.

　이제 도시여성들도 재산상속에서 도시의 자유로운 공기를 향유
할 수 있게 됐다. 반면 전통적인 교구 제도는 도시의 급성장과 도
시 인구의 비대화에 빠르게 대처하지 못했다.[30] 도시 사목을 담당
할 성직자 수가 절대적으로 부족해진 데다가 일부 성직자들이 부
도덕한 행동으로 인해 신망을 잃는 사례가 빈발하며 사목 능력 결
핍에 대한 불만이 늘어갔다.

30) 유럽의 인구는 1000년경 대략 4,200만, 1150년에는 5,000만, 1200년
　　6,100만으로 급격한 성장률을 기록했다(Horst Fuhrmann, *Einladung
　　ins Mittelalter*, München: C. H. Beck, 1988, 25쪽). 그런데도 특히
　　인구 증가율이 높았던 도시인 안트베르펜의 경우 단 한 명의 본당 사제
　　만이 있었다고 한다. 안트베르펜에서 탄헬름(Tanchelm)의 이단 분파
　　가 추종자들을 모았던 것은 우연의 일치가 아니었다.

도시여성들에 대한 재산권 보장은 인접 장원 여성의 재산권에도 영향을 미쳤다. 장원 여성들도 제한된 범위 내에서 점차 봉토 상속권을 갖게 됐다. 간스호프(F. L. Ganshof)에 따르면, 프랑스의 경우 여성의 봉토 상속권이 이미 12세기에 일반화됐다. 비록 법적인 권리로서 인정되지는 않았지만, 독일 지역에서도 12세기에는 여성이 봉토를 상속받는 사례가 자주 발생했다.[31] 로타링기아(Lotharingia, 로렌 지방)에서는 독일보다 앞서 이미 여성의 봉토 계승이 관행처럼 행해졌다. 변화된 여성의 사회 경제적 지위는 과부산(dower, 죽은 남편의 유산 중에서 미망인에게 인정되는 몫)의 대두에서도 알 수 있다. 11세기에 들어와서 남편을 잃은 부인들은 사망한 남편 재산의 일정 부분을 과부산으로서 상속받았다. 대체로 부인은 재산의 반을 상속받았고, 자식들이 나머지 반을 양도받았다. 이와 같이 11, 12세기 여성들의 전반적 지위상승[32]은 도시여성의 지위 향상에 기인한다.

여성들의 종교적 각성

12세기는 여성들에게 사회 경제적으로 변혁의 시대였던 동시에

---

31) F. L. Ganshof, *Feudalism*, London/New York/Toronto, 1959, 128쪽.

32) 뒤비와 망드루 역시 그들의 저서에서 11세기 여성의 지위 상승에 특별한 관심을 보였다(Georges Duby, Robert Mandrou, *Histoire de la civilisation française: Moyen Age–XVIe siècle*; 김현일 옮김, 『프랑스 문명사 상』, 까치, 1995, 153쪽 이하.

종교적 각성의 세기였다. 이 같은 종교적 자의식은 당시 유럽 전역에 불어왔던 경건운동의 결과였다. 중세 초기부터 세속귀족들이 성직자 임명권과 같은 권한을 무소불위로 휘둘러온 결과, 종교가 정치에 종속되거나 악용되는 사례가 자주 발생했다. 정교분리의 성서적 원칙에 근거하여 교회 내부에서는 개혁의 목소리가 커지기 시작했고, 세속 권력으로부터의 종교적 자유(Libertas ecclesiae)를 추구하던 교회 개혁운동은 프랑스 남부의 클뤼니 수도원에서 시작됐다.[33] 이는 사회 전체에 큰 파장을 일으켜, 이른바 대중종교운동의 물결이 서서히 일었다. 당시 유럽 전역에서 일고 있었던 도시민과 농민들의 성지순례 운동은 이러한 일반 신자들의 종교적 열정을 반영하는 사회현상이었다. 매년 수천 명에 달하는 순례 참회자들이 산티아고 데 콤포스텔라나 남부 이탈리아의 몬테 가르가노(Monte Gargano) 혹은 예루살렘으로 향했다. 이는 신앙심에서 우러나오는 참회 행위의 발로였다.

십자군 원정 또한 참회사상이 확산된 결과였다. 클뤼니 수도원 출신의 교황 우르바누스 2세가 주창한 제1차 십자군 원정에는 은둔자 피에르와 그를 추종하는 수많은 순례자들이 선두에 섰다. 예루살렘으로 향하는 도중 유대인 마을들을 약탈하여 "크리스트교도들의 광신"이라는 불명예를 얻었지만, 그 수가 수천 명에 달했

---

33) 클뤼니 수도원 개혁에 관해서는 Augustus Franzen, *Kleine Kirchengeschichte*; 최석우 옮김, 『교회사』, 분도출판사, 1996, 207~209쪽.

6-5 중세의 순례자.
순례를 떠나는 여인들은
남자들의 보호를 받거나
일부는 남장을 하기도 했다.

던 농민 십자군은 "신앙심의 놀라운 발로"였다.[34]

종교적 열정에 휩싸인 남녀 세속인들이 십자군 원정의 열기에 편
승하는 동안 유럽 내부에서도 변혁이 시작됐다. 초대 교회 시대의
청빈한 사도들의 생활을 모방하려 했던 경건운동이 세속인들 사이
에 확산된 것이다.[35] 그러나 이러한 새로운 움직임에 보내진 이단

---

34) Brian Tierney, Sidney Painter, *Western Europe in the Middle Ages,
300-1475*(제3판): 이연규 옮김, 『서양 중세사: 유럽의 형성과 발전』,
집문당, 1997, 253쪽: Ferdinand Seibt, *Glanz und Elend des
Mittelalters: Eine endliche Geschichte*, Berlin, 1987, 239쪽.

35) Dyan Elliott, *Spiritual marriage: Sexual abstinence in medieval
wedlock*, Princeton University Press, 1993, 195~208쪽.

의혹의 눈길은 강했고, 청빈을 기치로 내세운 일반 신도들의 경건 운동은 서서히 제도권 교회의 테두리 밖으로 몰리기 시작했다.

도시의 성장과 더불어 폭넓은 사회 경제적 자유를 획득한 여성들도 당시의 종교적 분위기에 고무되었다. 부부가 합의 이혼을 하고 각기 수도공동체로 들어가는 일도 늘어갔다.[36] 그러나 남녀의 교회법적 평등성에도 불구하고, 교회는 여성을 멀리하는 관습의 벽을 쉽게 허물지 못했다. 중세 초기의 여성들이 매우 제한된 종교적 자유를 누렸다는 사실은 여러 사료를 통해 확인된다. 특히 중세 교회가 신분적으로나 계층적으로도 매우 배타적이었음은 당시의 수녀원 제도를 통해 잘 드러난다.

6세기의 프랑크 왕국에는 84개의 수도공동체가 설립됐는데, 이 중 수녀원은 9개뿐이었다. 게다가 여성의 수도 생활은 극히 제한된 계층에게만 가능했다. 수녀원들은 '귀족주의적 원칙' (Adelsprinzip)[37]을 고수하면서 다른 신분 계층 여성들의 수녀원

36) 발데스가 방랑 설교자의 길을 떠날 때 그의 부인도 남편과 헤어져 퐁테브로 수녀원으로 들어갔다.

37) 메로빙거 시대 클로타르(Chlothar) 왕의 부인 라데군디스(Radegundis)가 세운 수녀원에서는 그녀가 죽자 새로운 수녀원장으로 부임한 레우보베라(Leubowera)에 대해 크로데힐디스(Chrodechildis)가 거세게 반발하는 일이 일어났다. 신임 수녀원장이 '단지' 귀족 출신이었던 반면, 크로데힐디스는 왕가의 여인이었기 때문이었다. 이 사건은 중세 초기의 수녀원이 신분적으로 얼마나 배타적이었는가를 여실히 보여준다(Edith Ennen, "Politische, kulturelle und karitative Wirksamkeit mittelalterliche Frauen in Mission-Kloster-Stift-Kon-vent", *Religiöse Frauenbewegung*, 61쪽).

입회를 허락하지 않았다. 따라서 하위귀족의 부인과 딸들은 물론
이고, 도시가 성장하면서 그 수가 급증하고 있던 도시여성들을 위
한 제도적 장치는 절대적으로 부족했다. 결국 도시와 도시민의 성
장은 종교적 체계의 변화를 필요로 하게 됐다.

12세기까지도 극소수의 수녀원만이 존속[38]했고, 그나마도 특정
계층 출신의 여성들에게만 문호를 개방하는 귀족주의적 원칙을 고
수[39]했다. 더욱이 중세 수녀원의 한계는 출신 문제에만 국한되지
않았다. 일부 수녀원들은 부유한 재산으로 인해 세속적인 분쟁에
자주 연루되기도 했으며, 인두세를 과도하게 부과하여 수녀원 예속
민들의 불만을 사기도 했다.[40] 개별 수녀원의 점증하는 부는 당시

---

38) 쾰른의 대주교 프리드리히는 1126년 한 수녀원(Nonnenwerth)의 설
   립 축성식에서 당시에 수녀원의 수가 절대적으로 부족했음을 고백했다.
   "나(대주교)의 잘못과 무관심으로 인해 우리 대교구에는 여성이 도피해
   서 금욕의 서약을 준수할 수 있는 수녀원을 찾기가 어려운 실정이다"
   (*Regesten der Erzbischöfe von Köln*, 제2권, No. 228). 프랑스 지역
   도 상황은 마찬가지였다. 클뤼니 수도원 개혁에 자극되어 수백 개의 수
   도원이 설립되는 동안, 오텡 교구에서는 1055년이 되어서야 첫 수녀원이
   세워졌다. 그나마 고위 귀족부인들에게만 입회가 허락되었다(Brenda
   M. Bolton, *The Medieval Reformation*; 홍성표 옮김, 『중세의 종교개
   혁』(서양중세사총서 2), 느티나무, 1999, 113쪽.

39) 12세기 독일의 대표적인 수녀였던 빙엔의 힐데가르트(Hildegard von
   Bingen)는 "소, 당나귀, 돼지, 양을 동시에 한 우리에 둘 수 없다"는 극
   단적인 표현을 쓰면서까지 귀족 출신 이외의 여성들이 수녀원에 들어오
   는 것을 극렬히 반대했다. 원문은 "Et quis homo congregat omnem
   gregem suum in unum stabulum scilicet boues, asinos, oves,
   hedos"(Ennen, 앞의 글, 78쪽에서 재인용).

사회 전반에 일고 있던 청빈의 이상과 날카로운 대립을 보였다.

이런 제한된 상황에서 하위귀족·도시 상층민[41]·중간시민계층의 여성들에게 '종교적 삶'(vita religiosa)에 대한 동경이 증가하기 시작하자, 이들은 인근에 있던 기존의 남성 수도원 쪽으로 몰려갔다. 그러나 이는 여성을 멀리하면서 금욕적 생활을 추구하던 수도사들로서는 당혹스러운 일이었다. 수도사들은 여성들의 종교적 열정을 회피하는 데 급급했다.[42] 성과 신분을 초월하는 개방된 종교공동체와 도시민들의 영적 치유에 대한 증가된 요구는 시급히 처리되어야 할 과제로 떠올랐다.

당시 수녀원들은 배타적이고 폐쇄적인 규율을 고수하면서 '수도공동체 생활'(vita communis)에 대한 여성들의 열망을 외면했다. 이러한 기성 수녀원 제도의 편협성 때문에 고위 귀족여성들 이외의 다른 여성들은 자구책을 찾아야 했다. 그 결과 일부 하위귀족부인들이 수녀원을 세우기 시작했다.[43] 이들이 관상(觀想)과

---

40) *Regesten der Erzbishöfe von Köln*, 제2권, No. 655 a.

41) 쾰른 시의 상층 시민(Stadtpatriziat) 출신 여성이 1200년 경 마리아 수녀원에 입회한 경우가 있으나, 이는 극히 예외적인 상황이었다. 지금까지는 단 2명의 도시 상층 출신 여성만이 입회한 것으로 밝혀졌다.

42) Ennen, 앞의 책, 113쪽.

43) 1100년 경 한 하위귀족(Ministeriale)의 미망인(Benigna)은 자신의 과부산으로 모젤(Mosel) 지역의 스프링기어스바흐(Springiersbach)에 이중 수도원을 세운다. 이 공동체가 지역에서 점차 명성을 얻자 다른 하위귀족들과 도시민들이 모여들게 되었다. 이후 그녀의 딸 텐스빈트(Tenxwind)도 안데르나흐(Andernach)에 100여 명의 여성들로 구성된

참회의 종교생활에 전적으로 귀의하기 위해서는 새로운 수녀원을 설립하는 방법 외에는 별다른 강구책이 없었다. 이마저도 여의치 않았던 대다수 여성들은 여성 포교에 적극성을 보였던 방랑 설교자나 이단 설교자들을 추종하는 방법을 택했다. 많은 여성들이 이단으로 흡수되자, 가톨릭교회도 이제 여성에 대한 사목에 관심을 보일 수밖에 없게 됐다.

개혁교단의 등장

기성교회의 여성 사목을 위한 노력은 너무 늦게 이루어졌다. 이미 상당수 여성들은 기성교회가 아닌 다른 수도공동체로 발길을 돌렸고, 일부는 카타리파나 발도파의 공동체로, 일부는 개혁 성향의 공동체로 몰려갔다.

적극적으로 여성 포교활동을 펼친 크산텐의 노르베르(Norbert)는 자신의 설교에 감명을 받고 모여든 여성들을 수도원에 거주하게 했다. 그가 1121년 설립한 프레몽트레 수도회에 들어온 여성들의 수는 1150년에는 총 만 명에 달했고 수도회 분원의 수도 1백여 개를 헤아리게 됐다. 이러한 사실에서 당시 여성들이 종교 공동체적 삶을 얼마나 열망했는지 알 수 있다.[44] 이처럼 여성 입회자의 수가 크게 증가하자 노르베르의 개혁교단은 당황하기 시작했

새로운 수녀원을 설립하고, 수녀원의 원장(magistra)으로 활동했다(같은 책, 113쪽).
44) A. 프란츤, 앞의 책, 225쪽 이하.

고[45] 수도원의 여성 거부 정책(prohibitive Frauenpolitik)이 다시금 머리를 들었다. 1125년 교단의 창시자 노르베르가 새로 세워진 마그데부르크 대교구의 대주교로 임명되면서 '여성문제'는 뒷전으로 물러났고, 결국 1198년 교황 인노켄티우스 3세가 내린 '자매들의 불수용'(De non recipiendis sororibus) 교서를 계기로 프레몽트레 수도회의 여성 입회가 금지됐다.[46] 초창기에는 여성들의 포교와 개종에 관심을 보였던 시토 수도회도 더 이상 여성들에게 문호를 개방하지 못했다.[47]

청빈의 이상을 내세웠던 로베르 다르브리셀(Robert d'Arbrissel)도 여성들을 수녀원에 받아들여 새로운 종교생활의 터전을 마련했다. 그는 1100년에 자신이 설립한 퐁테브로(Fontevraud) 수녀원에 고위 귀족여성들과 함께 매춘부들(venales mulieres)을 받아들여 모든 계층의 여성들에게 개방된 수녀원 제도를 마련했다.[48] 그러나 이 수녀원은 한 세대가 지나기도 전에 귀족여성들만을 위한 폐쇄적 성격을 띠게 됐다.[49]

개혁교단들이 '여성문제'로부터 등을 돌리고 있던 사이, 이단적

---

45) 1149~50년경 한 목격자는 수많은 남자들과 여자들이 노르베르의 주위로 몰려드는 것을 보고 놀라움을 금치 못했다(*MG SS* vol. 12, 657쪽. 원문은 "Non solum autem virorum, sed etiam feminarum cohortes idem Norbertus ad deum convertere studuit").

46) 볼튼, 앞의 책, 117쪽.

47) Grundmann, 앞의 책, 76쪽.

48) Ennen, 앞의 책, 119쪽.

49) 볼튼, 앞의 책, 117쪽.

이고 반교회적인 사상들이 서서히 고개를 들기 시작했다. 신자들이 늘어나면서 기성교회는 사목을 담당할 사제들의 수가 턱없이 부족했고, 새로운 개혁 수도회들조차도 평신도들의 종교적 갈증을 해소할 수 없었다. 갈 곳을 잃은 여성 신도들은 이단적 성향의 종파에 귀를 기울이기 시작했다. 네덜란드의 정열적인 개혁가 탄헬름(Tanchelm)은 성직을 담당할 자격이 없는 성직자가 행하는 미사 집전과 그 실효성에 대해 이의를 제기하여 일반인들에게 상당한 호응을 얻었다. 그의 추종자가 가장 많았던 안트베르펜 시에는 원래 단 한 명의 본당 사제가 있었는데, 그마저도 질녀와 동거하고 있었다는 불경스러운 소문이 항간에 나돌았다.[50] 재앙은 이미 예견됐다.

1116년 이단으로 정죄된 프랑스 북서부 르망의 앙리도 매춘부들과 같은 사회 주변집단의 여인들에게 관심을 쏟았다. 그는 이들로부터 다시는 매춘 행위를 하지 않겠다는 약속을 받고 이단 금고에서 결혼지참금을 내어 주었다. 또한 이들을 자신의 남자 추종자들과 결혼시켜 새로운 삶을 시작하게 했다.[51]

수녀원들의 귀족주의적 전통에 대항하는 비난도 신랄하게 가해졌다. 1127, 28년 독일 안데르나흐에 새로운 수녀원을 세운 텐스빈트(Tenxwind)는 예수 그리스도와 초대 교회의 청빈한 삶의 모방을 설립 취지로 정했다.[52] 텐스빈트는 힐데가르트의 '소·당나

---

50) Borst, 앞의 책, 71쪽.
51) Grundmann, 앞의 책, 76쪽; Borst, 같은 책, 220쪽, 각주 16.

귀·양·돼지의 비유'에서 여실히 드러났던 12세기 수녀원의 배타적 귀족주의에 이의를 제기하면서, 수녀원에 입회한 고위 귀족 부인들이 비단옷을 입고 금빛의 관을 쓰고 금으로 된 반지를 끼고 미사에 참가하는 것은 그리스도의 이념과 초대 교회의 청빈한 삶에 배치된다고 비난했다.[53] 힐데가르트와는 상반된 세계관을 보여주었던 텐스빈트의 수녀원은 신분의 장벽을 허물었다. 고위 귀족 출신 여성들은 이곳에서 부유하지 않고 신분이 낮은 여성들과 자발적인 청빈의 이상에 따라 함께 생활했다

이처럼 모든 계층의 여성들에게 개방된 종교적 공동체(domus religiosae)는 베긴 수녀회에 의해 현실화됐다. 1216년 교황 호노리우스 3세로부터 종교적 공동체로서 구두 승인을 받은[54] 이 여성 공동체는 '여성의 집'(Beginnenhäuser)을 세우고 여성들로 하여금 새로운 종교적 삶을 시작하도록 도왔다. 고위 귀족이 아니라 시민계층 출신의 여성이 '공동체의 장'(magistra)이 되어 공동체의 운영을 담당하기도 했다.[55] 독일 쾰른에 있었던 베긴 공동체

---

52) Alfred Haverkamp, "Tenxwind von Andernach und Hildegard von Bingen, Zwei 'Weltan-schauungen' in der Mitte des 12. Jahrhunderts", *Festschrift für J. Fleckenstein*, Sigmaringen, 1984, 515~548쪽.

53) Ennen, *Wirksamkeit mittelalterlicher Frauen*, 78쪽에서 재인용.

54) 볼튼, 앞의 책, 125쪽.

55) 벨기에 니벨레스(Nivelles)에서 베긴회 공동체 원장직을 담당했던 하데비치(Hadewijch)는 안트베르펜 시민 가정 출신이었다(Ennen, *Frauen im Mittelalter*, 120쪽).

의 구성원을 살펴보더라도 이러한 도시민 여성이 주로 입회했음을 알 수 있다. 그러나 신분적으로 유연성 있고 개방적인 공동체적 삶을 추구했던 베긴 공동체는 여성의 이단 참여가 이미 절정을 이루었던 13세기 초에야 활성화됐다.

제도권 교회가 여성에 대한 사목에 늦장 대응을 하는 동안 이단은 이미 사회 깊숙이 뿌리내리고 있었다. 이단은 여성들에게 그녀들이 원했던 바를 주었다. 카타리파와 발도파는 여성들에게 성직권과 설교권을 부여했으며, 특히 카타리파의 경우 여성 성직자의 비율이 30퍼센트에 달했다. 아마도 이에 맞서서 기성교회도 여성에게 설교의 기회를 준 것으로 여겨지지만, 이는 단순히 과시적 현상이었다. 수녀원의 귀족주의를 철저히 고수했던 빙엔의 힐데가르트는 1161년부터 2년 동안 네 번의 설교 여행을 했는데, 카타리파가 성행했던 라인 강 지역에서 이뤄졌고 이단에 대한 정죄를 주제로 삼았다.[56] 힐데가르트 이외에 다른 여성이 교회로부터 설교권을 부여받았다는 기록은 전혀 없다.

'사도적인 삶'(vita apostolica)을 추구[57]했던 개혁교단들의 청빈의 이상은 당시의 사회적 분위기에 잘 호응한 것으로 많은 여성들의 지지를 받았다.[58] 중세 봉건교회는 주교가 동시에 세속 영주

---

56) *Migne PL*, vol. 197, Sp.122, 251.

57) 원문은 "ad apostolicam, communem scilicet vitam summopere pervenire studeant"(*MG Const*. vol. 1, 547쪽).

58) 이 같은 민간의 종교적 감성의 변화를 잘 보여주는 예로서 예수 그리스도의 십자가상(像)을 들 수 있다. 중세 초기에는 엄숙하고 장엄한 모습

였던 독일에서뿐만이 아니라 프랑스 · 영국 · 이탈리아에서도 부유했다. 주교나 수도원의 원장직은 인근 귀족가문 자제들의 차지였고, 결과적으로 중세 교회는 봉건 귀족들과 밀접하게 결합되어 있었다.[59] 부유하고 자격 없는 일부 성직자들은 종교적 자각을 경험한 여성 신도들의 눈 밖에 벗어나기 시작했다.

'사도들의 모방자'(imitatores apostolorum)로서 청빈한 삶을 설교하는 개혁교단의 방랑 설교자들에게 깊이 공감한 여성들은 '말과 행동으로서'(verbo et exemplo) 사도들의 삶을 실천하고자 했다.[60] 대표적으로 앞서 언급한 안데르나흐 수녀원을 들 수 있는데, 이곳에 받아들여진 모든 계층의 여성들은 자발적인 청빈을 통해 '가난한 그리스도의 추종자'가 되고자 했다. 이는 귀족주의적 베네딕트 수녀원의 형식주의에 대한 도전이었고, 이러한 청빈 운동(Armutsbewegung)은 사회 전반에서 많은 여성들에게 호응을 얻고 있었다.[61]

———

의 절대적 통치자와 같은 형상으로 표현됐지만, 11세기 이후에는 마르고 상처 입은 채 피 흘리는 고난자의 모습이었다. 그리스도를 고난과 가난의 상징으로 보았던 당시 사람들은 고난 받는 그리스도를 본받고 따라야 할 교회가 다른 길을 걷고 있음을 인식하게 됐다. 참된 그리스도의 행적을 따르고 그의 말에 귀를 기울이기 위해서는 새로운 사회가 이루어져야 한다는 생각이 지배적이었다. 부와 지배욕이 아니라 청빈과 겸허가 우위를 차지해야 한다는 주장들이 대두됐다. Seibt, *Glanz und Elend*, 66쪽.

59) 프란츤, 앞의 책, 232쪽 이하.

60) *MG SS* vol. 12, 675, 678쪽; *Migne PL*, vol. 188, Sp.1155.

사도들의 청빈의 이상을 설교했던 몇몇 설교자들은 교황으로부터 '사도들의 대리자'(apostolorum vicarius)로서 대중 설교가(praedicator publicus)로 활동할 수 있도록 허락을 받았다.[62] 그러나 이러한 조처들은 청빈을 포교의 수단으로 삼아 일반 신도들 속으로 파고들었던 이단적 분파들에 대한 응전이 아니었을까? 11, 12세기의 대다수 이단 혐의자들 역시 사도들의 청빈한 생활 방식을 따르고자 했기 때문이었다.[63]

이단 여성들

카타리파의 여성들

1143년 쾰른의 이단재판을 통해 처음으로 세간의 주목을 끌었던 '새로운 이교자들'(novi haeretici)인 카타리파는 여러 계층의 여성들을 끌어들였다.[64] 쾰른과 인근 본에서 발각된 카타리파 무

---

61) Ennen, 앞의 책, 78쪽.
62) Grundmann, 앞의 책, 64쪽.
63) 1025년 아라스(Arras) 이단들은 성서와 사도들의 계율(evangelicis et apostolicis mandatis)을 말과 행동으로 실천하고자 했다. 1143년 발각된 스와송(Soisson)의 이단 혐의자들 역시 자신들은 사도적인 삶을 살고자 했기 때문에(qui vitam se apostolicam tenere) 절대적으로 기독교의 영역을 벗어나지 않았다고(christianissime) 당당하게 주장했다(jactantes). 이상 Grundmann, 앞의 책, 60쪽에서 재인용.
프로방스 지역에서 이단 개종에 전념하고 있던 클레르보의 베르나르는 사도적인 생활방식을 따르고 있다는 이단의 주장을 거짓으로 돌렸다(*Migne PL*, vol. 183, Sp.1091).
64) Borst, 앞의 책, 75쪽. 쾰른은 1150년 경 카타리파 양성소가 설립될 정

리들 역시 예수 그리스도와 초대 교회 사도들의 삶을 모방하고자
했고, "가난한 그리스도인"이라 불릴 정도로 청빈을 이상으로 내
세웠다.[65] 이미 초대 교회의 이념과 너무 동떨어져 부와 지배욕으
로 가득했던 제도권 교회와 수도원은 카타리파가 내세우는 청빈
의 이상을 자신들에 대한 공격으로 받아들였다.

성적 결합의 소산물인 고기를 거부했고, 결혼을 부정할 정도로
철저한 금욕주의를 강조했던 초기 카타리파의 설교자들은 모든
계층으로부터 폭넓은 추종자들을 모을 수 있었다.[66] "완덕자들"
(perfectae 또는 perfecti)로 일컬어졌던 카타리파의 남녀 성직자
들은 신학적 교리보다는 도덕적 · 윤리적으로 엄격한 신앙생활을
통해 신망을 얻었다. 일부 여성들은 이러한 청빈한 이단 설교가들
에게 무의식적으로 매료되기도 했다.[67] 경건주의와 종교적 열정
이 고조됐던 당시의 사회적 분위기 속에서 청빈의 이상을 실현하
고 정결을 지켰던 카타리파의 남녀 완덕자들에게 사람들은 깊은

도로 카타리파의 중심지로 성장했다(같은 책, 78쪽).

65) 남프랑스 카타리파의 개종에 전념했던 베르나르조차도 견직공으로서
스스로의 생계를 책임졌던 남녀 이단자들의 청빈한 생활양식에 많은 감
명을 받았던 것 같다(*Migne PL*, 183, Sp.1092).

66) 1147년 발각된 페리고르(Périgord)의 카타리파는 사도적 청빈 생활,
육식 금지, 철저한 금욕주의에 감동한 귀족 · 성직자 · 수도사 · 수녀 ·
농민들을 새로운 신자로 받아들였다(Borst, 앞의 책, 76쪽).

67) Guillelma Martina라는 여성은 그녀가 집에서 맞이했던 포교자들이 카
타리파에 속했다는 사실을 알지 못했다. 원문은 "Guillelma Martina
recepit haereticas in domo sua et nescivit…… quod essent
haereticae"(Grundmann, *Religiöse Bewegung*, 116쪽 재인용).

6-6 에스클라르몽드가 재건축하도록 한 몽세귀르 성은
카타리파의 마지막 요새로 알려져 있다.

공감을 가졌다.

　일부 부유한 도시민들과 귀족들도 카타리파에 호감을 품고 있
었다. 특히 왕과 결탁한 가톨릭교회와 갈등을 빚고 있던 프랑스
남부 지역의 귀족들은 카타리파에 동조하는 경우가 많았다. 당시
경제적으로 어려움을 겪었던 이 지역 귀족들은 부유한 가톨릭교회
를 곱지 않은 시선으로 바라보던 터라 교회와 대립하는 카타리파
에 호의적인 반응을 보였다. 남프랑스의 툴루즈 백작은 정치적인
이유로 카타리파에 동조를 했던 대표적인 사례다.[68] 일부 소귀족

68) Jaochim Ehlers, *Geschichte Frankreichs im Mittelalter*, Stuttgart-
　　Berlin-Köln-Mainz, 1987, 143쪽. 툴루즈의 한 귀족은 "카타리 신자

들의 경우 교회가 요구하는 십일조와 같은 과도한 부담금 때문에 토지 기부를 받지 거부하고 나날의 양식을 위해 노동을 했던 카타리파 성직자들을 추종했다.[69] 카타리파에 귀의했던 일부 귀족여성들은 이러한 출신 가문의 정치적 배경으로 인해 새로운 종파를 적극적으로 지원했다. 이들 중 일부는 '사제서품식'(consolatmentum)을 거쳐 남성들과 똑같이 성직자의 역할을 담당함으로써, 가톨릭교회가 허락하지 않았던 여성 사제권을 획득할 수도 있었다.

카타리파 여성 사제들의 역할은 설교에만 국한되지 않았다. 푸아 백작가문의 여귀족 에스클라르몽드(Esclarmonde de Foix)[70]는 1207년 파미에에서 가톨릭교회와 벌어진 논쟁에서 카타리파를 적극적으로 옹호했다. 그녀의 반격에 당황한 한 가톨릭 사제는 그녀에게 "여자여(domina), 너의 물레로 돌아가 앉아라! 너는 이

들은 바른 품행과 언행으로 살아가는데 왜 우리가 그들을 박해해야 하는가" 반문하기도 했다(Borst, 앞의 책, 87쪽에서 재인용).

69) 같은 곳.

70) 에스클라르몽드는 13세기 카타리파의 가장 대표적인 인물로, 그녀의 이름은 남프랑스 지역 방언으로 '세상의 빛'을 뜻한다. 남편과 사별 후 프랑스 남부 지역의 다른 고위 귀족가문 여성들과 함께 카타리파에 귀의했으며, 여성 완덕자로서 카타리파를 수호하는 데 적극적이어서 1207년 파미에에서 벌어진 논쟁에 참여하기도 했다. 또한 지역의 소녀들을 위한 학교 건립과 병원 운영에도 적극 개입했다. 기존의 제도 속에서는 상상하기도 어려운 사회적·종교적 활동은 이단 가입을 통해 가능해졌다. 에스클라르몽드와 같은 귀족여성들은 출신가문의 정치적 배경 외에도 이단 활동을 통해 얻을 수 있었던 자유와 자의식에 대한 경험이 신흥 종교에 가입했던 중요한 동기가 됐다.

런 장소에서 말할 권리가 없다"라고 소리치고 말았다.[71] 아르노드(Arnaude de Lamothe)와 같은 여성 사제는 추종자들에게 남자 못지않은 존경을 받기도 했다.[72]

이단 십자군 전쟁 개시 이전에 이름이 알려진 카타리파 성직자들 중 65퍼센트 정도는 비귀족 출신이었다. 이는 카타리파의 신분적 개방성을 여실히 보여준다. 나머지 35퍼센트의 귀족 출신 카타리 성직자들 중 69퍼센트가 여성이었다는 통계는 우리의 관심을 더욱 끈다.[73] 이처럼 여성 성직자의 비중의 높았던 것은 카타리파에 가담한 여성의 수가 전체적으로 많았기 때문이다. 결론적으로 카타리파의 여성들은 사제로서 또는 단순 추종자들로서 중요한 비중을 차지했다.[74] 중하위 귀족여성들의 경우 "경제적 빈곤으로

---

71) Wilhelm von Puylaurens, *Chronica*, 127쪽. 원문은 "Ite domina, filate colum vestram, non interest vestra loqui in hujusmodi concione." 여기서 우리는 "여성은 교회에서 침묵하라"(mulier taceat in ecclesia)는 중세 교회의 여성 배척적인 성향을 단편적이나마 엿볼 수 있다. 이에 대해서는 Koch, *Die Frau im mittelalterlichen Katharismus*, 748쪽.

72) "그녀를 존경했다"(adoravit ipsam, Koch, 앞의 책, 186쪽). 아르노드는 어린 시절부터 카타리파에 호의적인 가정에서 성장했다. 1243년 이단으로 체포된 그녀에 대한 이단 심문 기록에 의하면, 아르노드는 8살 되던 해부터 카타리파 사제가 집전하는 예배에 참석했다. 또한 카타리파 신도였던 어머니와 친척 아주머니의 초대로 집에 찾아온 카타리파 사제가 어떻게 예배를 집전했는지 생생하게 기억했다. 이후 아르노드는 언니와 함께 빌뮈르(Villemur)에 있는 사제관으로 가서 교육을 받은 뒤 여사제가 됐다.

73) Ehlers, 앞의 책, 143쪽.

부터 벗어나고자"(ratione paupertatis…… nutriendas), 또는 여성 사제로 "양성되고자"(erundiendas) 카타리파에 들어가는 경우도 있었다.

카타리파는 여성들을 위해 공동체(domus haereticarum 혹은 hospicia)를 설립하여 여성들로 하여금 이곳에서 종교적 삶을 살 수 있도록 했다. 사제 서품을 받은 여성 사제가 원장(anteposita) 이었던 이 공동체에서 여성들은 미래의 여성사제로 양성됐다.[75] 여성 가담자들은 직물공(textrices)으로서 공동체의 재정을 스스로 충당했고, 걸인과 병자를 돌보기도 했다.[76] 공동체의 규모는 지역마다 다양하여, 16명 혹은 30명 정도의 여성 사제들이 공동으로 거주했다.[77] 일부 여성들은 어린 나이에 받아들여졌고[78] 남편과 사별하거나 합의이혼을 하고 들어오는 경우도 있었다.[79] 이들은 4개월에서 1년 동안 카타리파의 교리를 배우고 철저한 청빈과

---

74) 볼튼, 『중세의 종교개혁』, 129쪽. 이미 1143년 쾰른의 카타리파에는 여성 사제들(electae)과 단순 여성 신도들(credentes)의 구분이 있었다. *Migne PL* vol. 182, Sp.679 이하 참조.

75) 볼튼, 앞의 책, 129쪽. 구체적으로 카타리파의 쾰른 공동체에 대해서는 Koch, *Die Frau im mittelalterlichen Katharismus*, 745쪽, 각주 14 참고.

76) 원문은 "et medicabant dictam infirmam praedictae haereticae." 같은 책, 752쪽, 각주 34에서 재인용.

77) 같은 책, 750쪽.

78) 카타리파는 초기 환경을 중요시했기 때문에, 어린 소녀들을 공동체에서 여성 사제로 육성했다(볼튼, 앞의 책, 129쪽).

79) Segl, *Religiöse Frauenbewegung*, 113쪽.

금욕 훈련을 받았다. 그러나 전하는 바에 따르면 훈련이 너무 엄격해서 일부 청원자들이 도중에 포기하는 사례도 있었다고 한다.[80] 훈련기간을 성공적으로 견딘 청원자들만이 사제 서품을 받을 수 있었다.

발도파의 여성들

발도파의 창시자인 발데스는 리옹의 부유한 상인이었으나, 현세의 부를 포기하고 스스로 걸인의 길을 택했던 알렉시스 성인의 이야기에 큰 감명을 받고 자신도 그와 같은 삶을 살고자 했다. 그는 "네 소유물을 팔아 가난한 자들에게 주어라. 그리하면 하늘에서 보화를 얻으리라"고 하는 마태복음 19장 21절의 말씀을 실천에 옮기고자 재산을 가난한 자들에게 나누어주고 거리에서 참회의 생활에 대해 설교하기 시작했다고 알려진다.[81]

성직자가 아닌 세속인이 초대교회 시대 사도들의 생활을 모방하면서 자발적인 청빈과 참회를 설교한 것은 지역 교회의 눈밖에 나기에 충분했다. 결국 발데스의 추종자들은 리옹에서 쫓겨나 프

---

80) 원문은 "non erat bene instructa nec bene firma in secta hereticorum". Koch, 앞의 책, 751쪽에서 재인용.
81) 세속 생활을 청산하고 수도자로서 복음을 전파하려는 것은 12세기에 매우 가치 있는 삶으로 평가되기도 했다. 부부가 합의 이혼을 하고 종교 공동체에서 관상 생활에 몰두하는 사례가 자주 목격되어 12세기 "프랑스식의 이혼"이란 말이 생길 정도로 종교적 열정은 고조에 달했다. 구체적인 사례에 대해서는 Segl, 앞의 책, 113쪽 참고.

랑스 북동쪽과 독일로 옮겨가거나 남쪽 랑그도크 지역으로 이주했다. 이러한 박해를 받으면서도, 초기의 발도파는 제도권 교회의 테두리 내에 머무르고자 했다. 그러나 성서의 지방어 번역[82]과 교회의 허락 없는 설교 활동은 가톨릭교회로부터 용납되지 않았고, 결국 발도파는 1184년 베로나 공의회에서 교황 루키우스 3세에 의해 카타리파와 함께 공식적으로 이단으로 파문당했다.

발데스와 그 추종자들 역시 청빈 이상의 실현을 삶의 기본 목표로 삼았다. 실제로 발도파의 포교자들은 예수가 가르쳤던 대로 두 사람이 한 조를 이루어 간단한 모직 의복을 걸치고 샌들을 신거나 맨발로 설교 활동을 벌였다. 장인들과 농민들 사이에서 활발한 포교가 이루어졌고, 애긍(哀矜)을 주었던 상당한 '추종자들'을 모을 수 있었다. 발도파는 스스로 일반 신도들의 집을 방문하거나, 사람이 많이 모이는 장소에서 공개적으로 강론과 설교를 하는 획기적인 포교 방식을 펼쳤다. 특히 남녀 모두에게 설교와 포교권을 부여함으로써 대중 포교활동에 더욱 박차를 가했다.[83]

발도파는 설교 공동체로 불릴 정도로 설교를 통한 대중 포교에 관심을 보였다.[84] 그러나 제도권 교회는 세속인의 설교를 금했으

---

82) 같은 책, 103쪽. 베르나두스 이드로스(Bernadus Ydros)라는 이름의 한 전직 성직자는 발데스로부터 성서 번역의 임무를 부여받았다.

83) Marche, 앞의 책, 292쪽.

84) 초기에는 제도권 교회도 발데스와 그 추종자들의 자발적인 청빈 행위에 대해 깊은 감명을 받았고, 교황 알렉산더 3세가 1179년 제3차 라테란 공의회에서 매우 호의적인 반응을 보이기도 했다. 그러나 발도파의 설

며, 특히 여성들의 설교 활동에 대해 강한 불만을 표시했다.[85] "발도파의 여성들"(mulieres valdenses), "가난한 여성들"(mulieres pauperes)로 불렸던 여성들의 종교 활동은 설교에만 국한되지 않았다. 일부는 교단의 운영에 공동으로 참여하고 교리를 강론할 정도로 남성 사제와 동등한 대우를 받았다.[86] 이것은 중세의 종교적 성 역할 고정관념을 깨는 일탈적 행위였다.

교세를 확장해가던 발도파는 공동체(hospicia) 내에서 수공업

교 행위에 대해서는 시종일관 단호하게 부정적인 입장을 취했다. 주교의 허락 없이 세속인의 설교가 지속되자, 이들은 결국 리옹에서 추방된다. 하지만 "좋은 일을 할 줄 알면서도 하지 않으면 곧 죄가 된다"(야고보서간 4장 17절)는 신념 아래 강론과 설교를 통한 발도파의 복음 전파는 지속됐고, 이 고집스러운 포교 행위는 결국 정통 교회의 미움을 사는 계기가 됐다. 마침내 1215년 제4차 라테란 공의회에서 이들은 이단으로 정죄되고 말았다. 그러나 이들은 도피네·프로방스·랑그도크·가스코뉴·카탈루냐 등지로 거점을 옮겨 암암리에 자체적인 신앙생활을 고수했고, 종교개혁 시기까지 공동체가 존속됐다. 이들의 세력은 동쪽으로 독일·오스트리아·보헤미아 지역으로까지 번져나갔다.

85) 오세르(Auxerre) 수도원장 고트프리트(Gottfried)가 1185년경 한 보고서에서 발도파의 여성 설교자를 "설교하는 매춘부"(meretricula praedicatrix)로 매도할 만큼(Segl, 앞의 책, 103쪽에서 재인용) 여성 설교에 대한 기성 교회의 반발은 심했다. 12세기 말경 에르망가우는 세속인, 특히 여성들의 설교 활동에 대해 신랄하게 비판했다. "세속인 뿐만 아니라 여성들도 설교를 할 수 있었다"(quod tam laici quam femine possunt…… predicare).

86) "사람들은 여성에게 교단의 공동운영과 강론을 허락하였다"(quas suo consortio admittunt, docere permittunt). Migne PL, vol. 204, Sp.825.

을 경영하면서 추종자들의 수를 계속 늘려나갔다. 특히 발도파의 여성들은 카타리파의 여성들처럼 공동체에서 노동을 하면서 수녀원과 유사한 수도공동체를 형성했다.[87] 발도파의 공동체에서 고위 귀족 이외의 여성들에게도 입회 기회가 주어지면서,[88] 제도권 수녀원의 귀족주의적 전통은 또 다시 도전을 받게 됐다.

흥미로운 사실은 이러한 이단의 여성 공동체들이 가톨릭교회의 수녀원 제도가 미비한 곳에 형성됐다는 점이다.[89] 이는 왜 많은 중세여성들이 가톨릭을 떠나 이단에 가담했는가를 밝힐 중요한 단서가 될 수 있다. 그러나 가톨릭교회의 목자들도 늦게나마 '길 잃은 양들'을 찾아 나서기 시작했다. 예컨대 13세기 초에 세속 대중들에게 정통 교리에의 순응을 설교했던 비트리(Jacques de Vitry)는 "투박하고 무식한 청중들이 쉽게 이해할 수 있는" 예화들 (exempla)을 수록한 대중설교집을 편찬해냈다.[90] 이단자들을 정통 교회로 복귀시키려는 개종의 바람은 탁발 교단에서도 불어왔다. 이단자들, 특히 이단의 여성들이 원하는 바를 이해했던 탁발 수도사들은 말과 행동으로 참된 사도적인 삶을 실천했다.[91] 신분

---

87) Martin Schneider, *Europäische Waldensertum im 13. und 14. Jahrhundert. Gemeinschafts-form—Frömmigkeit—Sozialer Hintergrund*(Arbeiten zur Kirchengeschichte, Bd. 51), Berlin, 1981, 20쪽.

88) Grundmann, 앞의 책, 161쪽.

89) Koch, 앞의 책, 49~70쪽.

90) 유희수, 「Jacques de Vitry의 대중 설교와 Exemplum」, 『서양중세사연 구』 2집, 1997, 77~108쪽, 인용된 문구는 87쪽.

적으로 개방된 여성 종교공동체를 이용한 이단의 적극적인 여성 포교활동에 영향을 받은[92] 탁발 교단은 이단이 기성을 떨치던 지역에 개방적 여성 수도공동체를 설립했다. 그 결과 1206년 도미니코 성인이 첫 번째로 세운 프루이유(Prouille) 수녀원의 수녀들은 바로 이단으로부터 '개종한 여성들'(conversae)들이었다.[93]

여성의 사회 · 종교적 역할거부

이 장에서는 '중세 이단과 여성 문제'를 11세기 후반부터 본격적으로 시작된 교회 개혁의 테두리 속에서 살펴봤다. 그 결과 이단의 출현은 제도권 교회가 주도한 위로부터의 개혁과는 별도로 아래로부터 시작된 "중세의 종교개혁"이었음을 알 수 있었다. 사회 전반에 걸쳐 개혁이 광범위하게 전개됐으므로, 이단과 여성 문제 또한 12세기 유럽의 사회 · 경제 · 종교의 총체적 상황에서 이

---

91) 프란츠, 『교회사』, 238~241쪽; 볼튼, 『중세의 종교개혁』, 93~110쪽; Gert Wendelborn, *Franziskus von Assisi: Eine historische Darstellung*, Wien/Köln/Graz, 1982, 85쪽.

92) 비트리는 1216년 "프란치스코 수도회의 여성들은" 발도파의 여성들처럼 "hospice에서 노동하고 생활했다"는 기록을 남겼다(볼튼, 『중세의 종교개혁』, 97쪽에서 재인용).

93) 1206년의 수녀원 설립 직후 툴루즈의 주교 풀코(Fulco)가 작성한 문서에 따르면 프루이유의 수녀들은 "사악한 이단자들을 물리치도록 설교를 위임받은 설교자들에 의해 개종된 여인들"(mulieres converae per praedicatores ad praedicandum contra haereticos et ad repellendam haeresim pestiferam delegatos)이었다. Grundmann, 앞의 책, 209쪽, 각주 20에서 재인용.

해해야 한다.

12세기의 유럽은 클뤼니 수도원 개혁과 교황 그레고리우스 7세의 교회 개혁을 경험하면서 변혁의 몸살을 앓고 있었다. 사회 경제적으로는 인구의 급증으로 교역의 필요성이 증가했고, 도시 생활의 활성화와 더불어 급격한 변화가 진행됐다. 도시로부터 일기 시작한 자유로운 배우자 선택과 같은 자유의 물결은 고전적 장원제도의 폐쇄적 벽을 서서히 잠식했다.

12세기는 종교적으로도 각성의 시대였다. 초대 교회 시대의 청빈한 사도적 삶을 지향했던 청빈 운동은 사회 전반에 공감대를 형성해갔고, 이러한 청빈의 이상은 봉건교회 성직자들의 세속적인 삶에 대한 비판의 무기가 됐다. 이 같은 대중종교운동의 분위기에 고무되어 종교적 각성을 경험한 여성들은 참회와 관상의 종교생활을 동경하게 됐으나, 이들을 받아들일 수도공동체의 수는 절대적으로 부족했다. 더욱이 기존 수녀원이 고수했던 '귀족주의적 원칙'으로 인해 하위귀족과 도시여성들에게 수녀원의 문은 굳게 잠겨 있었다. 수많은 여성들은 시토와 프레몽트레와 같은 개혁 수도원으로 몰려갔으나, 설립 초기에 여성들에게 문호를 개방했던 개혁교단들조차 점차 여성회피적 성향을 보였다.

이러한 보수적 색채의 중세 교회는 사회 경제적인 지위상승을 경험한 여성들의 종교적 갈증을 해소하기에는 역부족이었다. 여성들에게 종교적 침묵을 강요했던 봉건교회의 성직자들은 여성들이 본연의 자리인 물레로 돌아가도록 권고하는 데 급급했을 뿐이었다. 그러나 이미 사회 · 경제 · 종교적 변화를 경험한 12세기의 여성들은 스스로 목소리를 내기 시작했다.

한편, 제도권 교회는 성직자 부족으로 인하여 제한된 사목 활동을 펼칠 수밖에 없었으므로 사회의 빠른 변화에 제대로 대처하지 못했다. 적극적인 종교 활동을 통해 신에게 봉사할 기회를 얻고자 했던 도시여성들은 이교집단으로 발길을 돌렸다. 비잔티움 지역에서 유입된 보고밀파의 영향을 받아 남녀의 성적 구분을 인정하지 않았던 카타리파와 모든 계층의 여성들에게 다가갔던 발도파는 여성들에게 쉽게 공감을 얻을 수 있었다. 이단의 포교자들은 거리의 대중설교와 신도 심방(尋訪)과 같은 적극적인 포교 수단을 이용했다. 특히 이단 여성들의 사제권과 설교권은 중세 봉건교회의 종교적 성 역할 관행에 대한 도전이었다.

카타리파와 발도파는 신분적으로도 중세 봉건교회의 폐쇄적인 벽을 허물었다. 기존 수녀원의 귀족주의적 벽은 너무 높았던 반면, 이단의 신분적 개방성은 모든 계층의 여성들을 흡수할 수 있었다. 이단 활동에 참여한 여성들의 가담 동기도 신분마다 다양했다. 남프랑스의 일부 고위 귀족여성들은 가문의 정치적 배경 때문에 이단 내에서 주도적 역할을 담당했고, 일부 소귀족들은 경제적 이유로 딸을 이단에 보내기도 했다. 특히 의지할 곳을 잃은 도시의 처녀나 미망인들에게 공동체적 노동을 제공했던 이단은 일종의 중세적 사회복지단체의 역할을 담당했다. 당시의 교회와 수도원들은 빈민구호를 맡고 있었으나 급증하는 도시 빈민들을 담당하기에 역부족이었다.

봉건사회와 교회로부터 배제됐던 일부 중세 여성들은 제도권 밖의 이단에 가담함으로써 기존의 사회·종교적 역할을 거부했다. 하위귀족과 도시여성 그리고 매춘부 등 도시 주변부 여성은 교육과 나환자 간호와 같은 박애적 봉사를 통해 종교적 소명을 실현할 기회를 가질 수 있었고, 동시에 철저한 사도적 청빈과 금욕을 실천함으로써 공동체적 종교생활에 대한 갈망도 충족시킬 수 있었다. 여기서 이단 여성들이 중세여성의 관례적인 역할 수행을 거부하고자 했음을 엿볼 수 있다.

이단의 적극적인 여성 포교활동에 당황한 중세 교회의 목자들은 길 잃은 양들을 찾아 나섰다. 사도들의 청빈한 삶을 말과 행동으로 보여주었던 재속 사제와 탁발 교단의 수도사들은 수녀원 설립과 대중 설교를 통해 이단 여성들을 개종시켜 가톨릭교회로 다시 받아들였다. 그러나 중세의 이단 운동은 중세의 사회와 종교에 이미 깊숙한 골을 내었다.

7 신심 깊은 여인들의 역할거부운동

중세의 여성운동

11세기 이후 중세사회는 변화와 발전의 시대였다. 200여 년 동안 유럽 대륙을 혼란 속으로 몰고 갔던 바이킹족과 헝가리인의 약탈 행위가 종식되면서 사회는 정치적 안정을 되찾을 수 있었다. 사회 경제적으로도 비잔티움, 이슬람 세계와의 교역이 확대되면서 유럽 경제 활성화의 원동력이 되었고, 동서를 잇는 해상 교역로의 확장으로 지중해는 어느 시기보다도 생동감이 넘쳤다. 그 결과 상선들이 빈번히 들어오고 떠났던 이탈리아 북부와 지중해 연안 프랑스 남부 지역은 동서 교역의 교차로로서 급성장했다. 제노바와 피사 같은 이탈리아 북부의 도시들은 당시 세계에서 가장 중요한 경제 거점 도시인 바그다드로부터 유입된 동방 산물로 호황을 누렸다. 이러한 물품들은 다시 해안을 따라 마르세유와 나르본, 바르셀로나로 옮겨졌고, 여기서부터 론 강과 손 강을 통해 유럽 내부로 판매되었다.

이처럼 사회·정치적으로 안정되자 유럽의 인구 증가율도 높아졌다. 서기 1000년경 대략 4,200만 명이었던 인구는 1150년 5,000만, 1200년 6,100만 명으로 급격한 성장[1]을 기록했다. 이렇듯 급변하는 정치·경제적 상황은 사회 일각에서 예상치 못한 결과를 불러오기도 했다. 이원론적 세계관에 바탕을 둔 보고밀파와 같은 사상들이 동방으로부터 유입된 결과 카타리파 등의 이단적 종교집단이 형성되었고, 서유럽의 제도권 교회는 서서히 이단 문제를 공론화하기 시작했다. 동시에 사회적 부의 확대와 인구의 증가, 특히 도시의 급속한 팽창은 농촌경제의 해체와 더불어 도시로 이주하는 인구의 수를 증가시켰다.

장원 중심의 전통적인 사회 체제가 흔들리고, 조세 금납화가 시행되면서 비롯된 이동의 자유는 긍정적인 결과 못지않게 많은 사회적 문제를 야기했다. 농촌을 떠나 도시에서 새로운 보금자리를 찾던 사람들에게, 급격한 변화와 혼란은 정신적 공허함으로 이어졌다. 이들은 자신의 물질적, 정신적 공백을 채워줄 것을 찾았고, 신흥종교집단은 빠른 속도로 이들을 추종자로 흡수해나갔다. 그 세력은 유럽 전 지역으로 확산되었다.[2]

여성들도 발전과 변화, 혼돈과 정체성 상실의 시대를 경험한다. 급속한 도시화는 경제적 기능을 담당했던 도시민들에게 자유에 대한 자각이 일어나게 했다. 당시의 상황을 놓고 저 유명한 "도시의 공기는 자유롭게 만든다"라는 표현이 생겼다. 도시여성들도 이

1) Horst Fuhrmann, *Einführung ins Mittelalter*, München, 1988, 25쪽.
2) 차용구, 「중세의 이단과 여성」, 『역사학보』 164, 1999, 1~28쪽 참조.

동과 결혼의 자유와 같은 개인적 자유를 획득하고자 노력했고, 점차 재산상속권과 같은 경제적 자유도 누릴 수 있었다. 장원의 귀족여성에게도 유사한 현상이 목격되는데, 12세기 이래로 여성의 봉토 상속권이 일반화되었다.[3] 남편을 잃은 미망인들의 경우, 남편 재산의 일정 부분을 과부산으로 상속받을 권리도 획득하게 되었다. 이러한 여성의 권리 향상은 폐쇄적인 가부장적 봉건 체제에 새로운 변화를 불러왔다.

여성의 지위 상승은 재산권 보장과 같은 개인적 차원에만 머무르지 않고 사회·경제 및 종교 영역에서 여성의 자아인식 확립으로 이어졌다. 이들의 행동은 집단적으로 이루어졌는데, 당대인들은 이러한 '운동'에 대해 자못 당혹스러워 했다. 그로 인해 동시대의 목격담이 기록되었고, 그 결과 여성들의 당시 활동 상황을 사료에 근거하여 객관적으로 재구성하는 것이 가능해졌다.[4] 비록 사료 대부분이 남성 성직자들에 의해 여성 박대론적 논조로 작성되었지만, 사료에 대한 면밀한 검토와 (재)해석이 이루어진다면

---

3) 12세기 프랑스에서는 여성의 봉토 상속권이 이미 일반화되었고, 독일 지역에서도 아직 권리(right)로서 인정되지는 않았지만 여성의 봉토 상속 사례가 자주 있었다. 독일과 프랑스 사이에 있던 로타링기아(Lotharingia) 지역에서는 12세기에 여성의 봉토 계승이 관행처럼 여겨졌다고 한다. 이에 대해서는 구체적으로 F. L. Ganshof, *Feudalism*, London-New York-Toronto, 1959, 128쪽 참조.

4) 여성사, 특히 전근대사회 여성의 역사는 사료 부족을 이유로 연구나 서술이 어렵다고 말하는 일부 학자들의 변명과는 달리, 필자는 중세여성사도 사료의 발굴과 해석 여하에 따라서 유익한 서술이 가능하다고 본다.

중세여성의 '목소리'를 경청하는 것도 가능하다고 생각한다.

이 장에서는 새로운 사료 발굴 작업을 통해 11세기 이후 여성들의 개인적 혹은 집단적 움직임을 추적하면서 그들이 추구했던 바가 무엇이고, 어떠한 사회적 배경 속에서 이러한 새로운 여성 운동이 가능했는가에 대한 조사함과 동시에 여성으로 하여금 이러한 경험을 강요했던 중세 문화의 특성을 검토하고자 한다. 그러나 우선 '중세에 살았던' 여성이 연구의 주체임을 다시 한 번 부각시키고자 한다. 이들은 신앙의 시대를 살았던 인물로, 중세인의 신앙심은 현대인이 생각하는 종교적 믿음과 상당한 차이를 보인다. 실례로서 11세기 말에 시작된 십자군 원정을 들 수 있는데, 이는 중세인의 놀라운 신앙심이 있었기에 가능했다.[5] 11세기 이후의 여성 운동도 종교적 심성과 밀접한 관계 속에서 진행된다.

---

5) 중세 종교의 사회적 영향력을 보여주는 역사적 현상으로 '사료 위조'를 들 수 있다. 종교의 시대인 중세는 위조의 황금시대로 일컬어지기도 하는데, 실제로 카알 대제의 이름으로 작성된 문서 가운데 3분의 1 이상인 100개 정도가 위조본으로 전해지고 있다고 한다. 더욱 놀라운 사실은 성직자들이 위조를 주도했다는 점이다. 진실과 정직한 삶을 추구해야 할 성직자들이 사료 위조를 전담했던 것은 중세가 목적이 수단을 신성하게 했던 시대였기 때문이다. 중세에는 신의 거룩한 뜻이 인간 행위의 유일한 판단 기준이라는 생각이 지배적이었으며, 위조 행위는 이처럼 신앙이 지배했던 시대였기에 가능했다. 이에 대해서는 차용구, 「중세의 사료 위조에 대한 심성사적 접근」, 『서양중세사연구』3, 1998, 121∼148쪽 참조.

11세기 여성들의 종교적 각성

새로운 천년의 문이 열리면서 11세기 유럽의 몇몇 지역에서는 정통 교회의 가르침과 차별되는 교리를 신봉하는 집단들이 등장한다. 제도권 교회에 의해 이단으로 정죄된 신흥종교집단의 교리에 따르면, 가시적 세계는 조물주에 의해 창조된 것이 아니기 때문에 부정(不淨)하다고 생각됐다. 따라서 물질적인 것은 거부되어야 하며, 특히 결혼, 육체적 욕망, 심지어 성적 결합의 소산인 고기를 먹는 것조차 금지되었다. 대신에 이들은 철저한 금욕과 기도 생활을 통해 모든 죄로부터 멀어지고자 했다. 이러한 교리는 다분히 비잔티움에서 유래한 보고밀파의 영향을 받았다고 생각되나, 동시에 당시 서유럽 내부에서 일고 있었던 참회사상에도 많은 자극을 받은 것으로 보인다.[6]

참회 운동의 중심지는 동방 교역의 거점이었던 남부 프랑스와 이탈리아 북부 지역이었다. 아마도 상인들에 의해 비잔티움의 종교적 감성이 서유럽으로 전달되면서, 이들 지역에서 새로운 종교적 각성이 시작된 것으로 보인다. 11세기의 종교운동을 그 이전과 구분 짓는 특징은 운동 가담자의 출신 성분이었다. 중세 초기에는 주로 성직자가 주축이 되어 종교운동을 전개했으나, 11세기에는 라틴어를 알지 못하는(illiterati) 농부(rusticus)와 같은 '무지몽매한'(idiotae) 평민이 주동자였다.[7] 여기에 귀족들도 가담했는데,

---

6) D. Elliott, *Spiritual Marriage: Sexual Abstinence in Medieval Wedlock*, Princeton University Press, 1993, 195~208쪽.

이 역시 이단의 중심 세력은 더 이상 성직자가 아니라 일반 세속민이었음을 재확인해준다.

11세기 종교운동의 또 다른 특징은 여성들의 참여가 자주 목격되었다는 사실이다. 이미 1022년경 오를레앙과 툴루즈에서는 종교운동의 적극 가담자로 여성이 지목된 바 있다. 1028년 이탈리아 토리노 근처에서 시작된 종교운동에도 많은 여성들이 동참했는데, 특히 이 지역 인근의 몬테포르테(Monteforte)의 백작부인이 주도적인 역할을 수행했다.[8] 이러한 사례들을 통해서, 11세기의 종교적 움직임은 여성들의 적극적인 지지가 있었기 때문에 가능했다고 볼 수 있다. 당시의 운동을 주도했던 여성들은 참회사상을 통해 궁극적으로 물질적인 것, 현세적인 것을 포기하고 성서가 가르치는 참된 삶을 살고자 했다. 청빈한 삶을 추구했던 이들에게 제도권 교회는 오히려 병폐의 온상처럼 비쳐졌다. 교회의 외적 팽창, 성직 매매, 성직자의 축첩, 일부 고위 사제들의 사치스러운 세속적 삶은 예수 그리스도와 사도들이 추구했던 초대 교회의 이상적 생활과는 상당한 괴리감을 보여주었다.[9] 참회 운동에 가담했

---

7) 11세기 초의 이단들은 주로 연대기 작가들에 의해 기록되었다. 아직 이단 문제에 대해 심각한 논의가 이루어지지 못했던 시기로, 연대기 작가들은 이단 가담자들을 단순히 호기심 어린 눈으로 보았고 때로는 조소적으로 혹은 조롱하듯 보았다. 이에 대해서는 Arno Borst, *Die Katharer*, Freiburg-Wien-Basel, 1996, 64쪽 참조.

8) Malcolm D. Lambert, *Medieval heresy: popular movements from the Gregorian reform to the Reformation*, Wiley Blackwell, 2002, 21~25쪽.

던 여성들은 부유한 교회와 수도원 생활에 대해 비판의 목소리를 내었고, 참된 그리스도의 행적을 따르고 그의 가르침에 귀를 기울이는 새로운 사회가 도래하기를 희망했다.

이들은 또한 교회 내에서 부여되었던 전통적인 수동적 역할에 만족하지 못했던 것으로 보인다. 이러한 대내외적 요인들로 여성들은 기존의 강요된 역할을 거부하고, 더 나아가 제도권 교회의 병폐를 적극 비난하기에 이른다. 그러나 당시의 참회 운동 가담자들은 서로 연대감을 형성하지 못했고, 공동의 목적의식도 없었던 개개 분파주의자들이었다. 이러한 미성숙한 유대감으로 제도권 교회 내부에서는 종교재판 개최에 대해 아직 심각한 논의가 이루어지지 않았다.[10]

12, 13세기 여성들의 역할거부운동

피오렌자(Elizabeth Schüssler Fiorenza)는 성서가 "남성중심

---

9) 고위 성직자들의 위풍당당한 세속적 생활 습성에 대한 비난의 소리는 이미 제도권 교회 내에서도 일고 있었다. 1179년 제3차 라테란 공의회의 결정 사항("대주교가 행차할 때 말을 40~50마리 이상 동원하지 말 것이며, 사냥개와 매들을 데리고 가지 말 것")은 중세 교회의 물질적 팽창을 잘 보여주는 실례라 하겠다. 이에 대해서는 G. Wendelborn, *Franziskus von Assisi. Eine historische Darstellung*, Wien-Köln-Graz, 1982, 73쪽 참조.

10) G. Koch, "Die Frau im mittelalterlichen Katharismus und Waldensertum", *Studii medievali, serie terza* 5, 1964; Borst, 앞의 책, 67, 68쪽.

적 선별과 편집 과정"[11]을 거치면서 교회 내에서 남성들이 성직이나 공적인 자리를 독차지하고, 여성들은 그 뒷전으로 물러났다고 주장한다. 이러한 전통에서 중세여성들의 역할도 가부장적 봉건사회가 규정한 '어머니와 아내로서의' 제한된 영역에 머무를 수밖에 없었다.

하지만 교회와 사회의 위계질서에 대항해 사회로부터 여성들에게 전가된 전통적인 성 역할 고정관념을 거부하려는 일련의 움직임들이 12세기부터 본격적으로 진행되었다. 그 참여 계층은 11세기의 여성 운동들과는 차이를 보였다. 이전 시기에는 장원의 귀족여성들이 현세의 물질적 삶을 거부하고 참회와 관상의 생활에 귀의하고자 했다면, 12세기에는 도시여성들이 종교적 삶에 관심을 기울이기 시작했다.[12] 이들은 주로 도시 중산 계층인 상인의 부인이거나 도시 상층민에 속했던 여성들로서 봉건사회의 귀족계층에 속하지 않았다. 이처럼 도시여성들이 여성 운동을 적극 주도했던

---

11) 엘리자베스 쉬슬러 피오렌자, 김상분 옮김, 『동등자 제자직』, 분도출판사, 1997, 186쪽.

12) 여성의 물질적 거부 현상은 기독교 저변의 확산과 심층화 과정과도 관련이 있다. 서양 사회의 내면적 기독교화가 이루어진 시기가 종교개혁 이후라는 일부 학자의 주장처럼, 중세 기독교가 일반 민중에게 당위 개념이 되기까지는 오랜 시간이 소요되었다. 따라서 물질적 소유를 포기하고 영적 세계에 귀의하려는 12세기 이후의 움직임은 기독교가 세속인의 종교적 감성에까지 전파된 결과이며, 이는 기독교의 내면화와도 밀접한 관계가 있다. 이에 대해서는 James C. Russell, *The Germanization of early medieval Christianity: a sociohistorical approach to religious transformation*, Oxford University Press, 1994, 38쪽.

것은 그 수가 급격히 늘어났기 때문이기도 하지만, 이들이 사회경제적 지위상승을 경험하면서 종교적으로도 귀족여성들과 동등한 대우를 받고자 했기 때문이기도 했다.[13]

12세기까지만 해도 가문의 재산으로 세워진 수녀원에 입회하여 생활할 수 있는 제도적 장치가 마련되어 있었던 귀족여성과는 달리, 도시여성이 참회와 관상(觀想)의 종교생활을 할 수 있는 공간은 극히 제한되어 있었다.[14] 그러나 시민계층 내부에서 불붙기 시작한 종교적 각성의 불씨는 이미 오래 전부터 일기 시작했다. 세속 권력의 방해로부터 자유로운 교회를 지향했던 10세기의 클루니 수도원 운동, 교회의 종교적 자주성을 요구했던 11세기의 서임권 투쟁은 일종의 종교운동으로서 서구 기독교 세계 전반에 영향을 끼쳤다. 종교적 열정에 휩싸인 남녀 신도들은 고행과 유랑, 청빈과 자발적 금욕을 통한 사도적 삶(vita apostolica)을 생활이상으로 삼기 시작했다. 이러한 시대적 요구에 부응해 카말돌리회(Camaldolese Order), 카르투시오 수도회(Carthusian Order), 시토회(Cstercians)와 같은 개혁적 교단이 세워졌다. 새로운 개혁정신은 일반 신도들에게도 영향을 끼쳤고, 십자군 운동과 같은 거대한 종교운동으로 이어지게 된다.[15]

성지에서 돌아온 '순례자들'은 가난한 구세주의 삶을 따르고자

---

13) Frederick M. Stein, *The religious women of Cologne*(Yale University 박사학위논문), 1977, 281쪽.

14) 중세 수녀원의 귀족주의적 원칙에 관해서는 브랜다 볼튼, 홍성표 옮김, 『중세의 종교개혁』, 느티나무, 1999, 111~116쪽.

했다. 그들은 성서의 말씀을 직접 읽고 해석하는 데 관심을 기울였다. 사후 구원에 대한 확신을 가졌던 그들은 하느님의 나라를 영접하기 위해서, 성서에 언급되는 것처럼 스스로 "가난한 사람"이 되고자 했다. 이를 위해 다수의 도시여성들은 새로운 형태의 '신분 개방적 수도공동체 생활'을 동경하게 되었다. 이러한 종교운동의 중심지는 오늘날의 벨기에와 인접 지역, 즉 플랑드르, 브라반트, 프랑스 북부, 라인 강 하류와 모젤 강 유역이었다. 새로운 종교운동은 라인 강을 따라 독일 남부와 스위스로 전파되었으며, 남부 프랑스에서는 프로방스 지역이 운동의 중심지가 되었다. 이탈리아의 여성들은 롬바르드 지역을 거점으로 운동을 확산시켜나갔다.[16] 이 지역들의 공통점은 당시 유럽에서 도시의 성장이 가장 활발했던 경제적 핵심 지역이라는 사실이다. 따라서 여성들의 종교운동은 유럽의 도시화와 경제적 성장과 더불어 진행되었다고 볼 수 있다.

　오랜 동안 비귀족계층의 여성들은 기존의 수녀원 제도로부터

---

15) 아우구스트 프란츤, 『교회사』, 분도출판사, 1996, 206~226쪽; 요셉 봐이스마이어, 『교회 영성을 빛낸 수도회 창설자: 중세 교회』, 가톨릭출판사, 2001, 17~75쪽 참조.
16) Herbert Grundmann, *Religiöse Bewegungen im Mittelalter. Untersuchungen über die geschichtlichen Zusammenhänge zwischen der Ketzer, den Bettelorden und der religiösen Frauenbewegungen im 12. und 13. Jahrhundert und über die geschichtlichen Grundfragen der deutschen Mystik*(Historischen Studien 9), Hildesheim, 1977, 118쪽.

배제되었을 뿐만 아니라, 교회 사목 활동의 사각지대에 놓여 있었다. 여성에 대한 교회의 관심이 미비한 상황에서, 편협한 수녀원 제도와 급증하는 도시민 사목을 담당할 수 있는 재속사제의 절대적 부족으로 사회 경제적 지위상승을 경험하던 도시여성들은 더욱더 종교적 구원이라는 갈증에 시달리기 시작했다. 그 결과 "하느님의 말씀에 굶주린" 이들은 순회를 하면서 청빈의 이상을 설파했던 방랑 설교자들의 주위로 모여들었다. 이들 중 상당수는 과부였거나 남편과 합의이혼을 한 여성들이었을 것이다. 당시에는 수도원 입회와 같은 종교적 이유로 합의이혼을 하는 경우가 흔한 일이었다. 이는 당시 사회가 세속적 목적보다는 "영원한 구원의 은총"을 중요시할 정도로 종교적인 열정으로 고조되었음을 보여주는 사례라 할 수 있다.[17)]

적극적인 여성 포교활동을 전개한 11세기의 순회 설교자 로베르 다르브리셀은 자신이 세운 퐁테브로 수녀원에 아키텐(Aquitaine) 대공의 부인과 같은 고위 귀족여성들만이 아니라 매춘부들을 함께 받아들였다. 귀족 출신 부인들에게만 개방되었던 기존 수녀원 제도와 비교해본다면, 퐁테브로 수녀원의 귀족여성들은 최하위 계층의 여성들과 공동생활을 함으로써 당시로선 획기적인 개방적 수도공동체적 생활을 영위했다.[18)] 1121년 프레몽트레 수도회를

---

17) Peter Segl, "Die religiöse Frauenbewegung in Südfrankreich im 12. und 13. Jahrhundert zwischen Häresie und Orthodoxie", Peter Dinzelbacher, Dietrich Bauer(eds.), *Religiöse Frauenbewegung und mystische Frömmigkeit im Mittelalter*, Köln-Wien, 1988, 113쪽.

설립한 크산텐의 노르베르 역시 자신의 설교에 감명받고 모여든 모든 계층의 여성들을 수녀원에 거주하도록 했다. 농부의 아내들, 가난한 도시 여인들, 부유한 귀족부인들이 신분을 초월하여 철저한 금욕주의적 공동체 생활을 영위했다.[19] 퐁테브로 수녀원과 프레몽트레 수도회에 입회한 여성들의 청빈과 금욕의 이상은 현세적 신분 계층 간의 벽을 허물었다고 할 것이다.

"소 · 당나귀 · 돼지 · 양을 한 우리에 둘 수 없다"[20]라는 힐데가르트 수녀의 말은 당시의 수녀원이 귀족주의적 원칙을 얼마나 철저히 고수했는가를 여실히 보여준다. 귀족주의적 봉건사회에서 귀족여성들과 최하층 여인들의 공동체적 생활은 중세의 신분제적 장벽에 대한 도전으로 볼 수 있을 것이다. 남성들은 '신이 제정한' 삼위계적 사회구조의 테두리를 벗어나지 못했던 반면, 여성들은 종교적 공동체 안에서 신분의 벽을 허물기 시작했다. 중세적 신분 계층 간의 괴리 현상은 '소 · 당나귀 · 돼지 · 양'으로 묘사될 정도로 확연했으나, 여성들은 신분제적 고정관념을 타파하기 시

18) Edith Ennen, *Frauen im Mittelalter*, München, 1991, 119쪽.

19) *MG SS* vol. 12, 659쪽. 원문은 "feminas non modo rusticas vel pauperes, sed potius nobilissimas et ditissimas…… ad illius institutionis monasteria festinantes et quasi ad mortificandam teneram carnem currentes". 요셉 봐이스마이어, 『교회 영성을 빛낸 수도회 창설자』, 79~101쪽.

20) Edith Ennen, "Politische, kuturelle und karitative Wirksamkeit mittelalterlicher Frauen in Mission-Kloster-Stift-Konvent", *Religiöse Frauenbewegung*, 78쪽.

작했던 것이다. 12세기 여성들의 종교운동은 가히 혁명적이었다. 바이넘(Caroline W. Bynum)의 지적[21]처럼, 권력과 부를 소유하고 사회를 통제하려던 남성들보다는 가진 것이 적었던 여성들이 계층적 차별을 포기하고 그리스도의 말씀을 따르기 수월했을 것이다.

상당수 여성들은 발도파와 카타리파와 같은 이교집단에 귀의하기도 했다. 기존 수녀원의 문은 항시 봉쇄되어 있었고, 퐁테브로 수녀원이나 프레몽트레 수도회가 받아들일 수 있는 인원 수도 제한이 있었으므로, 많은 여성들은 이단으로 흡수되어갔다. 제도권 교회로부터 배제되었던 여성들이 교회 밖에서 사도적 삶을 모방하면서 구원의 가능성을 찾기 시작한 것이다. 특히 발도파는 여성들에게 설교권을 부여했는데, 이는 공적으로 말할 수 있는 권위가 박탈된 여성들에게 종교 영역에서 자아실현의 발판이 되었다. 카타리파의 여성들도 남성들과 동등하게 사제의 역할을 담당했다.

이단들은 남성중심적이고 여성 배타적인 성향의 중세 가톨릭교회에서 할 수 없던 역할들을 여성들에게 허락했다. 성적 차별을 인정하지 않았던 보고밀파의 교리적 영향이기도 했지만, "이단에 가담했던 여성들은 특히 교회·사회·가족 내의 종속적 지위에 저항하고자 했다".[22] 교세가 확장되어가면서 이교집단들도 점차 남녀

---

21) Caroline W. Bynum, *Holy Feast and Holy Fast: The Religious Significance of food to Medieval Women*, University of California Press, 1987.

7-1 퐁테브로 수도원은 남녀가 별도의 건물에 머물렀던 이중 수도원이었다.
설립자 로베르 다르브리셀은 자신이 임명한 여성 원장에게 수도원 운영과 관련된
일체의 권한을 부여하고 남자들로 하여금 복종하도록 했다.

평등적 성격을 잃어버리고 기성사회의 남성지배적 위계질서 속에
함몰되는 경향이 있었으나, 초창기 이단 여성들은 설교권과 사제
권 행사를 통해 교회의 성 역할 고정관념에 도전장을 내밀었다.

중세 교회는 여성들의 이러한 돌출적 집단행동을 충격적으로 받
아들였다.[23] 아담을 유혹했던 이브의 딸들이 관습과 관념을 어지
럽히고 남녀간의 새로운 '역할분담론'을 제기했다는 사실은 기존

22) Shulamith Shahar, *Die Frau im Mittelalter*, Frankfurt, 1983, 224쪽.

23) W. Perger, *Beiträge zur Geschichte der Waldensier im Mittelalter*, München, 1877, 243쪽에서 재인용.

교회의 성직자들에게 쉽게 납득될 수 없었다. 이들의 사고는 아직도 교회의 모든 공적 영역에서 여성을 배제했던 여성폄하적 전통 속에 머물러 있었기 때문이었다. 여성에게 공식적으로 지도적 역할을 인정하는 종교집단에 대한 시선은 의혹에 찰 수밖에 없었다.

모든 계층의 여성들에게 문호를 개방했던 베긴 수녀회도 1216년 교황에게 승인받기 전까지 지역 교회로부터 이단 의혹을 받았다. 공동체 생활을 하면서 노동·기도·교육을 통해 청빈한 삶을 맹세했던 베긴 수녀회가 벨기에를 거점으로 전파되었다면, 클라라 수녀회 운동은 이탈리아에서 시작되었다. 프란치스코 성인에 의해 1212년 개종한 클라라 성녀(Chiara d'Assisi)는 아시시의 성 다미앵 교회에서 공동체를 설립했다. 클라라회 수녀들 역시 자발적 청빈·보시·육체노동으로 스스로를 부양했으며, 빈민 구호와 환자 간호를 주된 임무로 삼았다. 이들은 말과 행동으로 청빈의 이상을 실천했다. 독일 튀링엔의 엘리자베트(Elisabeth), 스웨덴의 비르기타(Birgitta), 이탈리아 볼로냐의 카타리나(Katharina)와 같은 클라라회 수녀들은 고위 귀족가문 출신의 부인들이었다. 이들은 현세적 부를 스스로 포기하고 나환자 간호와 같은 박애적 봉사를 통해 종교적 소명을 실천했다. 현세적 부의 자발적인 포기, 남편과의 합의이혼, 종교적 삶으로의 귀의, 이 모든 것들은 전통적 여성의 임무를 포기하는 행위였다. 비록 종교적 사명감에서 비롯되었지만, 12, 13세기 여성의 종교운동은 생식과 가문 존속, 정략결혼(marriage policy)의 대상으로서 여성의 존재 가치를 축소하던 시대 상황[24]의 틈새에서 뿌리 내리고 성장하기 시작한 새로운 운동이었다.

지금까지 중세 전성기에 '역할거부운동'(Verweigerungs-bewegung)에 가담했던 여성들에 대해 살펴보았다. 이들은 자신의 행동을 종교적 소명으로 받아들였다. 그래서 이단으로 내몰리면서도 찬송가를 부르며 기꺼이 화형장으로 끌려갔다. 역할거부운동에 가담했던 여성들은 자신들의 종교적 열망을 충족시키는데 만족하지 않고, 종교적 경건성을 일상에서 실천하려 했다.

그러나 여성들의 역할거부론이 현실적으로 중세의 남성지배적 사회구조를 탈바꿈시킬 수는 없었다. 그 결과, 종교적 성 역할 관행에 도전장을 던졌던 종교적 여성들(mulieres religiosae)의 종교적 열정이나 소명은 여성적 신비주의를 낳았다. 이제 여성들은 예수 그리스도나 성인과 같은 초자연적 존재와 소통하고, 신비주의적 환영(幻影)을 체험하기 시작했다. 공개 석상에서 말할 기회가 박탈되면서 정치적으로나 종교적으로 무기력했던 여성들은 그리스도와 영적 혼인식(Mystische Vermählung)을 올렸다. 그리스도와의 합일을 체험한 그녀의 지위는 신의 영적 배우자로서 격상되었고, 언제든지 그리스도와 대화를 나눌 수 있게 되었다. 또한 그리스도의 삶을 현세에서 실천하는 기쁨을 누렸다.

바이넘은 이러한 환영 체험을 사제직과 수사직에 대한 여성적 바람의 대안으로 보기도 했다. 신비주의적 체험을 통해 여성들이 성직권(clerical power) 행사에 대한 열망을 표현했고, 더 나아가

---

24) 조르주 뒤비, 최애리 옮김, 『중세의 결혼』, 새물결, 2001.

남성들의 권력(power of males)을 능가하려는 여성주의적 의식을 확립하려 했다는 것이다.[25] 사제직과 수사직은 남성의 고유한 임무였으므로, 교회 내에서 단순한 직무조차 맡을 수 없었고 탁발하면서 참회를 설교할 수도 없었던 여성들은 이제 신비적 환영을 통해 신의 중재자 역할을 했다. 일부 여성들은 예언과 기적 수행 능력을 인정받아, 종교적 모임에서 기도를 인도하거나 어려운 사람들의 상담자가 되기도 했다.

종교적 성 역할 고정관념에 대한 도전은 중세 성직자들의 도덕성과 밀접한 관련을 가지고 있었다. 이미 중세 봉건교회는 사도적 청빈의 이념으로부터 멀어졌으며, 교회와 수도원의 운영은 귀족 가문의 의지대로 좌지우지되었다. 제도권 교회를 비난하고 성직자의 세속적인 삶에 반대하는 평신도의 수가 늘어갔다. 여성들도 일부 성직자들의 부도덕성을 비판하기 시작했다. 베긴 수녀회의 아그네스 브란베킨(Agnes Blannbekin)의 기록에 따르면 한 부도덕한 사제가 미사를 집전하면서 그녀에게 성체를 주려고 하기 직전, 그녀의 입속으로 성체가 달콤한 맛을 내면서 들어왔고, 그 사이에 사제는 제단에서 성체를 찾고 있었다.[26] 아그네스는 타락한 성직자들을 검은색의 벌거벗은 모습으로 묘사하면서, 이들은

25) Caroline Walker Bynum, "Women mystics and eucharistic devotion in the thirteenth century", *Women's Studies* 11, 1984, 193쪽.

26) Peter Dinzelbacher, *Leben und Offenbarungen der Wiener Begine Agnes Blannbekin*, Göppingen, c. 41.

인간의 피와 오물로 얼룩졌다고 했다.

예외적인 사례이기는 하나, 일부 여성 공동체에서는 여성들이 고백성사를 직접 들었던 것 같다. 사제 설교권 또한 비록 제한된 범주에서였지만 자의적으로 행해졌다. 허락 없이 설교를 했다는 이유로 대주교 앞에서 자신을 변호해야 했던 15세기 영국의 대표적인 신비주의자 마저리 캠프(Margery Kempe)의 경우, 자신은 설교대에서 설교를 하지 않았기 때문에 이는 설교에 해당되지 않는다는 구차한 변명[27]을 하기도 했다. 그러나 스페인 시토 수녀회의 일부 원장들은 공개 설교를 하기도 했으며, 베긴 수녀회의 일부 원장들도 수녀들에게 설교를 했던 것으로 알려졌다.[28] 남성 사제의 설교권에 대한 도전은 발도파 여성 사제들에서 절정에 달했다. 이들은 왕성한 설교 활동을 벌여 중세 가톨릭교회로부터 매우 강한 반발을 받았다.[29] 여성 설교권 논란에서처럼 여성 운동이 정통 가톨릭교회 내에서 이루어질 경우에는 종교적 역할거부적 성향이 많이 드러나지 않았던 반면, 이단의 여성 운동에서는 성 역할 고정관념에 대한 강한 도전이 표출되었다.

27) "I preche not, ser, I come in no pulpytt", Sanford Meech(ed.), *The Book of Magery Kempe*, Oxford University Press, 1940, 116쪽.

28) Ernest W. McDonnell, *The Beguines and Beghards in Medieval Culture*, New Brunswick, 1954, 343쪽.

29) 1185년의 한 가톨릭 보고서는 설교하는 발도파의 여성들을 "설교하는 매춘부"(meretricula praedicatrix)로 매도하기도 했다(Segl, *Frauenbewegung*, 103쪽에서 재인용).

7-2 『마저리 캠프의 책』의 일부. 1436년에 펴낸 이 책은 글을 읽을 수 있으나 쓰지는 못했던 캠프가 구술한 내용을 한 남성 사제가 받아 적은 것이다. 따라서 책 속에는 남성 사제의 목소리가 곳곳에 담겨 있다.

역할거부운동의 참여 동기

중세 여성 운동의 가장 주된 참여 동기를 종교적인 것으로 돌리는 것은 그리 무리가 아니다. 클라라 수녀회의 창시자인 클라라 성녀가 스스로 밝혔듯이, "그녀는 현세의 가난, 고통, 시련, 천시, 경멸을 두려워하지 않는다. 단지 (천상에서의) 더 큰 기쁨을 중요시할 뿐이다".[30] 현세적인 것 대신 천상의 영원한 삶을 얻는 것이

---

30) 원문은 "quod nullam pauperitatem, laborem, tribulationem, vilitatem et contemptum saeculi timeremus, immo pro magnis deliciis haberemus"(Regula propria 6, 17, I. Omaechevarria(ed.),

더욱 보람되리라는 믿음이 상당수 여성들로 하여금 탁발 교단의 수녀원에 입회하도록 했다. 11세기 말부터 전 유럽에 불어왔던 경건운동에 고무된 대부분의 여성들도 종교적 공동체에서 각자의 종교적 소명을 실현하기 위해 먼저 현세적 부와 지위를 포기했다.

다음으로는 청빈한 사도적 삶을 설교했던 설교가들의 카리스마와 인품에 많은 여성들이 감명을 받았던 것 같다. 로베르 다르브리셀, 프란치스쿠스 성인과 같은 설교가들은 자신들의 카리스마 외에도 청빈의 이상을 실천함으로써 여성들에게 귀감이 되었다. 이들의 말과 행동들은 기존의 재속 사제들이나 수도사들과 달리 겸허하고 청빈했다. 이들의 설교 내용이 더 넓은 계층의 여성들에게 전파될 수 있었던 또 다른 이유는 설교가 지역어로 이루어졌고, 지방어로 된 교리서가 있었기 때문이었다.[31]

"신앙의 시대"에도 개인적 동기가 종교적 소명 못지않게 많은 작용을 했다. 베긴 수녀회에 가담한 미망인들과 처녀들에게 경제적 궁핍은 중요한 입회 원인이었다. 그러나 경우에 따라서는 동정녀적인 삶에 대한 동경이 경건운동에 가입하게 된 동기가 되기도 했다. 14세 되던 해에 순결한 삶을 맹세한 마케이트의 크리스티나(Christina of Markyate, 1097~1154)는 평생 동안 자신의 서약

　　Escritos de S. Clara y documentos complementarios, Madrid, 1982, 278쪽).

31) Brigitte Degler-Spengler, "Die religiöse Frauenbewegung des Mittelalters", *Rottenburger Jahrb für Kirchengeschichte Bd.* 3, 1984, 85쪽.

을 지키고자 주위의 유혹과 강요를 이겨내야만 했다. 그녀는 귀족 가문의 자녀로서 부모가 강제로 중매한 남자들의 청혼을 거부해야 했다. 딸의 고집을 꺾으려는 가족들의 회유와 폭력에 시달려야 했지만 그녀는 끝까지 본인의 의지를 굽히지 않았다.[32] 자신의 삶을 스스로 설계하려던 그녀의 꿈은 은수자의 삶과 수녀원 입회를 통해 가능했다. 크리스티나는 가부장 사회의 여성에 대한 억압과 구속력을 신앙의 힘으로 극복하고, 종교의 보호벽 안에서 자아실현을 위해 노력한 인물이었다. 부모에 대한 자식의 복종 의무를 거부하고, 세속적 유혹을 과감하게 떨칠 수 있었던 이유는 바로 그녀의 신앙심과 용기였다. 이처럼 여성이 수도공동체에 입회하는 것은 일상의 구속과 강요로부터의 해방을 뜻했으며, 수녀원은 중세의 여인들에게 자유의 영역을 의미했다.

많은 여성들에게 출산의 위험은 치명적이었다. 이를 피하고자 결혼을 꺼렸던 젊은 여성들과 재혼 후 무리한 출산을 원치 않았던 미망인들도 종교적 공동체에서 새로운 삶의 도피처를 찾았다. 또한 여성 수도공동체는 원하지 않은 결혼을 피하고자 했던 여성들에게 현실도피처였다. 후에 복자위에 올려진 스토멜른의 크리스티나(Christina von Stommeln, 1242~1312)는 13살의 나이에 강요된 결혼으로부터 벗어나기 위해 도주를 감행한 이후, 쾰른의 베긴 수도공동체에서 머무를 수 있었다.[33]

32) McDonnell, 앞의 책, 81쪽.
33) Peter Dinzelbacher, Christine von Stommeln, *Lexikon des*

중세의 법률 문서들을 조사해보면, 중세의 결혼은 남편이 법적으로나 사회적으로 여성에 대한 보호권을 행사할 수 있게끔 했다. 그래서 상당수 여성들은 결혼 생활을 구속으로 여겼던 것 같다. 후대에 복자위에 올려진 시에나의 알도브란데스카(Aldobrandesca da Siena, 1245~1309)는 남편이 죽자 자신을 예속상태에서 구원해준 예수 그리스도께 감사의 기도를 드렸다고 한다.[34] 역시 복자위에 올려진 폴리뇨의 안젤라(Angela da Foligno, 1248~1309)는 단시일 내에 가족이 모두 사망하자 오히려 큰 위안(magnam consolationem)을 얻었다고 한다. 또한 이전부터 그렇게 되기를 신께 기도했다고 전한다.[35] 프랑스의 신비주의 여성인 우앙의 마르그리트(Marguerite d'Oingt, 1240~1310)는 결혼을 둘러싼 "가족들의 굴레와 이에 대한 복종"(servitute et subjectione hominis)으로부터 벗어나고 하는 희망을 글로써 표현하기도 했다.[36]

이러한 몇 가지 사례에서 드러나듯이, 종교적 여성들이 거부하고자 했던 것은 남성만이 아니었다. 그들은 현세의 물질적 삶(saeculum)을 자발적으로 포기하고 종교적 생활에 몰입하고자

Mittelalters II, 1983, Sp.1919 이하.

34) Elizabeth Petroff, *Consolation of the Blessed*, New York, 1979, 42쪽.

35) P. Doncoeur, *Le livre de la bhse. Angèle de Foligno*, Toulouse, 1925, 10쪽.

36) A. Duraffourru(ed.), *Les Oeuvres de Marguerite d'Oingt*, Paris, 1965, 87쪽.

했다. 이를 위해 가족 혹은 결혼이라는 현실의 굴레에서 먼저 벗어나야만 했다. 중세는 신앙의 시대였다. 신을 위한 삶은 많은 여성들에게, 특히 종교적인 여성들에게 어느 것과도 비교될 수 없는 동경의 대상이었다. 그녀들은 세속적 구속과 억압에 대한 저항의 표시로 기도 · 도망 · 반항 · 수녀원 입회 · 신비적 체험 등의 다양한 방법을 모색했다.

이러한 행위를 통해 여성들은 강요된 결혼으로부터 자유로워지고자 했으며, 억압적인 부권적 관습의 울타리를 벗어나 다른 자매들과의 유대를 통해 보호받고자 했다. 밀실 생활, 묵상, 침묵의 계율과 같은 엄격한 수녀원의 규율은 혼탁한 세속적 삶과 격리된 해방의 공간을 마련해주었다. 여성이 종교공동체에 입회하는 것은 구속이 아니라 해방 그 자체였다. 이들이 거부한 것은 사회가 여성에게 억압적으로 부여한 일상적 책무와 강제였다. 이로써 그들은 경제적 · 성적인 활동공간과 자유를 획득했다.

몬타우의 도로테아 성녀

이상에서 중세 여성들이 종교운동의 외투를 걸치고 사회, 종교적 역할거부운동을 시작하게 된 배경과 과정에 대해 살펴보았다. 이들은 집단의 테두리 속에서 종교운동을 전개했으며, 일부 주동자(그나마 상당수가 남성이었다)들을 제외하면 개인적 성장 배경과 동기를 정확히 알 수 없다. 그러나 다행스럽게도 14세기에 와서는 상황이 많이 달라졌다. 성녀로 축성된 인물들의 전기가 씌어지면서 당시 여성들의 삶을 추적할 수 있게 되었기 때문이다. 더욱이 귀족이나 동정녀가 아닌 농민이나 미망인과 같은 평범한 여인들도 성녀의 대열에 끼게 되면서 중세 말기 신비주의 여성들의 일상생활이 서서히 그 모습을 드러내기 시작했다.

몬타우의 도로테아(Dorothea von Montau, 1347~94)[37]는 사후 600년이 지난 1976년에야 로마 가톨릭교회로부터 성녀로 축성되었다. 부유한 농가에서 태어난 그녀는 당시의 여느 여인들과 다를 바 없는 어린 시절을 보냈다. 그러나 10살이 되던 해에 아버지가 사망한 뒤, 어머니가 홀로 농지 경작, 가축 사육에서 하인들 관리에 이르기까지 농가 경영을 책임지게 되었다. 40년간 재혼하지 않고 모든 결정을 스스로 내렸던 어머니 아가타(Agatha)는 어린 도로테아에게 강인한 여성상을 심어주었다.[38]

17살이 되던 해에 도로테아는 자신보다 나이가 더 많고 안정된 생활기반을 갖춘 단치히(Danzig) 출신 대장장이 아달베르트(Adalbert)와 결혼한다. 이들의 결혼을 중매했던 쇤펠트(Claus Schönfeld)가 전하는 바에 따르면, 도로테아는 결혼에 쉽게 응하지 않았다고 한다. 여기서 우리는 14세기 도시에서의 결혼은 부모

---

37) 이하 Elisabeth Schraut, "Dorothea von Montau: Wahrnehmungsweisen von Kindheit und Eheleben einer spätmittelalterlichen Heiligen," *Religiöse Frauenbewegung*, 373~394쪽.
38) 농부의 부인 또는 장인의 부인으로서 중세 말기의 여성들이 분담했던 경제적 역할에 대해 앞으로도 더 많은 관심과 연구가 필요하다. 이를 통해 근대 자본주의 경제의 형성 과정에서 여성들의 역할이 미비한 수준에 머무르지 않았음을 밝힐 수 있게 될 것이다.

7-3 독일 마리엔베르더
성당 지하에 있는
도로테아 성녀를 위한 제단.

의 결정에 따라 일방적으로 이루어지지 않았으며, 당사자들의 동의가 필요한 '합의 결혼'이 관행이었음을 알 수 있다. 비록 부모나 후견인의 압력이 여전히 결정적이었지만, 당사자의 결혼 동의가 일반적이었음은 그만큼 결혼과 관련하여 여성들의 권리가 상승했음을 보여준다.

대장장이의 아내이자 도시 중산층 부인으로서 도로테아는 결혼 생활에 만족스러워 했다. 그녀는 9명의 아이들을 부양하면서 대장간의 물품 구입을 담당하기도 했는데, 이는 당시 장인(匠人)의 부인들이 도시 경제에서 일정한 역할을 수행했음을 보여준다. 일과 후 여가 시간에 남편과 조합 모임에 참석해 춤을 추는 등 사교 생활도 어느 정도는 누릴 수 있었다.

이 같은 안정적인 생활 속에서도 도로테아의 신앙심은 나약해지지 않았다. 다행히도 남편이 가사와 아이들을 돌봐주었기 때문에, 원할 때면 교회에 가서 영성체를 받을 수 있었다. 그러나 행복했던 평범한 생활에 재앙이 닥쳤다. 그녀가 31살이 되던 해에 이미 서너 명의 아이들이 목숨을 잃었던 것이다. 37살 때는 다른 네 명의 아이들마저도 숨을 거두어서, 34살에 얻은 막내 딸 거트루드(Gertrud)만이 살아남았다. 신의 축복이었던 아이들을, 그것도 단시일에 여덟 명이나 먼저 하늘나라로 보내야 했던 도로테아에게 견딜 수 없을 만큼 괴로운 시기였다. 이때부터 그녀의 신에 대한 절대적인 예속성은 더욱 강해졌던 것으로 보인다.

그녀의 종교적 고행은 잦은 미사 참여, 단식과 금욕의 준수에만 그치지 않았다. 채찍과 가시 돋친 나뭇가지를 이용한 육체적 고행도 병행했다. 결국 그녀의 극단적인 참회 생활을 주위에서 의혹에 찬 눈으로 주목했고, 심지어 본당 신부조차 그녀에게 매주 영성체를 주는 것을 거부하기도 했다.[39] 도로테아가 결혼한 여자이기 때문에 교리 규정보다 영성체를 자주 줄 수 없다는 이유였다.[40] 이는

---

39) 중세 여성들은 여성이라는 이유로 교회로부터 종교적 불평등을 당했던 사례가 자주 발생했다. 출산 후 산고를 겪는 산모나 생리 기간의 여성에게는 영성체가 주어지지 않아 여성들의 불만이 고조되기도 했다. 이 같은 종교적 관행에 대해서는 Alexander Patschovsky, "Auszüge aus dem Sammelwerk des Passauer Anonymus", *Quellen zur Geschichte der Waldenser*, 1973, 70~73쪽.

40) 14세기에는 일반 세속인에게 한 해에 영성체를 7번만 주는 것이 관행이었다(Anneliese Triller, "Die heilige Dorothea von Montau vor

제도권 교회가 여성들의 고조된 종교적 열정을 충족시킬 수 없었음을 보여주는 한 실례라 하겠다. 도로테아의 실망은 점차 제도적 모순에 대한 도전으로 증폭되어갔다. 그녀는 성직자에게 받는 영성체에 더 이상 영적인 만족감을 얻지 못하게 되었다.[41] 성체 성사를 둘러싼 신비주의적 환영은 여성들의 종교적 갈증을 해소시키지 못했던 중세 교회에 대한 일종의 거부적 현상이었다. 발도파나 카타리파와 같은 이단들은 애초부터 성체 성사를 거부했다.

　도로테아의 거부는 종교적인 것에만 국한되지 않았다. 자식들을 차례로 잃으면서 육신을 하나씩 도려내는 아픔을 경험했던 그녀는 일상생활 자체를 거부하기 시작했다. 대장간 물품을 구입하라는 남편의 심부름을 잊기 일쑤였고, 생선 대신 고기나 달걀을 샀으며, 비늘도 벗기지 않고 내장을 도려내지 않은 채 생선을 통째로 끓이기도 했다. 남편은 부인의 이 같은 거부행위를 더 이상 이해하려

dem Hintergrund ihrer Zeit und Umwelt", Richard Stachnik(ed.), *Dorothea von Montau. Eine preußische Heilige des 14. Jahrhunderts. Anläßlich ihrer Heiligsprechung im Auftrag des Historischen Vereins für Ermland e.V.*, Münster, 1976, 30쪽.

41) 아마도 이러한 이유 때문에 13세기 이래로 성체 성사를 둘러싼 여성들의 신비주의가 대두되었던 것 같다. 복자위에 올려진 마르가레테 에브너린(sel. Margarete Ebnerin)은 "내가 받고자 하면 사제가 아닌 우리 주께서 언제든지 내게 성체 성사를 주셨다"라고 고백했다(Ph. Strauch, *Margaretha Ebner und Heinrich von Nördlingen*, Freiburg, 1882, 62쪽). 베긴 수녀회의 아그네스는 한 부도덕한 사제에게 성체를 받으려는 순간 영성체가 그녀의 입 속으로 들어왔다고 기록했다.

하지 않았고, 여성으로서 지니는 사회와 가정에서의 역할, 그리고 '성적 임무'를 충실히 수행하지 않으면 그녀를 가두겠다고 으름장을 놓았다.[42] 도로테아는 남편과의 잠자리마저 거부하고 있었던 것이다. 부인에게 제대로 대접받지 못하던 아달베르트는 부부가 갈라서는 것을 고려하기도 했으나, 이미 늙어서 잔병으로 자리에 눕는 날이 많았다. 아달베르트가 죽던 날도 도로테아는 로마를 향해 성지순례를 하던 중이었다. 이후 독일 마리엔베르더로 돌아온 그녀는 그곳의 한 은둔지에서 그렇게 원했던 종교적 삶에 귀의할 수 있었다.

도로테아의 경험은 단순히 한 개인의 충동적인 일탈행위로 설명할 수 없다. 그녀의 비정상적인 행동은 오히려 사회가 규정한 도덕적 규율이 행위자에게 억압적으로 부여되는 과정에서 유발되었다. 따라서 그녀의 일탈은 개인에게 규율을 강요하는 사회적 징계의 결과였다. 그녀가 거부한 것은 사회가 여성에게 전가한 의무였으며, 사회적 규범을 준수하지 않는 이러한 행동은 사회로부터 일탈적 행위로 낙인찍혔다. 따라서 도로테아의 거부행위는 단순

---

42) 부인에 대한 아달베르트의 이 같은 위협은 당시의 부부 관계에서 일반적인 것으로 받아들여졌다. 14세기 아아레덴부르크(Aaredenburg) 도시법은 남편은 부인이 잘못했을 경우, 그녀가 죽지 않을 정도로 구타해도 된다고 적고 있다(Shahar, *Frau*, 97쪽). 물론 이 같은 규정을 일반화해서는 안 되겠지만, 아내로서의 역할을 거부하는 여성들에 대한 구타는 모든 계층에서 일상적이었다고 한다(Emmanuel Le Roy Ladurie, *Montaillou: village occitan de 1294 à 1324*, Paris, 1975, 279쪽).

히 개인의 우발적 차원이 아니라 개인과 사회의 상호관계라는 구조 속에서 파악되어야 한다. 도로테아에게 부과되어, 그녀가 거부했던 규칙 자체가 남성이나 교회와 같은 힘 있는 집단의 가치나 이해관계를 반영했기 때문이다. 도로테아를 비롯하여 전통적인 역할 수행을 거부한 여성들은 사회적 약자였다. 이들은 어느 순간 자신에 대한 통제로부터 일탈을 시도했고, 남성중심적 사회집단은 이러한 규정위반자들을 국외인(Outsider)으로 규정하기 시작한다. 도로테아가 마녀로 의심받은 것도 이러한 맥락에서 이해될 수 있다.

거부를 통해 자유를 추구하다

11세기 이래로 여성의 전반적인 지위가 상승했고, 특히 도시여성들이 도시의 자유로운 공기를 향유하면서 여성들의 자의식이 형성될 수 있었다.[43] 하지만 중세의 여성들은 아직 기존의 사회적 관습이라는 굴레에 얽매여 있었다. 처음에는 아버지에게, 다음에는 남편에게 보호 내지는 지배되고 감시되었고, 남편이 죽으면 장남이 대리권을 행사했다.[44] 따라서 중세 여성들은 점진적으로 지위가 향상되었다고는 해도, 자신들의 목소리를 낼 기회가 쉽게 주

---

43) Georges Duby, Robert Mandrou, *Historire de la civilisation française: Moyen Age-XVIe siàcle*: 김현일 옮김, 『프랑스 문명사상』, 까치, 1995, 153쪽.

44) Georges Duby, *Die Frau ohne Stimme: Liebe und Ehe im Mittelalter*, Berlin, 1989, 63쪽.

어지지 않았다.

1207년 파미에(Pamiers)에서 일어난 한 논쟁은 중세의 여성이 자신의 의견을 개진하고 심지어 사회적 관념에 대해 도전적인 입장을 취할 경우, 남성 사회가 어떻게 대처했는가를 잘 보여준다. 이 논쟁에는 가톨릭교회와 카타리파의 대표자들이 참석하여 각자의 입장을 적극 옹호했다. 카타리파는 여성들에게 사제권을 부여함으로써 능동적인 종교 활동을 보장했는데, 이 논쟁에 참여한 한 여성 사제는 명확한 논리와 매우 도전적인 목소리로 카타리파를 변호했다. '일개' 여성의 예기치 못한 등장에 가톨릭 성직자들은 당혹감을 감출 수 없었다. 지금까지 경험해보지 못했던 새로운 상황이 벌어진 것이다.

정통 교리를 반박하고 이단적 노선을 취한 여성들에게 중세 교회는 일반적으로 화형·익사·생매장과 같은 제도적 체벌 장치로 대응했으므로, 카타리파 여성 사제의 태도는 목숨을 건 도전이었다. 사회적 규율과 통제에 대한 여성의 도전 또는 거역 운동을 미연에 방지하려면, 여성들이 사회와 종교 문제에 관심을 갖지 않게 하는 것이 최상의 방책이었다. 그러기 위해서는 여성들을 결혼하게 해서, "남편의 보호권"(munt)에 귀속시켜야 했다. 이러한 이유에서 1273년 오르뮈츠(Olmütz)의 부르너(Brunner) 주교가 반성직자 운동을 전개하는 여성들은 결혼을 통해 길들여야 한다고 언급했던 것이다.[45]

물론 여성의 종교운동이 모든 남성 성직자들의 반감을 샀던 것은 아니다. 베긴 수녀회와 밀접한 교류 관계를 유지한 비트리

(Jaques de Vitry)나, 13세기의 대철학자 로버트 그로스테스트
(Robert Grosseteste), 소르본의 신학자 로베르(Robert de
Sorbonne) 같은 인물들은 여성들의 종교운동에 동정적이고 긍정
적인 반응을 보였다. 그러나 대다수 당대인들은 사회적 가치 개념
들을 거부하고 결혼을 포기하거나 합의이혼을 통해 청빈한 사도
적 삶을 추종하고자 했던 여성들의 종교적 삶을 기존의 고정관념
을 뒤흔드는 도전으로 받아들였다. 더욱이 봉건귀족여성들이 아
닌 도시의 여성들, 심지어 도시 하층민들까지 종교적 각성을 경험
하면서 사회와 종교적 규율에 대한 비판적 목소리가 확산되자, 이
는 더 이상 간과될 수 없었던 혁명적 행동으로 인식되었다. 마침
내 이들은 가족으로부터 따돌림을 당하고, 이웃으로부터 위험하
거나 전염성 있는 기피인물로 격리되기도 했다. 일탈적 여성에 대
한 남성의 통제가 내외에서 동시에 진행됐다.

그러나 여성들이 진심으로 거부하고자 했던 바는 남성이 아니
라 현세의 부·권력·지위였다. 이들은 물질적 욕망을 포기하는
대신 기도와 관상(觀想), 자발적 청빈과 노동, 금욕과 단식, 신에
헌신하는 삶을 추구했다. "하늘에서 보물을 차지하기 위해" 스스
로 "가난한 사람"이 되고자 했고, 지금 굶주리지만 하느님의 나라
에서 배부르게 되리라고 믿었다. 이러한 삶을 살기 위해서는 세속

---

45) 원문은 "Volo autem huiusmodi nubere; ……Certe iste sunt ille
religiose, que sub nomine honestatis…… contra clericos
sustentare sueverunt"(Grundmann, 앞의 책, 338쪽에서 재인용).

적 구속으로부터 자유로워져야 했다. 특히 결혼을 앞둔 처녀나 가문의 세속적 이해관계에 연루되어 재혼의 압력을 받던 미망인들은 '육체적 결혼을 정신적 결합으로'(carnale martimonium in spirituale) 승화시키고자 했다. 육체적 결혼은 현세적 부와 안정을 보장하지만, 예수 그리스도와의 정신적 결속은 천상에서의 영원한 행복을 약속했다. 수많은 여성들이 수녀원에 입회하거나, 혹은 이단에 가담했던 까닭은 이러한 이유에서였다. 이들은 '혼인성사를 거부했던 여성들'(oblata matrimonia contemnentes)이었으며, 거부를 통해 영원한 자유를 얻고자 했던 여성들이었다.

목소리를 되찾고자 했던 여성들

11세기부터 유럽 사회에 등장하기 시작한 '굳건한 믿음을 가진 용감한 여성들'은 발전과 변화로 점철된 시대의 인물들이었다. 이 무렵 유럽 사회는 안정기에 들어서면서 교역 활성화, 도시 성장, 시민계층의 형성과 같은 특징적 시대 상황들을 경험한다. 중세여성들은 이러한 변화의 물결을 '자유'에 대한 인식의 계기로 만들었다. 이들의 시야는 여기에 국한되지 않았다. 이들은 자신들이 누리게 된 사회·경제적 자유의 폭을 점차 종교의 영역으로까지 확대해나갔다.

중세의 교회는 봉건사회의 연장선 위에 놓여 있었다. 봉건교회에 대한 여성들의 도전은 남성들이 규정한 사회적 위계질서에 대한 총체적인 위협으로 인식되었다. 그 결과 종교적 여성들은 교회와 세속 권력자들의 힘과 통제에 억눌리게 되었지만 '자의식 형성'을 통해 교회와 세속의 제도적 억압에 굴복하지 않고 자신들의 목소리를 찾고자 했다. 중세의 여성들은 정체성 확립을 위해 종교적 힘에 의지하면서 자신의 영역을 확보하고자 노력했다. 종교적 영감을 체험하게 된 여성이 자신의 종교적 소명을 스스로 실현할 기회를 갖고자 했던 것이다. 따라서 역할거부운동에 참여했던 여성들이 거부했던 것은 종교와 현세가 아니라, 기성교회와 전통 사회의 성 역할에 대한 고정관념이었다.

중세 '여성운동'의 출발점은 종교적 성 역할 관행에 대한 도전이었지만, 이들의 운동은 종교 분야에만 국한되지는 않았다. 봉건 교회와 사회로부터 철저히 배제되었던 여성들, 특히 도시의 여성들이 재생산·가문 존속·정략결혼과 같은 여성에 대한 전통적인 가치를 부정하고 이에 도전했기 때문이다. 종교적 영역에서 목소리를 되찾고자 했던 여성들은 이제 중세 봉건사회의 전통적인 성 역할 수행을 거부하기 시작했다.

8 장원을 통치한 귀족 여인들

긴느 아르드르 가문의 여인들

중세 봉건사회는 다양한 신분 계층의 역할 분담을 특징으로 하는 구성체였다. 중세여성사 연구도 계층 간 간극이 명확했던 신분제 사회라는 특수한 상황, 그리고 그 속에서 숨 쉬었던 여성들의 상이한 생활 유형과 감성을 고려해야만 한다. 이 시대의 귀족층 여성은 여타 집단의 여성들과 비교해 그 수는 비록 적었지만 많은 특권을 향유했으며, 동시에 하층민 보호에 대한 책임감을 짊어지고 살아갔다. 그러나 역사가들은 아직도 이들의 실제 모습, 역할, 영향력, 권위, 상층민으로서 갖는 도덕적 책무 등에 대해 상당히 회의적인 반응을 보인다.[1]

실명으로 알려진 일부 귀부인의 경우 제한적이나마 사료를 통해 그 모습을 재현해볼 수 있으나, 대부분의 중세여성에 대해 사료는

---

1) Mary Erler, Maryanne Kowaleski(eds.), *Women and Power in the Middle Ages*, Athens: University of Georgia Press, 1988, 1~17쪽.

침묵한다. 귀족가문의 여성과 관련해서도 상황은 유사하다. 토지 기증장에 남아 있는 서명을 여성의 재산권 행사로 해석하는 것이 가능하지만, 과연 이들이 권력 행사에 얼마나 능동적으로 참여했는지를 가늠하기란 쉽지 않다. 이러한 이유로 기존의 여성사 연구, 특히 상층부 여성에 대한 연구는 극히 일부 인물에 국한된 전기적 역사서술이 주를 이루었다. 신성로마제국 황제 오토 1세의 두 번째 부인으로 종교뿐 아니라 공사(公私)의 영역에서 적극적으로 특권을 행사했던 아델라이데,[2] 50년간 남성적(virilis)[3] 통치술을 발휘한 나르본느의 자작부인 에르망가르드[4], 그 외에 힐데가르트 폰 빙엔,[5] 크리스틴 드 피장[6] 정도가 이에 해당될 것이다.

2) F. R. Erkens, "Die Frau als Herrscherin in ottonisch-frühsalischer Zeit", A. V. Euw, P. Schreiner(eds.), *Kaiserin Theophanu. Begegnung des Ostens mit dem Westen um die Wende des ersten Jahrtausends. Gedenkschrift des Kölner Schnütgen-Museums zum 1000. Todesjahr der Kaiserin. Band II.*, Köln, Schnütgen-Museum, 1991, 245~259쪽; F. R. Erkens, "Consortium regni—consecratio—sanctitas: Aspekte des Königinnentums im ottonisch-salischen Reich", Stefanie Dick, Jörg Jarnut, Matthias Wemhoff(eds.), *Kunigunde—consors regni. Vortragsreihe zum tausendjährigen Jubiläum der Krönung Kunigundes in Paderborn(1002~2002)* (= *MittelalterStudien Bd. 5*), München: Fink, 2004, 71~82쪽.

3) 중세 작가들은 정치권력의 행사를 남성 본연의 것으로 보았고, 정치적 여성은 단지 남성적 특권을 잠정적으로 소유하는 것으로 이해하고자 했다. 이에 대해서는 Kristi DiClemente, "The Women of Flanders and Their Husbands: The Rule of Women in the Liber Floridus", *Essays in Medieval Studies* Vol. 23, 2006, 79~86쪽, 여기서는 79쪽 참조.

물론 축적된 연구 성과 수준과 사료의 상대적 부족으로 중세 봉건 시대를 살았던 모든 계층의 여성에 대해 총체적인 그림을 그린다거나 심층적인 연구를 진행하는 것은 불가능해보인다. 또한 한 편의 학술 논문에서 중세여성의 삶을 개설적으로 성찰하는 것[7] 역시 타당해보이지 않는다. 따라서 이 장에서는 여성사 연구의 방법론을 재검토하고, 동시에 새로운 사료 발굴의 가능성을 타진해보고자 한다.

오늘날의 많은 역사가들은 공적인 영역(public space)과 사적 공간(domestic sphere)의 간극을 인식하고, 사적 공간에서 벌어진 행위들을 '부차적인 것', '대수롭지 않은 일'로 평가절하하기도 한다. 그러나 이는 아리스토텔레스의 영향으로 중세 말기에 다시금 대두된 공사분리적(公私分離的) 오류의 재현일 뿐이다. 최근의 연구동향은 이러한 이론과 연구방법론에 이의를 제기하고, 과거를 새롭게 재해석하는 쪽으로 전개된다.[8] 그렇지만 사적 공간

---

4) Paulette L'Hermite-Leclercq, "The Feudal Order", Christiane Klapisch-Zuber(ed.), *A History of Women in the West II: Silences of the Middle Ages*, Harvard University Press, 1994, 202~249쪽, 여기서는 235, 236쪽 참조.

5) 대표적으로 Heinrich Schipperges, *Hildegard von Bingen*, München: C. H. Beck, 2001.

6) 대표적으로 Charity C. Willard, *Christine de Pizan: Her Life and Works*, New York: Persea Books, 1984.

7) 중세여성사에 대한 개설적 서술로는 E. Ennen, *Die europäische Stadt des Mittelalters*, Göttingen: Vandenhoeck und Ruprecht, 1987 참조.

에서 보여준 중세여성의 활동에 대한 연구는 국내외적으로 아직
도 부족한 실정으로,[9] 특히 장원 통치 영역에서 보여준 여성의 능
력에 대한 평가 작업은 미비한 상황이다.[10]

이를 위한 사전 작업으로 장원에서 귀족여성이 보여준 통치 능력
을 검토해보고자 한다. 이렇게 함으로써 기존의 '예외적 여성'을 벗
어난, 좀더 폭넓은 계층의 여성적 삶을 드러낼 수 있지 않을까 생각
된다. 이 장에서 집중적으로 조망할 긴느 아르드르(Guînes-
Ardres) 가문은 노르망디, 앙주, 플랑드르 등과 위세를 비교할 수

---

8) Susan Mosher Stuard(ed.), *Women in Medieval Society*,
Philadelphia: University of Pennsylvania Press, 1976; R.
Bridenthal and C. Koonz, *Becoming Visible: Women in European
History*, Boston: Houghton Mifflin, 1988; Susan Mosher Stuard,
Women in Medieval History and Historiography, Philadelphia:
University of Pennsylvania Press, 1987; F. Wemple, *Women of the
Medieval World*, Oxford: Blackwell, 1985.

9) 국내에서는 영국의 여성, 특히 재산권과 관련된 연구가 홍성표(『서양
중세사회와 여성』, 느티나무, 1999)에 의해 진행되었으며, 여성에 대한
중세 교회의 신학적 관점에 대해서는 차용구의 연구(「중세 교회의 여성
관: 기존의 연구 성과에 대한 재검토」, 『서양중세사연구』 제11호, 2003,
1~25쪽;「"Femina est mas occasionatus": 토마스 아퀴나스의 여성
관에 미친 아리스토텔레스의 영향」, 『서양중세사연구』 제14호, 2004,
67~98쪽;「아우구스티누스의 여성관」, 『서양중세사연구』 제16호,
2005, 31~55쪽)를 들 수 있다.

10) Ellen E. Kittell, "Women in the Administration of the Count of
Flanders", *Frau und Spätmittelalterlicher Alltag: Internationaler
Kongress Krems an der Donau*, Wien 1986, 487~508쪽, 여기서는
487쪽.

8-1 1141년 제작된 이 작품은 신성로마제국 황제 하인리히 4세가
여백작 마틸데와 클뤼니 수도원장 위그를 만나 서임권 투쟁으로 인해
파문 당한 자신을 위해 교황 그레고리우스 7세에게 중재를 해줄 것을
요청하는 장면이다. 마틸데는 토스카나 지방 최고 권력자로서
이 지역 도시들이 교역으로 번성하도록 정치력을 발휘했다.

없는 군소 귀족이었지만, 중세를 움직였던 귀족 집안의 평균적인 사례가 될 수 있다. 이러한 이유로 두 가문 여인들에 대한 연구는 중세 귀족여성의 보편적인 삶을 투영할 수 있는 기회가 될 것이다.

안주인의 절대적인 권위

『긴느 백작 가문사』(*Historia comitum Ghisnensium*, 이하 『역사』)는 12세기 중반 이후 프랑스 북부 지역에서 유행했던 일종의 '가문사'(家門史)로, 선조들의 미덕을 기리고 가계의 혈통을 후손들에게 전할 목적으로 작성된 글이다. 『역사』는 *MGH SS*(*Monumenta Germaniae Historica Scriptores*) 24권에 편찬되어 있으며,[11] 저자는 이 책의 프롤로그에서 스스로를 아르드르 교회의 사제인 랑베르(Lambert D'Ardres, 1160~1203년경)라고

---

11) J. Heller(ed.), *Monumenta Germaniae historica inde ab anno Christi quingentesimo usque ad annum millesimum et quingentesimum. Scriptorum, 24*, Hannover, 1879, 550~642쪽. 랑베르의 『역사』에 대해서는 E. A. Freeman, "The Lords of Ardres," *Britisch Quarterly Review*, Vol.71, 1880, 1~31쪽; G. Duby, *The Chivalrous Society*, Berkeley and Los Angeles, 1980, 특히 143~146쪽; G. Duby, *Medieval Marriage: Two Models from Twelfth-Century France*, Baltimore and London, 1978; E. A. Warlop, *The Flemish Nobility Before 1300*, Courtrai, 1975; Franz Igler, "Über Stadtentwicklung: Beobachtungen am Beispiel von Ardres", *Zeitschrift für Archäologie des Mittelalters* Vol.11, 1983, 7~19쪽; Urban T. Holmes, Jr., "The Arthurian Tradition in Lambert D'Ardres.", *Speculum* Vol.25, 1950, 100~103쪽 참조.

소개하고 있다.[12] 아르드르 경의 가문을 위해 시무하는 사제였던 랑베르가 『역사』를 집필할 무렵인 1190년대는 긴느 백작의 장남 아르누르와 아르드르 경의 외동딸이자 상속녀인 베아트리스의 결혼을 계기로 두 집안이 흡수·통합되던 시기였다.

긴느 백작 가문의 역사에서 백작부인들이 차지하는 비중은 그 등장 횟수에서 나타난다.[13] 랑베르는 참고자료가 부족한 어려운 여건 속에서 『역사』를 완성하면서도 백작의 부인들이나 딸들을 설명하는 데 최대한의 배려를 하는 예의를 지켰다. 그것도 대부분 실명으로 말이다.

구체적인 사례를 집중적으로 연구하기 전에 먼저 한두 가지 흥미로운 사실을 소개하고자 한다. 아르드르 가문의 부인들은 '성주의 부인', '영주의 부인'으로서 직간접적으로 공적인 업무에 개입하곤 했다. 가문의 가장이었던 남편의 '협력자'로서 집안의 재산을 관리하는 책임을 지고 있었던 여인들은 때로는 냉혹할 정도로 엄격하게 가계를 꾸리기도 했다. 1138년경 사망한 아르누르 2세(Arnold II, 1094~1138)의 부인 제르트뤼드(Getrude of Alast)는 아마도 그 대표적인 사례일 것이다. 그녀의 영지관리 실태에 대해 랑베르는 다음과 같은 기록을 남긴다.

12) *MGH SS*, 557, "INCIPIT PROLOGUS ARDENSIS ECCLESIE PRESBITERI LAMBERT".

13) 뒤비(유치정 옮김, 『12세기의 여인들: 제2권. 죽은 자를 기억하기』, 새물결, 2005, 180쪽)의 조사에 따르면, 『역사』에는 백여 명에 달하는 여인들의 이름이 등장한다.

주도면밀했던 그녀는 방목권을 더 효율적으로 이용하기 위해 영지 내의 모든 가축들을 한 무리씩 다시 편성하도록 지시했다. 그녀의 명령을 이행하느라 동분서주하고 있던 대리인들이 한 오두막집에 왔을 때, 그들을 맞은 사람은 한 가난한 여인으로 그녀의 뒤에는 배고파 울고 있는 일곱 명의 어린아이들이 보였다. 망연자실해 보이는 가냘픈 여인은 자신의 수중에는 양이나 소 어느 것도 없으니 귀부인이 정 원한다면 자기 아이들 중 한 명을 데려다 방목하는 것이 어떻겠냐고 냉소적으로 쏘아붙였다. 이 말을 그대로 전해 들은 제르트뤼드는 어린 여자아이 하나를 데려다가 새끼 양을 대신해서 하녀로 삼았고, 이 아이가 결혼할 나이가 되자 농장 재산을 관리하고 있던 남자와 짝을 지어 주었다. 이때부터 이 하녀가 낳은 모든 자식들은 귀부인의 소유가 되었다.[14]

제르트뤼드의 냉혹한 권력 행사는 다른 일화에서도 드러난다.

그녀는 결혼하면서 플랑드르로부터 자신을 보필할 사람들을 데리고 왔는데 그중 어린 아가씨 한 명이 있었다. 그녀는 원체 매력적이어서 많은 남자들과 염문이 있었다. 혼기에 든 이 아가씨는 평소 마음에 두고 있던 저택의 한 하인에게 자신을 아내로 삼아줄 것을 요청했으나, 이 남자는 신분상의 차이를 이유로 들어 거절을 한다. 그러자 꾀를 낸 이 아가씨는 귀부인에게 달려

---

14) 『역사』, c. 129.

가 상황을 설명하고 의례적인 몸짓으로 손을 내밀며 무릎을 꿇고 스스로 노예가 되겠다고 맹세를 했다. 그녀의 예상은 들어맞았다. 제르트뤼드 부인은 남자의 의사는 들어보지도 않고 암양을 짝지어주듯이 시종에게 결합을 강요했다.[15)

영주에게 자신이나 배신의 딸을 결혼시킬 수 있는 권한이 있었다면, 장원에 거주하는 하인들 간의 성관계를 규율하고 어린 하녀를 결혼시킴으로써 농노의 수를 늘리는 일은 전적으로 안주인의 임무였다.[16)] 위의 두 사례에서 확인할 수 있듯이, 가정이라는 사회에서 여성은 독립적이고 합법적이며 때로는 절대적인 권력을 행사한 것으로 보인다. 그렇기에 랑베르는 비록 "제르트뤼드가 하인들 간의 짝짓기를 통해 태어난 아이들을 노예로 만들 정도로 냉혹했다"[17)] 혹은 "재물의 소유욕에 눈이 멀었다"[18)]고 비난하기는 했지만, 그녀의 이러한 권력 사용 자체는 전혀 문제 삼지 않았다.

오히려 그녀가 영주권과 같은 법적인 권력을 엄격하게[19)] 행사

---

15) 같은 곳.

16) 뒤비, 앞의 책, 194쪽.

17) 『역사』, c.129. 원문은 "servili conditioni cum suis heredibus deputavit et in perpetuum detrusit et demersit…… servum constituit cum suis successoribus in perpetuum".

18) 같은 곳, 원문은 "cupiditatis vicio et avaricie infamia notabilis extitit et famosa".

19) 같은 곳, 원문은 "in ira et in furore verborum eos quandoque corripiens".

함으로써 노동력을 통제하고 가정경제를 책임감 있게 감독하여, 질서정연한 장원운영이 가능했던 것으로 보인다.[20] 제르트뤼드가 집안일, 즉 '사적 영역'에서 이처럼 "거칠고" 심지어 "오만할 정도로" 권력을 행사할 수 있었던 이유는 아마도 그녀가 처한 시대적 상황과도 연관이 있을 것이다. 제르트뤼드의 남편은 1차 십자군 원정대와 함께 안티오크 함락에 참여했는데, 남편이 장기간 집을 비우는 동안 안주인의 권력행사 폭이 넓어졌다. 또한 남편 사후에 아르드르의 새로운 통치자가 된 그녀의 아들이 2차 십자군 원정에 참여하던 도중에 급사하자, 일시적이나마 권력의 공백이 생기기도 했다. 12세기 전반기의 이러한 유동적인 사회에서 제르트뤼드와 같은 성주의 부인들은 일상적인 일에서 운신의 폭이 이전보다 훨씬 더 커져갔다.

물론 랑베르가 전해주는 일화들의 역사성을 고증하는 것은 어려운 작업이겠지만, 십자군 원정 시대의 귀부인들이 누리게 된 '자유'를 고려한다면 충분히 있었을 만한 이야기들이다. 더욱이 이 시기에는 곳곳에서 잦은 분쟁과 마상경기가 기사들을 유혹했는데, 용맹한 전사일수록 더 많은 모험을 찾아다녔다. 여러 가지 이유로 남편의 부재기간이 길어질수록 여주인의 활동 폭은 점차 사적 영역을 넘어서서 일상의 불협화음을 중재하고 계약보증이나 신종서약을 받는 일까지 넓어졌다.

---

20) 같은 곳. 원문은 "se efferret et extolleret, rerum tamen et diviciarum ambitiosa".

여러 연구자들[21])에 의해 십자군 열풍에 휩싸였던 프랑스 북부 지역, 특히 플랑드르 지역의 특수한 상황이 귀족부인들에게 유리하게 작용했던 것으로 확인되었다. 그러나 가장의 대리자로서 여성의 권력 행사는 일시적 현상이 아니라 비록 제한적이나마 오래전부터 관습적으로 인정되어온 사실이다. 이미 공적 영역과 사적 영역을 구분하기 시작한 카롤링거 시대의 성직자들이 제시한 모델에 따르면 가정경제는 부인의 몫이었다. 하인들을 포함한 광의의 개념인 '가족'(familia)의 질서를 원만하게 유지하려면, 하인들은 물론이고 귀족과 배신들의 딸과 누이 모두 안주인의 뜻에 복종해야 했다.

정략결혼

그러나 랑베르는 모든 여인이 장원운영의 핵심부에 있었던 것이 아니라, 긴느 가문으로 시집온 며느리들만 재정관리권을 가졌음을 알려준다. 부계 위주의 가문의식이 강화되는 가운데 딸은 '출가외인'이라는 관념이 있었기 때문이었다. 시가 식구들과 하인들 사이에서 안주인으로서 권위를 누리기 위해서는 여러 자질이 필요했는데, 그중 가장 비중을 차지하는 것은 여인의 혈통이었다. 랑베르도 친정 가문에 대한 구체적인 부연설명을 통해 며느리의 출신 혈통을 자주 부각시켰다.[22]) 긴느 가문에 시집온 여인들의 혈

---

21) 대표적으로 DiClemente, 앞의 글, 79~86쪽.
22) 『역사』, c.11, 14, 17, 23, 25, 35.

통이 낱낱이 기록되었다는 사실은 그만큼 신부의 가문배경이 중요하며, 이를 통해 남편 집안의 명성과 평판도 더불어 상승할 수 있음을 의미한다.[23] 혈통 좋은 신부와의 결혼은 긴느 가문의 이름을 드높이는 데 기여했고, 따라서 여성은 단순히 정략결혼의 대상으로 머무른 것이 아니라 한 가문의 대외적 위상에도 기여하는 능동적 역할을 수행했던 것이다.

막강한 권력을 휘둘렀던 제르트뤼드는 플랑드르의 명문가인 알로스트 출신[24]으로, 많은 동산과 하인들을 결혼지참금으로 가져왔다. 긴느 백작 마네세(Manasses, 1137년 사망)와 결혼한 엠마(Emma of Tancarville)[25]는 노르망디의 명문가 탕카르빌 출신으로, 잉글랜드 왕에게 하사받은 아름다운 영지를 켄트 지역에 갖고 있었다. 이처럼 출신 가문의 고귀한 혈통과 인맥을 배경으로 둔 며느리들은 남편과 시댁 식구들도 무시할 수 없는 존재였다.

여인의 자질을 결정하는 데는 미와 인품도 한 몫 하는데, 랑베르도 이에 대한 칭송을 잊지 않았다. 랑베르는 지그프리드(Siegfried)의 부인이며 긴느 가문의 시조인 엘프트루데(Elftrude)를 언급하면서, 비록 의지할 사료가 절대적으로 부족했지만, 아름다움을 극

---

23) 『앙부아즈 경들의 업적』의 저자도 12세기 여인의 평판을 가르는 요소들 중에 첫째로 혈통(genere)을 들었고, 다음으로 외모(forma), 남편(viro), 자식(liberis) 순이었다. 이에 대해서는 뒤비, 『12세기의 여인들』, 205쪽.

24) 『역사』, c.129, "nobilibus orta natalibus generis."

25) 같은 책, c.35.

찬하는 것을 잊지 않았다.[26] 부인들 뿐만 아니라 딸들의 아름다움도 흠모의 대상이었다.[27] '처녀가 아름답다' '처녀가 사람이 좋다'는 평가에서처럼 며느리들의 자질과 품성까지도 세심한 주목을 받았던 사실에서처럼, 시집올 처녀에게 합당한 자질을 요구했을 개연성은 충분히 있다. 이는 그만큼 한 집안에서 며느리의 역할과 비중이 커졌음을 시사한다.

며느리에 대한 지적·인격적 성숙함을 강조하는 시대 상황을 고려한다면, 중세여성들도 교육을 받았음을 알 수 있다. "아들들을 훌륭한 전사로 키워낸 외스타슈(Eustace, 1065년 사망)에게도 글을 배우고 책을 읽히는 데 아들과 딸의 구분이 없었다"[28]는 랑베르의 지적은 이에 대한 매우 값진 정보일 것이다. 보두엥 1세(1091)의 부인 아델레(Adele of Lorraine)의 인격적 성숙함 역시 랑베르에게 깊은 인상을 남겼다.[29] 특히 긴느 아르드르의 백작 아르누르 2세(Arnold II of Gines and V of Ardres, 1178년경~1220)의 부인 베아트리스(Beatrice of Bourbourg)에 대해 "이 소녀가 지혜로는 제2의 미네르바이고, 미모로는 헬레네와 견줄 만하며, 부

---

26) 같은 책, c.11. 원문은 "mire pulchritudinis".

27) 같은 책, c.17. 원문은 "venuste faciei et laudatissime forme filias".

28) 같은 책, c.23. 원문은 "Quos omnes liberalibus literarum studiis adprime imbuendos tradidit pater eorum Eustachius". 이렇게 본다면 중세의 교육도 봉건 엘리트 집단의 특권이었다.

29) 같은 책, c.25. 원문은 "divini muneris actum…… largitate".

30) 같은 책, c.149. 원문은 "eminentissima prestantissimi corporis specie Cassandre vel etiam Helene invidiosam, in omni sapientia

유하기는 유노와 맞먹을 것"이라 치켜세웠다.[30] 또한 베아트리스가 결혼 직전까지 부르부르 성 옆의 수녀원에서 예절과 학문을 배운 교양 있는 여성임을 언급하는 것도 잊지 않았다.[31]

자유 7학문(liberalibus studiis)[32]에 대한 여성들의 관심은 교육을 받는 수동적인 수준에만 그치지 않았던 것으로 보인다.[33] 불로뉴의 여백작 이다(Ida)가 세운 수도원은 신학 서적의 출판으로 인근에서 그 명성이 자자했다. 뿐만 아니라 그녀는 자유 7학문과 관련된 저서 발행에 많은 재정 지원을 할 정도로 학문진흥에 적극성을 보였다.[34]

결혼으로 생겨날 수 있는 이점은 무엇보다도 가문의 재산증식이었다. 신부의 상속재산이나 결혼지참금으로 가문의 재산이 늘어난다는 사실은 결혼으로 인한 무시할 수 없는 결과였다. 랑베르

Minerve consimilem, in rerum copiis Iunoni coequatam".

31) 같은 책, c.122. 원문은 "tam nutrienda quam moribus erudienda et liberalibus studiis imbuenda; c.149: liberalibus eruditissimam disciplinis atque docibilem".

32) 자유 7학문에 대해서는 David L. Wagner, "The Seven Liberal Arts and Classical Scholarship", David L. Wagner(ed.), *The Seven Liberal Arts in the Middle Ages*, Bloomington: Indiana University Press, 1983, 1~31쪽 참조.

33) 중세여성의 교육에 대해서는 Danielle R?gnier-Bohler, "Literacy and Mystical Voices", *A History of Women in the West II*, 427~482쪽; Chiara Frugoni, "The Imagined Woman", 336~422쪽, 특히 397~420쪽 참조.

34) 『역사』, c.31.

8-2 기하학을 가르치는 여교사의 모습. 14세기 필사본.

도 이러한 사실을 빠짐없이 기록했다.[35] 여성은 "단순히 재산증식의 수단"일 뿐 아니라, 결혼을 통해 가문을 둘러싼 정치적 연결망을 촘촘하게 연결해주는 매개자였다. 이런 이유로 다른 집안 출신

---

35) 같은 책, c.73.

며느리는 시댁 식구들이 무시할 수 없는 존재였으며, 그에 상응하는 권위가 부여되었다.

중세에서 결혼이 갖는 이 같은 정치사회적 함의를 고려한다면,[36] 정략결혼은 한 정치공동체의 운명을 좌우할 정도로 중요한 의미를 지닌다. 위에서 언급한 마네세와 엠마 백작부부는 슬하에 딸 하나만 있었는데, 그녀마저도 외동딸만을 남기고 죽는다. 결국 긴느 가문의 운명은 외손녀인 베아트리스(Beatrice, 1137~1142년경)의 혼사에 달리게 되었는데, 이 순간 가문의 미래를 결정한 사람은 바로 외할머니 엠마였다. 그녀의 '조언에 따라' 영국 왕실에 봉사하고 있던 기사인 알버트(Albert the Boar)가 베아트리스의 남편으로 선택되었다.[37] 이렇게 해서 긴느 백작령은 대외적으로 이름을 알리고 교류할 기회를 맞게 되었다. 이는 남편의 칼이 아니라 백작부인이 가지고 있던 영국 내의 인적 네트워크로 가능했다.

물론 딸의 결혼에서 후견인인 아버지의 발언권과 결정권이 절대적이었음을 부정할 수는 없다. 그러나 형식적이나마 당사자의 동의(consensum)가 필요했고, 이때 남편뿐 아니라 그의 부인도 함께 관여했다.[38] 딸의 결혼에 대한 어머니들의 적극적인 개입은, 시집온 어머니들 대부분이 타 지역 출신이어서 그 지역 출신인 아버지들보다 대외적으로 더 폭넓은 가문관계를 형성하고 있었다는

36) 이에 대해 좀더 구체적으로는 조르주 뒤비, 최애리 옮김, 『중세의 결혼: 기사, 여성, 성직자』, 새물결, 2001 참조.
37) 『역사』, c.43.
38) 같은 책, c.67.

사실로도 쉽게 설명될 수 있다. 더욱이 여성의 친정가문이 일반적으로 시댁보다 좋았으므로 어머니를 통한 중매로 더 좋은 조건의 사위를 맞을 수 있었다. 딸의 정략결혼에서 어머니들의 적극적인 개입과 책략가로서의 역할은 긴느 백작령뿐 아니라 다른 지역에서도 목격된다.[39]

아마도 이러한 이유에서, 명망가의 딸로서 긴느 백작가문에 시집온 며느리들과 비교해서 정작 백작의 딸들에 대한 랑베르의 설명은 미약하다. 랑베르는 마네세와 엠마의 무남독녀였던 시빌(Sibyl)과 '가문의 마지막 적법한 계승자'[40]였던 베아트리스에 대해서도 별다른 정보를 주지 않는다. 또한 며느리인 아델레에 대해서는 가문뿐 아니라 심성과 인품에 관해서도 극찬을 아끼지 않았지만[41] 그녀의 딸 기젤라와 관련해서는 "막강한 가문 출신의 용맹한 기사와 결혼했다"는 사실 정도만 기록했다. 심지어 랑베르는 자신이 무척이나 두려워해서 개인적으로도 각별한 기억이 있었을 아르드르 가문의 마지막 상속녀 크레티앵에 대해서조차 그녀의 약혼,[42] 임신,[43] 죽음[44]에 대해 잠깐 언급하는 데 그쳤다.

---

39) 플랑드르 백작부인의 경우, Karen S. Nicholas, "Countesses as Rulers in Flanders", Theodore Evergates(ed.), *Aristocratic Women in Medieval France*, Philadelphia Press, 1999, 111~137쪽, 여기서는 117쪽 참조.

40) 『역사』, c.137. 같은 책, c.139.

41) 같은 책, c.25.

42) 같은 책, c.66.

한편 마네세 백작이 죽은 뒤 미망인이 된 엠마는 영지 내에 성 레오나르 수녀원을 세운다. 초대 수녀원장으로 로렌에 살고 있던 백작의 외가 쪽 수녀 한 명을 초빙했고, 자신도 이곳에서 노년을 보냈다. 이후 수녀원장직은 영주 가문의 여인들이 대대로 수행했다.[45] 여기서 주목할 사실은 이 수녀원 건축에 소요된 비용을 엠마의 과부산에서 끌어왔다는 점이다.

수녀원은 남성중심적 사회체제에서 여성들이 권력을 누린 또다른 합법적인 공간이었다. 12세기에는 수녀원의 수가 급속히 늘어났는데, 엠마의 경우처럼 과부가 된 귀부인들이 힘든 장원 생활을 뒤로 하고 노후를 보내기 위한 곳이었다. 이곳에서도 긴느 가의 여인들은 능력과 권위를 한껏 발휘했다. 이들은 수녀원장 신분으로 "하인들과 수녀들을 포함한 수녀원 전체에 대해 용의주도하게 규칙을 정하고 관리하고 유지했다".[46] 세속에서 권력을 행사하는 것이 쉽지 않았던 시대 상황에서, 여인들은 남자들의 손길이 미치지 못하는 자신들만의 폐쇄된 공간으로 도피하여 스스로 '왕국'을 건설했다.[47]

43) 같은 책, c.72 ; c.77.
44) 같은 책, c.85 ; c.86.
45) 같은 책, c.51.
46) 같은 책, c.122. 원문은 "Ad eius enim nutum et voluntatem et dispositionem omnes sanctimonialium disponuntur actiones et negocia, necnon et eius providentia omnes eiusdem loci cenobiales tam servientes quam sanctimoniales proteguntur, gubernantur et procurantur".

긴느 백작부인들은 자신의 능력과 힘을 수녀원에서 보여주는 것에만 만족하지 않았던 것 같다. 이들은 세속 세계에서도 제2의 실력자로 군림했다. 이와 관련해서 랑베르는 엠마에 대한 흥미로운 사실 하나를 전해준다. 백작령 내의 하메스(Hames) 지역에는 오래 전부터 관습적으로 내려오는 봉건공납이 있었는데, 이는 이 지역 영주들이 예속민들에게 불법적으로 부과한 악법(mala et obprobia)이었다. 어느 날 이 지역 출신 남자와 결혼하면서 한 여인이 하메스로 이주했는데, 그녀는 자신에게도 불법적인 공납이 부여되는 사실에 분개한 나머지 엠마에게 '조속히 개입해서 문제를 해결해줄 것'(caute et mature interveniat et subveniat)을 부탁한다. 이에 백작부인은 남편을 찾아가 내용을 소상히 알리고 그의 결단을 촉구한다. 이후 사태는 영주권을 발동한 백작이 하메스 영주를 소환하고, 불법적인 공납을 철폐하도록 강요하는 쪽으로 해결된다.[48]

이 사건은 랑베르가 『역사』를 기록하기 시작하기 한 세기 전에 발생했다. 그런데도 이 일을 여타의 사건들보다 더 상세하게 기록한 점으로 미루어 보아, 그가 전래해오는 다른 문헌을 통해 이 사건에 접할 수 있었던 것으로 보인다.[49] 만일 하메스 사태를 수습

---

47) 같은 책, c.122, 155. 중세 수녀원의 귀족주의적 성향에 대해서는 차용구, 「중세의 이단과 여성」, 『역사학보』 164집, 1999, 10~15쪽 참조.

48) 이하 『역사』, c.36.

49) 긴느 가에 비해 아르드르 여인들에 대한 정보가 별로 없는 것으로 보아서, 랑베르가 기존의 자료들을 이용했음을 알 수 있다. 그는 나름대로

하면서 마네세가 어떤 형태의 문건을 남겼다고 상정해보면, 후대의 역사가들은 이 문서를 백성을 위해 최선을 다한 봉건 영주의 전형으로 칭송하는 데 이용했을 것이다. 그러나 우리는 다행히도 랑베르의 『역사』를 통해 사건의 이면을 들여다볼 수 있다. 엠마의 적극적인 개입이 없었더라면 봉건 악법은 지속되었을 것이고, 이는 결국 백성들의 원망으로 이어졌을 것이다. 이러한 점에서 엠마의 개입과 남편에 대한 설득은, 비록 우회적인 방법이었으나 '안주인'의 정치 사회적 행위로 해석될 수 있다. 간접적으로 공적 영역에 개입하여 백성의 하소연을 들어주었던 것이다. 엠마는 이와 동시에 통치령 내 여인들의 보호자 역할을 했다.

랑베르의 『역사』에는 때로 집안의 중대사를 결정할 때 다른 사람들을 멀리하고 부부가 단 둘이서만(secreto) 머리를 맞대고 결정하는 경우도 목격된다. 긴느 백작이 아르드르 가문과 평화를 체결하기 위해 내방했을 때도 "아르드르 경과 그의 부인 아들린"과 함께 담판협상을 벌였다.[50] 이처럼 공적인 자리에 부부가 동석하는 행위는 집안의 가장이자 주군(dominus)인 남편의 고유한 권

합리적인 가문사 서술을 위해 플랑드르 가의 연대기와 같은 사료들을 접할 수 있었을 것이다. 랑베르가 "다른 지역에 근무하는 내 동료들은 매우 부럽게 생각"하곤 했을 정도로 긴느 백작의 성에는 플랑드르 지역에서 손꼽히는 도서관이 있었다는 사실도 이를 뒷받침한다. 이에 대해서는 같은 책, c.81 참조.

50) 같은 책, c.66. 원문은 "……comes ……inclavit se ad pacem, et secreto cum Ardensi domino Arnoldo et eius Adelina precutus".

한 행사에 부인이 안주인(domina)의 자격으로 동등하게 참여했음을 의미한다.[51]

과부산, 여성의 경제적 기반

여성의 정치적 비중은 봉건체제에서 여자의 재산상속권이 인정되어가면서 더욱 두드러졌다. 여성의 봉토상속권은 봉건제가 정착되어가면서 서서히 자리매김했다. 프랑스의 경우 여성의 봉토상속권은 10세기 후반 남부 지역에서 그 사례가 발견되기 시작한 이후 12세기에는 관례화되어 일종의 여자의 권리로까지 인정되었다. 유럽 서부에서 불기 시작한 이러한 여권 신장의 움직임은 로트링겐을 거쳐 독일에까지 그 영향이 미쳤다.[52] 플랑드르 지역에서도 무남독녀의 경우 가문의 상속녀로서 법적 지위를 인정받는 관례가 뿌리를 내리면서, 긴느 가문의 여성들도 당당하게 상속권을 주장하게 되었다. 시빌과 베아트리스가 그러했는데, 이보다 작은 규모의 영지에서도 비슷한 현상들이 목격된다.[53]

부유한 가문의 상속녀와 결혼하기 위해 기사들은 결혼계약을

---

51) 뒤비, 『12세기의 여인들 2』, 190, 191쪽.
52) F.L. Ganshof, *Was ist das Lehnswesen?*, Darmstadt, Wissenschaftliche Gesellschaft, 1983, 155~156쪽.
53) 아르드르 가문의 아들린도 두 오빠들이 먼저 사망하자 가문의 법적 상속인이 되었다(『역사』, c.66: hereditaria successione heredem). 플랑드르 백작 가문의 여성의 봉토상속권에 대해서는 Karen S. Nicholas, 앞의 글, 113쪽 참조.

8-3 말을 타고 있는 귀부인.
중세의 귀부인들은
남편의 부재 기간에
위기가 닥치면 가문과
식솔을 보호하기 위해
권력을 행사했다.

맺으면서 상당한 몫의 과부산을 약속했다. 아르누르 드 겐트 (Arnold I of Ghent, 1169년 사망)는 생 토메르 성주의 딸 마틸다(Matilda of Saint-Omer)와 결혼하기 위해 자신의 전재산을 약속했고, 랑베르의 직속군주인 아르누르 2세는 부르부르의 상속녀를 유혹하고자 아르드르의 영주권을 넘겨주었다. "결혼은 값비싼 투자였지만 나중에 그만큼 보상을 가져다준다"[54]고 여겼기 때문이다. 물론 남편이 살아 있는 동안 부인은 과부산에 대해 권리를 직접 행사할 수 없었다. 그러나 이를 팔거나 양도할 경우에는 부인의 동의가 필요했다. 그만큼 과부산은 여성의 권력 행사에 힘이 되는 경제적 기반이었다. 특히 남편이 먼저 죽은 뒤 재

54) 엠마뉘엘 르루아 라뒤리, 유희수 옮김, 『몽타이유: 중세 말 남프랑스 어 느 마을 사람들의 삶』, 도서출판 길, 2006, 306쪽.

혼을 거부하고 계속해서 독신으로 살 경우, 과부산은 부인의 차지가 됐다.[55]

긴느 백작령을 포함한 플랑드르 지역에서 여성의 재산상속권, 더 나아가 적극적인 정치 활동이 가능했던 사실은 당대의 사회 상황과도 밀접한 연관이 있다. 이 지역에서 십자군 원정대에 대규모의 기사단이 가담하면서 권력의 공백현상이 나타났고, 이를 여인들이 대신 메우면서 일시적이나마 '여인천하' 시대가 가능했던 것이다. 플랑드르의 티에리 백작이 예루살렘 원정에 참가하면서 자리를 비운 사이, 아르드르 가의 새 주인이 된 아르누르 경은 백작부인 시빌에게 신종서약을 했다.[56] 플랑드르의 마오 백작부인은 남편의 부재기간에 과부산인 부르부르 영지로부터 세금을 징수하기 위해 군대를 파견하는 '남성적 권력'을 행사하기도 했다.

전쟁 등으로 인한 남편의 잦은 부재 기간[57]은 귀족부인들이 권력을 확장하는 데 좋은 기회가 됐다. 남편의 부재 기간이 길어진 만큼 부인들은 더 많은 자유를 만끽할 수 있었는데, 용맹성을 과시하고 명성을 따라다녔던 지위 높은 귀족의 부인일수록 실제로 권력을 손에 쥘 기회가 더 많았을 것이다. 플랑드르 백작 로베르 2세

---

55) 중세의 과부산에 대해서는 홍성표, 『서양 중세사회와 여성』, 느티나무. 1999. 63~95쪽 참조.

56) 『역사』, c.144.

57) 11세기와 12세기의 긴느 백작령에서도 전쟁이 그친 적이 없었고, 대외적으로도 영국 정복 전쟁과 십자군 원정으로 장기간 집을 비우는 경우가 잦았다. 이에 대해서는 뒤비, 『12세기의 여인들 2』, 140~152쪽.

의 부인 클레멘스는 기증장에 서명을 하고, 남편의 부재기간 동안 통치를 하면서 심지어 자신의 이름으로 주화를 주조하고 인장을 사용하기도 했다. 인장 사용과 주화 주조는 남성만이 전유했던 특권으로, 클레멘스가 이를 둘 다 차용했다는 점은 플랑드르에서 그녀의 정치·사회적 힘을 보여주는 사례다.[58] 그녀가 자신의 이름으로 된 주화와 인장을 사용할 수 있었던 시기는 제1차 십자군 원정에 참여한 남편의 부재 기간 동안이었다. 막강한 프랑스 왕가 출신의 클레멘스는 결혼을 하면서 전체 백작령의 3분의 1에 해당하는 지역을 과부산으로 받았는데, 이 사실만으로도 그녀의 정치적 역량을 무시할 수 없었다. 이렇게 본다면, 12세기 여성의 정치적 자유에는 긴느 아르드르 가를 포함한 프랑스 북부 지역의 시대 상황이 호기가 되었음을 확인할 수 있다.

남편에 대한 저항과 반란

여성의 정치적 권력행사는 남편과 자식에 대한 저항과 반란에서 정점에 달했다. 그 대표적인 사례가 아르누르 2세의 부인 베아트리스의 경우다. 어린 나이에 시집 온 그녀는 어엿한 안주인이자 여장부(virago)로 성장했으나 시동생과 관계가 좋지 않아 점차 남편과 다른 정치적 행보를 걷게 되었다. 더욱이 네 명이나 되는 베아트리스의 외삼촌들은 정치와 교회 분야에서 이름깨나 알려진 사람들로, 그녀가 이들의 정치적 영향력에서 자유롭지 못했던 것도 남

---

58) DiClemente, 앞의 글, 84쪽.

편과 갈등을 빚게 된 이유 중 하나가 되었다. 결국 남편은 독자적으로 행동하려는 그녀를 구금했고, 이로써 결혼 생활은 사실상 깨어졌다.

부부의 정조차 사라진 상황에서, 베아트리스에게는 여성 본연의 방어본능이 생겨났다. 특히 어린 나이에 힘들게 낳은 큰딸을 남편이 어느 나이든 영주에게 강제로 시집보내지 않을까 하는 걱정이 불현듯 찾아왔다. 어린 소녀로서 중년의 남편을 받아들여야 했던 자신의 불행한 과거가 대물림되는 것을 보고만 있을 수 없었던 베아트리스는 큰딸을 이 지긋지긋한 성으로부터 탈출시키고 싶었다. 그녀가 찾아낸 장소는 바로 자신이 몇 해 전 설립했던 본함(Bonham)의 수녀원이었다. 그리하여 모든 사람이 잠든 새벽, 베아트리스는 딸을 시녀와 함께 본함으로 떠나보냈다. 이는 남편의 후견권 행사에 대한 명백한 도전으로, 가부장적 사회구조 속에서 전통에 반항하는 행위였다.

1220년 마침내 아르누르 2세가 죽었으나, 베아트리스와 친아들 보두앵 3세 사이에 과부산을 둘러싼 설전이 벌어지면서 가정은 풍비박산 직전까지 간다. 과부산은 결혼계약을 맺으면서 남편이 아내에게 넘겨주기로 한 재산과 이에 귀속된 권리로, 여성이 과부가 되었을 때 의지할 수 있는 경제적 기반이었다. 앞에서 언급한 것처럼 아르누르 2세는 부르부르 성의 상속녀였던 어린 베아트리스와 결혼하면서 아르드르의 영주권을 과부산으로 약속한 바 있었다. 그러나 아들과의 예기치 못한 싸움으로 인해, 남편의 죽음과 더불어 오랜 속박에서 벗어나 진정한 자유를 누릴 수 있으리라 여겼던 베아트리스의 소망에 어둠이 드리워졌다.

독자적인 정치적 노선을 택한 베아트리스의 경우처럼, 랑베르는 여성의 힘이 어떠했으며, 이에 대한 억압이 있을 때 어떠한 결과가 나올 수 있는지 가까운 곳에서 목격했다. 사실 베아트리스의 경우처럼 부인들의 남편에 대한 반란 사례를 찾는 것은 어렵지 않다. 아들과 모의하여 남편인 헨리 2세에게 반역을 꾀한 알리에노르가 그 대표적인 사례다. 그녀는 헨리 2세가 사망하자 아들을 대신해서 국정을 떠맡았고, 노년에도 유럽 각 지역을 돌아다니며 국가의 장래를 결정하는 중대한 협상을 벌였다.[59] 플랑드르의 백작부인 클레멘스는 아들이 자신의 권력에 도전하자 무력을 권익을 보호했다. 이렇듯 여성이 군사력을 통해 정치적 이해관계를 스스로에게 유리하게 해결하고자 했던 사례는 여러 지역에서 발견된다. 앙부아즈 가문 출신인 위그 경의 미망인 이사벨도 자신의 과부산에 욕심을 내던 장남과 맞서 싸워 이겼고, 과부산을 다시 차지하게 되었다.[60]

누가 이들을 나약한 성이라 했는가

『역사』에 묘사된 단편적인 모습들을 전체적으로 연결해서 생각해보면, 긴느 아르드르 가의 여인들이 랑베르의 세심한 주목을 끌

---

59) 알리에노르에 대해서는 노만 F. 캔터, 이종경 옮김, 『중세 이야기: 위대한 8인의 꿈』, 새물결, 2001, 215~244쪽 참조.
60) 뒤비, 『12세기의 여인들』, 203~205쪽.

정도로 비중 있는 역할을 수행했음을 알 수 있다. 이는 랑베르가 "여자들의 세계에 대해 관심도 없고 별다르게 아는 것도 없었고", "여자 조상들에 대해 아무것도 알려주지 않는다"는 뒤비의 주장[61]과 부합하지 않는다. 이들의 정치적 힘은 플랑드르 혹은 다른 지역의 여인들과 마찬가지로 출신가문, 남편과 친정으로부터 받은 경제적 여력, 백작부인으로서의 지위, 전쟁과 같은 공적인 업무에 얽매인 남편의 잦은 부재, 오랜 미망인 시절에 기인했다. 증가하는 남편의 권한과 더불어 혼인증여재산의 범위마저도 축소되는 분위기였지만 긴느 가의 여인들은 최소한의 권익을 보호하기 위해 노력했다. 그 결과 비록 알리에노르가 휘두른 권력과 비견될 수는 없으나, 군소 백작부인들도 지역 차원에서 무시할 수 없는 권력을 행사할 수 있었다. 누가 이들을 '나약한 성'(ob imbecillitatem sexus)이라는 이유로 무능력하다(fragilis)고 하겠는가.

이러한 양상은 긴느 아르드르 가에만 국한되지 않았다. 긴느 백작의 상위 봉건군주로서 영토를 접하고 있던 플랑드르 백작의 부인들[62]도 궁정운영과 장원관리에 탁월한 능력을 보여주었다. 이들의 정치적 힘 역시 남편과 친정에서 받은 경제적 여력과 백작부인이라는 지위에 기인했다. 특히 남편의 부재기간 동안 막강한 권력을 구축한 클레멘스 백작부인의 영향력은 남편이 원정에서 돌아온 뒤에

---

61) 같은 책, 183쪽.
62) Ellen E. Kittell, 앞의 글, 487~508쪽; Karen S. Nicholas, 앞의 글, 111~137쪽.

도 지속되었는데, 백작의 귀국 이후 발행된 특허장의 반 정도에 그녀의 서명이 들어 있을 정도였다.[63] 1111년 남편이 불의의 사고로 죽은 뒤에도 그녀는 아들과 공동 통치를 통해 권력을 유지했다. 심지어 과부산에 눈독을 들인 아들이 자신의 권력에 도전해왔을 때, 무력을 동원하여 권익을 방어하는 초강수를 택하기도 했다. 비슷한 사례들이 다른 지역에서도 발견되었음은 주지의 사실이다.[64]

랑베르가 기억하고 있던 '철의 여인'들과 유사한 모습은 다른 지역의 정치 엘리트 집단 여성들에게서도 발견된다. 이미 카롤링거 왕조의 몇몇 왕비들은 활동영역을 사적 공간에만 국한하지 않았고, 궁정운영과 왕령지 관리에 적극 개입한 것으로 알려졌다. 남편의 부재 시에는 그의 대리자인 왕비의 명령을 "재판관·시종·집사·관리인은 철저히 따라야만 했다".[65] 전문 관료의 조언을 받아야만 한다는 제한적 규정이 있었으나, 왕실재정의 운영권도 왕비에게 양도되었다.[66] 비록 황제와 왕들이 주도한 전쟁과 영토 확장, 수도원 개혁과 성직자 서임 등과 같은 이른바 영웅적 행위와 비견될 수 없다고는 해도, 왕비의 왕실재정 운영과 왕령지 관리를 단순히 사소한 것으로 폄하할 수는 없을 것이다. 고위귀족의 부인들도 가문의 경작지 관리에 적극적이었다. 작센 백작의 딸 기젤라 (Gisela)는 여성 전문경영인을 고용하는 재치를 발휘하기도 했다.

63) Karen S. Nicholas, 같은 글, 118쪽.
64) 이에 대한 구체적인 사례들은 뒤비, 『중세의 결혼』, 127~128쪽.
65) Capitularis de villis, 16, *MG Cap.* 1, 84쪽.
66) De ordine palatii, 22, *MG Cap.* 2, 525쪽.

기젤라를 도운 리우트베르가(Liutberga)라는 여인은 회계에 능숙한 수녀 출신이었다.[67]

이처럼 기혼녀들이 정치·경제·사회 각 분야에서 두드러진 역할을 수행하는 전통은 카롤링거 제국의 붕괴 이후에도 지속되었다. 10세기 귀부인 중 상당수는 성주, 장원영주, 가문 소유 교회의 관리자, 세속과 종교회의 참석자, 군사와 사법권의 집행자로 왕성하게 활동했다. 물론 법적 보호자인 남편이 먼저 죽었을 경우에만 이러한 권력행사가 가능하다는 제한적 조건이 따랐지만, 이들은 여건이 허락하는 한 최대한의 권력을 향유하고자 했다. 그 과정에서 아들과 알력이 생기기도 했으나,[68] 여성은 자신의 토지소유권, 친정 식구의 정치적 후원 등을 통해, 남편이 먼저 사망하거나 혹은 잦은 전쟁과 봉건제후에 대한 의무를 수행하기 위해 집을 비우는 동안 장원 운영과 구빈사업, 또는 교회설립을 위한 기부와 같은 종교사업에서 독자적인 업적을 남겼다.[69]

시간은 여성들에게 유리하게 작용했다. 결혼지참금, 혼인증여재산(Sponsalium) 등과 같이 결혼과 더불어 발생하는 여성의 경

---

67) Vita s. Liutbergae, 1~7, *MG SS*. 4, 158~160쪽.

68) 독자적으로 재산을 처분한 사건으로 아들 오토 1세와 심한 불화를 겪었던 마틸다의 경우를 들 수 있다. 이에 대해서는 Vita Mathildis reginae posterior II, *MG SS*. 4, 291쪽 참조.

69) Suzanne Fonay Wemple, "Women from the fifth to the tenth Century", Christiane Klapisch-Zuber(ed.), 앞의 책, 169~201쪽, 여기서는 183~186쪽.

제적 부는 중세 말기에 와서 법률적 보장을 받게 된다. 동산과 부동산에 대한 권리는 이를 처분할 수 있는 권한으로까지 확대되었다.[70] 비록 법적으로 남편이나 자식의 동의가 필요했지만, 많은 귀족여성들은 전문능력을 구비한 집사들의 도움을 받아가면서 장원의 여주인으로 자리잡아갔다. 일부의 경우 상당한 규모의 장원을 직접 관리하면서 농노 등 예속민에 대해 봉건영주의 권리를 행사했다. 이러한 귀부인들의 경제적 독립성과 남편과 아들에 대한 법적 종속이라는 이중 구조는 중세사회에 미묘한 성 갈등을 초래했다.[71]

중세 작가들은 여성의 정치적 능력을 과소평가하면서, 때로는 이를 남성의 독점적인 영역에 대한 침탈로 이해하곤 했다.[72] 다른 한편으로 여성의 통치력과 장원 운영 능력은 당대인들이 간과하기에는 너무 잘 알려진 익숙한 소재였다. 심지어 대표적인 여성 비하론자로 알려진 렌의 마르보드 주교도 저서에서 "훌륭한 부인

---

70) 중세여성의 재산처분권과 관련해서는 Penny Schine Gold, *The Lady & the Virgin: Image, Attitude, and Experience in Twelfth-Century France*, University of Chicago Press, 1985, 116~144쪽 참조.

71) Claudia Opitz, *Frauenalltag im Mittelalter: Biographien des 13. und 14. Jahrhunderts*, Weinheim: Beltz, 1985, 126쪽; Petra Kellermann-Haaf, *Frau und Politik im Mittelalter: Untersuchungen zur politischen Rolle der Frau in den höfischen Romanen des 12., 13. und 14. Jahrhunderts*, Göppingen: Kümmerle, 1986 참조.

72) 이는 '여성 속의 남성성'으로 표현되곤 하는데, 랑베르의 여성 속의 남성성적 사고에 대해서는 『역사』, c.21 참조.

은 세상에서 제일 귀중한 존재로, 이들은 세세한 일상사에서 반드시 필요한 독보적인 존재"라고 썼다.[73] 돈과 명예 다음으로 남자들이 금기시해야 할 대상으로 주저 없이 여성을 들었던 12세기의 신학자 힐드베르(Hildebert de Lavardin)도 6세기에 생존했던 라데군트(Radegund) 성녀의 전기를 새롭게 집필하면서 그녀를 고위 귀족부인들의 표본으로 삼을 것을 요구했다. 카롤링거 시대에 공적인 임무를 수행한 대부인들에 대한 칭송이 이어지면서, 여성과 여성성에 대한 긍정적인 평가가 내려졌다.[74]

10, 11세기 오토 왕조 치하에서도 에디트(Edith), 마틸다(Mathilda), 아델라이데(Adelaide) 같은 왕비들이 이상적인 귀부인의 모델로 묘사되었다. 중세의 여성들에 대한 많은 성직자들의 여성폄하적인 시각과 남성중심적 이데올로기에도 불구하고,[75] 여성들은 통치권 행사에 적극적인 관심을 보였다. 또한 이들의 삶은 현실지향적이었다. 사도 바울의 여성억압적인 성서 구절들이 중세 내내 반복적으로 인용되었지만,[76] 이는 이데올로기적 차원에만 머물렀다. 랑베르와 같이 백작부인들과의 교류가 잦았던 재

---

73) *Migne PL 171*, col. 1700
74) Jacques Dalarun, "The Clerical Gaze", Christiane Klapisch-Zuber (ed.), 앞의 책, 22쪽에서 재인용.
75) 이에 대해서는 차용구, 「Femina est mas occasionatus」, 67~98쪽; 차용구, 「아우구스티누스의 여성관」, 31~55쪽 참조.
76) 대표적으로 디모데전서 2장 12절("나는 여자가 남을 가르치거나 남자를 다스리는 것을 허락하지 않습니다. 여자는 조용해야 합니다"), 고린도전서 14장 34절("여자들은 교회 안에서 잠자코 있어야 합니다. 그들

속 사제들의 경우, 이러한 여인들의 정치 참여를 오히려 긍정적으로 바라보는 경향이 강했다.[77]

강인한 여성에 대한 긍정적 평가는 당시의 사회적 상황을 고려하면 수긍할 만하다. 부모와 자녀뿐 아니라 친척, 하인, 사제, 병사들까지 포함해서 수십 명에서 수백 명으로 이루어진 가계[78]를 꾸리는 것은 상당한 경영 능력을 요구했다. 중세 말기의 시인 크리스틴 드 피장의 말을 빌리면, 대가족을 거느리는 귀족부인은 기본적인 법률지식을 갖춰야 했다. 이는 남편의 잦은 부재기간을 대비하고 필요할 때는 독자적인 판단을 내리기 위함이었다. 또한 자급자족 체제에서 장원 관리인을 효율적으로 통제하기 위해서는 농사일에 대한 해박한 지식이 필요했다. 심지어 남편의 장기적인

에게는 말하는 것이 허락되어 있지 않습니다. 율법에서도 말하듯이 여자들은 순종해야 합니다"). 이에 대해서는 Carla Casagrande, "The Protected Woman", Christiane Klapisch-Zuber(ed.), 앞의 책, 99쪽.

77) Karen S. Nicolas, 앞의 글, 113쪽 참조. 랑베르의 경우도 비록 여성의 본성을 '나약하고', '경박하며', '사악한' 것으로 묘사하기도 했으나 (『역사』, c. 94, 96), 궁극적으로는 여성의 현실 지향적 행동양식을 수긍해야만 했다.

78) 랑베르의 작품 속 주인공인 아르누르의 외조부는 "가족처럼 지내는 열 명가량의 기사들과 한 명의 사제와 네다섯 명의 성직자들과 늘 함께 식사했다"(decem milites, numquam vero pauciores, familiares sibi et semper collaterales, capellanum quoque et clericos et honestissimam secum…… detinuit familiam)고 한다(같은 책, c. 144). 성은 이외에도 아내와 딸, 누이와 사촌, 기사들과 사제들의 사생아들로 넘쳐났다.

부재 기간 동안 일어날 지 모르는 공격에 대비하여 전쟁에 대응하는 능숙한 지식도 요구되었다. 가계의 씀씀이를 계산하고 규칙적인 선물교환도 고려하며 금전 출납을 정확하게 할 수 있는 회계 능력도 갖추어야 했다. 소녀들은 어린 시절부터 귀부인의 교육 아래 봉건영지를 관리하는 능력을 배워야 했다.[79] 피장은 한 걸음 더 나아가 여성이 대내외적인 평화의 중재자로서 역할을 담당해야 한다고 보았다.[80]

당시의 사회 분위기도 이러한 '여권신장'에 호재로 작용했다. 특히 전투, 원정, 마상경기, 봉신으로서의 의무수행 등으로 결혼 기간의 3분의1 내지 2분의1 정도는 집을 비웠던 기사들[81]의 부인에게, 남편의 부재는 영주의 대리인으로서 장원을 관리하고 피보호자들을 감독하게 된 계기였다. 노르만 정복과 십자군 원정은 특히 프랑스 북부와 플랑드르 지역의 귀부인들에게는 실질적인 정치력을 행사할 절호의 기회였다.[82] 위에서 언급한 긴느 백작령의 제르트뤼드나 엠마가 권력을 소유하고 이를 적극적으로 행사했던 것도 십자군 원정과 노르만 정복 등과 같은 남편의 장기 외유가

---

79) 카리 우트리오, 안미현 옮김, 『이브의 역사』, 자작, 2000, 80, 81쪽.

80) Silvana Vecchio, "The Good Wife", Christiane Klapisch-Zuber (ed.), 앞의 책, 109쪽.

81) Claudia Opitz, "Life in the Late Middle Ages", 같은 책, 267~317쪽, 여기서는 280, 281쪽.

82) 시빌 백작부인은 남편이 예루살렘에 머무르는 사이에 백작령을 공격한 적군에 대항하여 군대를 소집하고 침략군을 격퇴했다. Karen S. Nicholas, 앞의 글, 123쪽 참조.

배경이었다.[83]

남자들이 자신의 명예를 쫓아 마상경기대회를 순회하면서 재산을 탕진하고[84] 이를 충당하기 위해 세금을 더 거두어들이면서 백성들의 원성이 높아가는 동안,[85] 여인들은 막중한 책임감 속에서 진정한 권력자로서 스스로의 영역을 확보해나갔다. 또한 여인들은 "사방에서 무기 부딪치는 소리가 들렸던 시기에" 잦은 전쟁으로 엄청난 비용이 소모되면서 파산 직전까지 몰렸던[86] 가문을 되살리기도 했고, 포로가 된 남편의 석방을 협상한 것도 여인들의 몫이었다. 이러한 양상을 "지도자도 없이 고립된 상황에서 여인들끼리 지내다보면 타고난 연약함에 빠져들게 되었다"[87]고 해석하는 것이 과연 타당할지 의문이 든다. 물론 랑베르는 여인들이 이세상에 태어난 이유를 "좋은 혈통의 자식들을 낳기 위해서"[88]라고 명확히 기록하고 "딸들의 순종은 그 무엇보다도 칭찬할 일"[89]

83) 플랑드르 지역의 경우도 같은 곳 참조.

84) 랑베르가 자신의 책을 헌정했던 보두엥은 장남 아르누르가 십자군 원정을 떠날 수 있도록 세금을 거두어주었으나, 아르누르는 이 돈을 마상경기 참가비와 치장비로 흥청망청 낭비하고 말았다(『역사』, c.95).

85) 마상경기에서 상금으로 벌어들인 것보다 더 많은 액수를 소비하고 돌아온 영주들이 파산 직전의 재정 상태를 만회하기 위해 더 많은 조세를 거두어들이는 경우가 잦았다. 긴느 가의 선조 중의 한 명인 랄프가 마상시합 도중 사망했다는 소식을 접한 농민들은 그의 죽음을 애도하기는커녕 반가워했다고 한다(같은 책, c. 18).

86) 같은 책, c.76, c.150. 이에 대해서는 구체적으로 조르주 뒤비, 최생열 옮김, 『부빈의 일요일』, 동문선, 2002, 107쪽 참조.

87) 뒤비, 『12세기의 여인들』, 152쪽.

316

로 기렸지만, 현실은 이와는 엄연히 달랐다.

랑베르의 『역사』는 뒤비의 지적대로 "남자들을 위해 남자가 쓴 책이고, 남자들의 무훈과 그들이 했던 말로 가득 차 있다"고 할 수 있다. 그러나 이미 위에서 밝힌 대로, 랑베르가 여자들에 대해 "관심도 없고 별다르게 아는 것도 없었기 때문에 아무 말도 하지 않고 있는 것"[90]은 사실과 다르다. 여성에 비해 상대적으로 남성에 더 많은 관심을 가지고 더 많은 분량을 할애했다고 해서, 여성사 연구에서 그의 저서가 갖는 사료적 가치를 간과해서는 절대 안 될 것이다. 권력과 문자는 밀접한 상관성을 갖는다는 푸코의 지적대로, 약자였던 여성의 역사적 목소리를 발굴하는 작업은 쉽지 않다. 하지만 사료의 틈새를 촘촘히 들춰보면 예상보다 더 많은 성과를 거둘 수 있을 것이다. 이런 점에서 『역사』는 중세여성사 연구의 오아시스와 같은 사료다.

12세기에는 여인들의 손으로 권력이 이양되는 것이 추문으로 여겨지지 않았다. 비록 부분적이고 제한적이었지만 여인들은 자신의 자질과 배경을 이용하여 신중하게 권력을 손에 넣었다.[91] 남

---

88) 『역사』, c.46. 원문은 "filias quoque ad magne generationis sobolem procreandam progenitas".

89) 같은 책, c.48. 원문은 "o per omnia predicandam filie subiectionem!"

90) 뒤비, 『12세기의 여인들 2』, 183쪽.

91) 백작부인들이 단독으로 혹은 남편과 공동으로 하사한 수많은 특허장은 이러한 사실을 방증한다. 이에 대해서는 Karen S. Nicholas, 앞의 글, 111~137쪽; Brigitte Bedos Rezak, "Women, Seals, and Power in

편의 부재 기간 동안 부인이 남편의 임무를 수행하는 것은 유럽적 현상이었다.[92] 이들의 또 다른 정치적 후원자들은 교회였다. 귀족 부인들은 전통적으로 기부와 기증을 통해 교회의 주교나 수도원장과 우호적인 관계를 유지했고, 정치적으로 위기에 몰릴 경우 성직자들에게 도움을 요청하곤 했다.[93] 교회의 입장에서도 세속적 윤리를 따르고 다루기 거칠었던 남성들을 자신에게 유리한 쪽으로 이끌고 가기 위해 여인들의 도움이 절대적으로 필요했다. 세속 귀족과 교회의 이해관계가 엇갈릴 경우 종종 부인들이 중재자로 나서기도 했다.[94]

그런데 여성의 현실 정치는 남성과는 차이가 있었다. 여성에게는 내부 문제에 대한 전념, 종교단체의 설립과 기부행위, 백성의 후생복리가 우선이었지, 군사적 행동과 대외팽창이 최우선 과제는 아니었다. 설사 군사력을 동원하더라도 이는 방어를 위한 군사행위였지, 영토와 지배권 팽창을 위한 것은 아니었다.

공적제도가 완성되어가고 국가권력이 점점 추상적 원칙으로 변해가는 시기에 귀부인들에게는 개인 자격으로 활동할 여백이 남아 있었다. 긴느 가의 여백작들은 성의 재정관리, 조세수납과 재정지

Medieval France, 1150~1350", Mary Erler, Maryanne Kowaleski (eds.), *Women and Power in the Middle Ages*, University of Georgia Press, 1988, 61~82쪽 참조.

92) Ellen E. Kittell, 앞의 글, 492쪽.

93) 플랑드르의 경우 Karen S. Nicholas, 앞의 글, 116, 123쪽 참조.

94) 같은 글, 122~123쪽.

출 등 행정적인 임무를 성공적으로 수행했으며 이들을 지적에서 수행했던 인물들 중 상당수는 여성이었다. 사료가 부족하고 제한적이어서 얼마나 많은 여성들이 구체적으로 어떠한 일을 수행했는지 추적하기가 쉽지 않을 뿐이다. 다만 이웃한 플랑드르의 경우 백작부인이 임명한 여성 관리가 중요한 행정임무를 수행했다는 사실[95]로 미루어 보아, 그 가능성은 얼마든지 있다.

역사 속에 숨겨진 여성의 참모습

이상에서 긴느 아르드르 가문의 여성에 대한 조사를 통해 중세의 일반적인 귀족여성의 삶을 살펴보았다. 그 결과 다음과 같은 몇몇의 새로운 사실이 밝혀졌다. 먼저, 상당수 중세 문헌들이 여성을 육체적으로 뿐 아니라 정신적으로도 나약한 존재로 보았으며, 남성에 의한 보호의 필요성을 강조하고 공적인 영역에서 침묵을 강요했다. 하지만 현실에 대한 귀부인들의 생각과 태도는 이와 달랐다. 출신 혈통, 재산처분권, 인적 네트워크, 개인적 친분이 있는 주교의 지원, 개인적 카리스마, 지적 성숙함과 정치적 판단력 등에 힘입은 여성들은 남성들 못지않게 현실주의적 판단 아래 냉철하게 행동했다.

남자들이 정치 지도자로 기록되고, 후대의 역사가들에 의해 '위대한'이라는 수식어가 붙을 수 있었던 것은 그들이 공동체에 대한 책임의식을 갖고 주어진 임무를 충실히 수행했기 때문이었다. 그

---

95) Ellen E. Kittell, 앞의 글, 489~491쪽.

렇다면 위에서 살펴본 여성들에게도 동등한 역사적 평가를 내려야 할 것이다. 이들은 황후와 왕비로서, 백작과 영주의 부인으로서 주어진 역할을 올바르게 완수했다. 이들의 정치 행위를 '여인의 음모', '여성 본연의 간계'로 보았던 중세 (남성) 성직자들의 관점은 더 이상 유효할 수 없다. '일시적'이거나 '어쩔 수 없는 상황'으로 돌리는 후대 역사가들의 평가도 무비판적으로 받아들일 수 없다. 중세여성들에게 부족했던 것은 기회였다. 이들이 능력을 발휘할 수 없었던 이유는 수많은 중세 신학자들과 세속작가들이 누누이 부각시켰던 육체와 정신의 나약함이 아니었다. 영육이 나약한 남성들도 황제, 왕, 백작, 영주로 살았고 '영웅적' 인물로 기억되지 않았던가!

중세여성사 연구에서 기존의 문제의식은 문자를 장악했던 중세 (남성) 성직자들의 여성폄하적인 시각을 드러내고, 이로써 중세를 반(反)여성주의적 시대로 부각시켰다. 그러나 이 글에서 살펴본 것처럼, 중세도 남성과 여성이 공존하고 협력하며 상생을 추구하던 시대였다. 비록 법적으로나 교리적으로 여성들에게 수동적이고 부차적인 역할만을 강요했다고는 하지만, 현실은 엄연히 이와는 달랐다.

동서를 막론하고 전근대사회는 농업중심사회였다. 귀족과 평민 모두에게 농업은 생계를 유지하는 데 절대적이었다. 농업 노동의 상당 부분은 여성의 몫이었다. 따라서 당대인들에게 농촌 여성의 노동력은 남성의 노동력과 동일하게 평가되었다. 다만 남아 있는 사료는 대부분 국가통치와 관련된 정치 위주로 서술되어 있으며,

여성의 노동생산성은 어느 곳에도 문자화되어 있지 않다. 이는 남성 노동의 경우도 마찬가지다. 더욱이 가정과 일터가 분리되지 않았던 시대 상황에서, 경제 영역에서 여성이 차지하는 중요성은 간과할 수 없을 정도였다. 서양의 경우에도 중세 초기부터 여성들의 경제적 비중이 강화되었다. 이제는 여성의 경제적 기여도를 고려한 경제사의 재서술이 요구된다.

이 글에서는 중세의 특권적 집단인 귀족여성에 국한된 연구를 진행했다. 그 결과, 이들이 나약한 존재라는 오명 속에서도 중세 사회를 보호하고 좀더 풍요롭게 하는 역할을 담당했음이 드러났다. 비록 중세 봉건사회를 더불어 살았던 농민과 시민 등 비엘리트 집단의 여성들에게까지 연구영역을 넓힐 수 없었지만, 이는 언급했듯 제한된 지면과 학술논문의 특성에 기인한다. 비귀족여성들을 포함한 여성의 노동과 삶이 연계된 총체적인 중세여성사 연구가 필요하며, 이렇게 해서 여성의 숨겨진 참모습을 다시 쓸 기회가 마련되어야 한다.

9 남자 옷을 입은 성녀

남장 성녀 힐데군트의 역사성

'남장'(男裝)의 사전적 의미는 '여자가 남자 차림으로 변장하는 일'이다. 서양 중세의 대표적인 남장 사례로 흔히 잔 다르크가 언급되곤 한다. 그녀가 화형대에서 섰을 때 죄목은 신성모독, 우상 및 악마숭배, 배교와 이단, 유혈선동, 남장 등이었다.[1] 잔 다르크 외에도 중세의 남장 여인과 관련된 많은 이야기가 전해오며, 중세인들은 그 존재에 깊은 신뢰를 보였다.

학계에서는 이러한 기이한 현상을 의상도착증(Transvestism)으로 정의하고, 오랫동안 그 원인에 관심을 기울여왔다. 20세기 초 독일의 의사이자 성 연구자였던 히르시펠트(Magnus Hirschfeld, 1868~1935)[2]는 변복(變服)을 성적 욕망(Erotische Verklei-

---

1) 이에 대해서는 구체적으로 V. R. Hotchkiss, *Clothes make the man: Female Cross Dressing in Medieval Europe*, London/New York: Garland Publishing, 1996, 49~68쪽 참조.

2) Magnus Hirschfeld, *Die Transvestiten: Eine Untersuchung über*

dungstrieb)의 결과로 진단한 바 있다. 이후 영국의 선구적인 성 심리학자 엘리스(Henry Haverlock Ellis)는 대표작인『성 심리학 연구』[3]에서 '에오니즘'(Eonism)이라는 용어를 통해 의상도착증후군이 타성에 대한 동경에서 비롯된다고 보았다. 이후의 저작에서도 그는 의상도착증을 대부분 정신병리학적 측면에서 고찰했는데, 그나마 남자가 화장을 하고 여장을 즐기는 '여장 남성'을 연구대상으로 국한했다.『매춘의 역사』저자로 잘 알려진 미국의 성과학자 벌로(Vern L. Bullough)는 이러한 기존의 연구동향에 새로운 획을 그었다. 의상도착을 사회적 현상으로 파악했던 그는 사회인류학적 방법론에 근거하여 중세의 남장 여성을 조사했다.[4] 이후 1990년대에 와서는 호치키스(Vallerie R. Hotchkiss)가 서양 중세여성의 복장전환(Cross Dressing)에 대해 전반적으로 검토했다.[5]

이 장에서는 독일 출신의 성녀로 공경받는 힐데군트의 일화를

---

den erotischen Verkleidungstrieb mit umfangreichen casuistischen und historischen Material, Berlin, 1910쪽.

3) Henry Haverlock Ellis, *Studies in the Psychology of Sex Vol. 1 · 2*, New York, 1936(재판). 엘리스의 연구 성과에 대해서는 구자현, 황상익, 「엘리스(Haverlock Ellis)의 성 심리학 연구」, 『의학사』 8, 1996, 21~31쪽 참조.

4) Vern L. Bollough, "Transvestites in the Middle Ages," *American Journal of Sociology* 79, 1974, 1381~1394쪽.

5) Hotchkiss, 앞의 책. 호치키스는 자신의 저서에서 쉬나우의 힐데군트와 관련된 내용을 다루고 있으나, 그 실존 가능성에 치중한 나머지 그녀가 기억되고 있는 사료의 한계와 문제점을 간과하였다. 독일어권에서는 리버스(A. Liebers)가 자신의 저서("Eine Frau war dieser Mann", *Die*

집중적으로 검토할 것이다. 고대 말기 이후 등장하는 남장 여인 사례의 대부분이 역사적 실증성을 입증하기 어려운 반면, 힐데군트는 그중 역사적 인물에 가장 근접해보이기 때문이다. 만약 그녀의 실존 가능성이 입증된다면, 남장 현상을 통해 중세여성의 심층적 내면세계를 엿볼 수 있는 기회가 될 것이다.[6] 동시에 이러한 일탈적 행위에 투영된 특정 사회의 주류담론과 이데올로기를 조명하려고 한다. 다행히도 그녀와 관련된 사료가 상대적으로 풍부하므로, 한계상황을 남장 행위로 극복하고 성녀 반열에까지 오른 한 평범한 여인의 역사성을 가늠하는 작업이 가능해보인다. 힐데군트의 역사성을 검증하는 작업 외에도 남장 여성을 기억하는 중세 사료의 텍스트성을 비판적으로 고찰하는 것이 이 글의 목적이다.

남장을 한 그리스도의 처녀

힐데군트와 관련된 사료는 현재까지 모두 5종류로 알려져 있다. 가장 오래된 자료는 시토 교단의 수도사 랑하임의 엥겔하르트(Engelhard von Langheim)의 기록으로, 그녀가 사망한 해인 1188년에 작성된 것으로 보인다.[7] 엥겔하르트는 "소녀와 같은

Geschichte der Hildegund von Schonau, eFeF-Verlag, 1989)에서 힐데군트 일화를 다루고 있으나, 이는 석사학위논문을 단행본으로 출판한 것으로 심층적 분석이 결여되었다. 리버스 역시 힐데군트의 역사성을 강조하고 있기에, 역사성 재검토 작업이 필요한 실정이다.

6) 기존의 여성사 연구 동향에 대해서는 차용구, 「중세 교회의 여성관: 기존의 연구 성과에 대한 재검토」, 『서양중세사연구』 11, 2003, 1~25쪽 참조.

수도원에서 생활했던 어느 목격자가 그녀의 임종 순간과 장례식에서 듣고 본 것"[8]을 그대로 전달하기 위해 자신의 의견을 최소화하고 주인공의 진술에 근거하여 글을 전개하고자 했다.[9] 요셉(Joseph)이라는 가명으로 쇠나우(Schönau) 수도원에 청원자로 입소한 '소녀'가 이후 중병을 앓고 임종 직전에 수도원장에게 고해성사를 하면서 자신의 삶을 회고하는 장면에서 이야기는 시작된다.[10] 짧지만 다사다난했던 삶을 회고한 뒤 요셉은 숨을 거둔

---

7) 엥겔하르트의 기록은 J. Schwarzer, "Vitae und Miracula aus Kloster Ebrach", *Neues Archiv der Gesellschaft für ältere deutsche Geschichtskunde VI.*, 1881, 515~523쪽에 편찬되어 있다. 엥겔하르트에 대해서는 Martha G. Newman, "Real Men and Imaginary Women: Engelhard of Langheim Considers a Woman in Disguise", *Speculum* 78-4(October, 2003), 1184~1213쪽 참조.

8) J. Schwarzer, 같은 책, 520쪽. 원문은 "Huius relationis testem habemus in domo, qui in obitu et exequiis puelle presens fuit, referens nobis quod audivit ipse et vidit."

9) 예를 들면 같은 책, 517쪽, "당신에게 신이 나에게 어떤 기적을 행하셨는지 말씀드리지요. 나는 쾰른 지역에서 태어났습니다"(referam vobis, quid miraculrorum fecit Deus in me. Indigena sum, inquit, terre hujus natus in territorio Coloniensi). 같은 책, 518쪽, "내가 라인 강을 건너려고 할 때, 도둑을 만났습니다"(Rhetia dum transirem…… furem offendi).

10) 같은 책, 517쪽. "중병이 든 요셉이 죽을 때가 되자, 수도원장에게 고해성사를 하면서 모든 이야기를 하였다. 하지만 자신의 성별에 대해서는 언급하지 않았다"(Et infirmatus est Joseph usque ad mortem. Vicinus morti priorem vocat, confitetur ei, omnia sua preter sexum indicat).

다. 그런데 시신을 깨끗이 하는 염을 하는 도중 그가 남장을 한 '그리스도의 처녀'였다는 새로운 사실이 밝혀진다. 이 기이한 사건이 있은 뒤, 수도원장은 소녀에 대해 더 자세한 내막을 알아보도록 지시했다.[11]

'요셉' 힐데군트의 이야기는 이후 다른 작가들의 관심을 끌었다. 몇 해 지나지 않아 레겐스부르크 인근에 위치한 빈트베르크(Windberg)의 시토 수도회에서 한 익명의 수사가 이 '신의 처녀'(Clara Dei)를 공경하는 153행의 시를 지었다.[12] 엥겔하르트 판본과 그 내용이 대부분 유사한 것으로 보아, 빈트베르크의 수사는 전임자의 기록을 참조했던 것으로 보인다.

이 두 사람이 작성한 글에서는 '요셉'의 실명이 아직 알려지지 않았으나, 1200년경의 세 번째 전기 작가는 그의 본명이 힐데군트라고 밝혔다(Hildegundis vocaretur).[13] 그러나 앞의 두 기록물과 마찬가지로, '요셉 형제'(frater Joseph)의 진술을 토대로 작성된 세 번째 사료도 남장의 이유와 시점에 대해 침묵한다. 단지 남성 대명사가 사용되었다거나 혹은 그녀가 겪은 험난한 모험에 비추어 보

---

11) 같은 책, 520쪽. 원문은 "Ceterum abbas ille rei novitate attonitus vitam puelle sciscitare plenius voluit, ipsam ab inclusa investigare perrexit".

12) 편찬본은 W. Wattenbach, "Vita Hildegundis metrica," *Neues Archiv VI*, 1881, 533~536쪽.

13) "De Sancta Hildegunde Virgine", *Hagiographi Bollandiani, Catalogus Codicum Hagiographicorum Bibliothecae Regiae Bruxellensis Pars I, Tomus II*, 1889, 92~95쪽.

9-1 힐데군트가 생활했던
쇠나우 수도원.

아, 수도원 입회 전부터 남자 행세를 했을 가능성이 크다.[14]

　시기적으로 좀더 후기에 작성된 나머지 두 사료는 전지적 관점에
서 서술되었으므로, 일인칭 시점인 앞선 기록들과는 차이가 있다.
힐데군트의 임종 뒤 한 세대가 지난 1220년경 하이스터바흐 수도
원의 케사리우스(Caesarius von Heisterbach) 수사가 작성한 『기
적담』(*Dialogus Miraculrorum*)[15]은 세 번째 전기를 직접 참조한

---

14) 수도원 입회 전의 행적을 서술하는 과정에서 W. Wattenbach, 앞의 글,
　　534쪽도 힐데군트가 남장을 하고 '요셉'으로 불렸음을 시사하고 있다.

것으로 보인다. 그러나 요셉과 함께 수도원에서 지냈던 헤르마누스라는 청원자에게 들은 이야기를 기록했다는 언급에 비추어 보아, 케사리우스가 또 다른 문건을 참고했을 가능성도 있다.

마지막으로 13세기 전반기에 작성된 다섯 번째 사료[16]는 앞의 자료에서 발견되지 않는 풍부한 사실들을 전하지만, 기적과 같은 비현실적인 내용을 담고 있다. 이 전기의 작가는 자신이 힐데군트와 같은 수도원에서 지냈으며, 힐데군트의 교사였다고 밝히면서 그녀와 관련된 믿기 어려운 일화들을 전하고 있다.

당시 양피지의 희소성과 높은 생산 가격을 고려해볼 때, 불과 한 세대 만에 한 평범한 소녀에 대해 5종류의 전기가 작성되었다는 사실은 그 만큼 이 사건이 세간에 충격적으로 받아들여졌음을 반증한다. 이후 근대에 와서도 많은 연대기와 성인전에서 '요셉' 힐데군트의 일화는 지속적으로 언급[17]된다.

요셉 혹은 힐데군트의 인생역정

위의 사료들에 공통적으로 나타나는 사실에 근거하면, 힐데군

---

15) J. Strange(ed.), "Caesarii Heisterbacensis monachi ordinis cisterciensis," *Dialogus miraculorum* I, Köln-Bonn-Brüssel, 1851, 47~53쪽. 케사리우스에 대해서는 Brian P. McGuire, "Written Sources and Cistercian Inspiration in Caesarius of Heisterbach," *Analecta Cisterciensia* 35, 1979, 227~282쪽.

16) D. Papenbroch, *Vita S. Hildegundis Virginis, Acta Sanctorum April* 2, Antwerpen, 1675, 780~790쪽.

17) Hotchkiss, 앞의 책, 152쪽, 각주 3에 언급한 문헌 참조.

트의 일생은 다음과 같이 정리할 수 있다. 그녀는 라인 강변에 위치한 노이스(Neuss) 태생으로, 이곳은 쾰른 대교구에 속하는 지역이었다. 이러한 이유로, 어린 나이에 고향을 떠나 십여 년을 타지에서 보내야 했던 그녀는 자신의 고향을 막연하게 쾰른이라고 말했던 것 같다.[18] "아버지와 어머니 모두 신심이 깊은"[19] 사람이 었다는 것 말고는 어린 시절 부모에 대한 기억이 남아 있지 않지만, 케사리우스는 힐데군트의 아버지가 노이스의 시민이었다고 전한다.[20] 여유로운 어린 시절을 보내던 그녀[21]에게 어머니의 급작스러운 죽음은 커다란 변화를 가져왔다. 오래 전부터 성지순례를 서약했던 아버지가 홀로 남은 딸[22]과 하인을 데리고 예루살렘으로 길을 떠났던 것이다.

그러나 예루살렘 방문을 마치고 돌아오는 길에 노쇠한 아버지는 티루스(Tyrus)에서 더 이상 기력을 회복하지 못했다. 그는 하인에게 어린 딸을 고향까지 데려다 달라는 부탁만 남기고 숨을 거둔다.[23] 하지만 이 사악한 하인은 자신에게 맡겨진 돈만 챙겨서 밤에

---

18) J. Schwarzer, 앞의 글, 517쪽. 그러나 좀더 후기에 작성된 Dialogus Miraculrorum(47쪽)에는 힐데군트의 고향이 쾰른에서 5마일 정도 떨어진 노이스 시라고 구체적으로 명시되어 있다.

19) *Vita und Miracula*, 517.

20) 『기적담』(*Dialogus Miraculrorum*), 47쪽.

21) 같은 곳.

22) J. Schwarze, 앞의 글 517쪽. *Vita S. Hildegundis Virginis*의 저자는 힐데군트가 순례를 떠날 당시 이미 남장을 하고 있었다고 전한다(781쪽).

23) *Vita und Miracula*, 517, 533쪽. *Dialogus Miraculrorum*, 47쪽.

VIRGO HILDEGVNDIS LATITANS SVB VESTE VIRILI
IOSEPH SEC VOCANS HABITVM PETIT ORDINIS ALBI

9-2 요셉이라는 가명으로 수도원에 입회하는 힐데군트.
권위를 상징하는 지팡이를 든 수도원장 앞에 무릎을 꿇고 입회를 청원하고 있다.

몰래 도망을 치고 말았다. 구호소 침대(in hospito et in lecto)[24]에서 잠을 깬 어린 힐데군트를 도와줄 사람은 아무도 없었다. 구걸을 하면서 일 년의 시간을 보낸 뒤, 독일에서 온 지체 높은 한 순례자를 우연히 만나 그의 도움으로 유럽으로 되돌아올 수 있었다.[25]

구사일생으로 독일로 돌아온 그녀에게 새로운 일이 주어진다. 쾰른 대주교의 밀사 자격으로 베로나에 체류 중인 교황에게 서신을 전달하는 임무를 맡게 된 것이다. 교황과 황제가 주교 서임권 문제로 대립하면서 황제 세력의 눈을 피해 알프스를 넘어 이탈리아로 가는 것이 수월하지 않게 되자, 잘 알려지지 않은 인물인 '요셉'을 밀사로 파견하려는 계획이 비밀리에 추진되었다. 하지만 그는 순례자 지팡이(viatoris baculo 또는 baculo peregrini)에 주교서한을 숨겨 알프스를 넘어가려던 차에 낯선 일행과 합류하게 되고, 이것이 빌미가 돼 체포되어 재판에 회부되고 만다. 이 낯선 자들이 도적 무리라는 사실을 미처 눈치 채지 못한 요셉도 함께 도둑으로 몰린 것이다. '그'는 무죄선고를 받고 풀려났으나, 뒤를 쫓아온 도적 일당에게 붙잡혀 나무에 목을 매달리게 되었다.[26] 그러나 이 순간 천사들이 나타나 천상의 환영으로 위로해주면서 3일 동안 살아남을 수 있도록 도움으로써, 그는 인근을 지나가던 목동들에게 발견되어 다시 목숨을 구했다. 이후 천사들의 인도 아래

---

24) *Vita S. Hildegundis Virginis*에 따르면 그녀는 신전 기사단이 운영하는 구호소에 머물렀다고 한다.

25) *Vita und Miracula*, 517, 534쪽. *Dialogus Miraculrorum*, 48쪽.

26) *Vita und Miracula*, 519, 535쪽. *Dialogus Miraculrorum*, 49쪽.

베로나에 도착한 그는 자신의 임무를 완수하고 다시 독일로 돌아갔다.

이후 인생의 전환점이 또 한 번 찾아온다. 요셉은 성스러운 인물로 추앙받던 한 은수자의 추천으로 쇠나우 수도원에 입회를 청원했다.[27] 비록 미성인 목소리 때문에 처음에는 의심을 받기도 했지만[28], 남자들과 숙식을 함께 하고 때로는 채찍고행을 같이 겪으면서도 그의 생물학적 성(性)은 "기적적으로"(miraculo) 밝혀지지 않았다.[29] 그러나 힘든 노동[30]과 자신의 정체가 밝혀질지 모른다는 강박관념으로 인해 그의 육신은 점차 쇠약해졌다.[31] 임종의 순간이 다가오는 것을 인식한 그는 수도원 원장에게 임종성사를 했다. 하지만 죽음의 순간까지도 자신이 여성임을 비밀로 했다.[32] 그가 숨을 거두고(1188)[33] 장례 절차가 준비되는 동안 그가 남장을 한 여자임이 드러났고, 수사들은 그녀를 '신이 보낸 처녀'

27) *Vita Hildegundis metrica*, 533쪽. *Vitae und Miracula*, 516쪽. *Dialogus Miraculrorum*, 50쪽

28) *Dialogus Miraculrorum*, 50쪽.

29) 같은 책, 51쪽.

30) Vitae und Miracula, 517쪽.

31) 같은 책, 516쪽.

32) 같은 책, 517쪽. *Vita Hildegundis metrica*, 533쪽. *Dialogus Miraculrorum*, 51쪽.

33) 힐데군트의 사망일은 1188년 4월 20일로 알려져 있는데, 이는 그 해의 부활절 기간이었다. 사망일자에 대해서는 모든 사료가 동일하게 진술하고 있다. *Vita und Miracula*, 520쪽. *Vita Hildegundis metrica*, 536쪽. *Dialogus Miraculrorum*, 52쪽.

IN DORMITORII STRVCTVRA VIRGO LABORAT
CHAOS IN PRIMO DVM PROBAT ASTRA PETIT.

9-3 동료 수도사와 함께 수도원 건축 현장에서 돌을 나르고 있는 힐데군트.

(Ancilla Dei 또는 Clara Dei)로 공경했다.

이후 '요셉' 힐데군트의 이야기는 일반인들 사이에서도 매우 빠른 속도로 전파되었다(Effertur ad laicos fama). 케사리우스가 전기를 집필하기 몇 년 전에 이미 쇠나우 수도원에는 힐데군트를 위한 예배당이 세워졌고, 소식을 전해 들은 순례자들이 여러 지방으로부터 모여들어 그녀의 공덕을 기렸다고 전해진다.[34]

남자 옷을 입고 수도사가 된 성녀들

이상이 사료를 통해 재구성된 힐데군트의 인생 역정이다. 사실 중세인들에게 복장전환이 낯설지만은 않았다. 중세 말 도시 축제와 카니발에서 등장인물들이 남녀의 복장을 바꾸어 입곤 했기 때문이다.[35] 비록 신명기의 율법[36]이 남녀의 옷 바꿔 입기를 금하고 있지만, 고대세계 이후 중세에 이르기까지[37] 의복교환 착용과 관

---

34) 『기적담』, 52쪽.

35) Vern L. Bullough, "On Being a Male in the Middle Ages", Clare A. Lees, Thelma S. Fenster(eds.), *Medieval Masculinities*, University of Minnesota Press, 1994, 31~45쪽, 여기서는 37~38쪽. 중세 기사 문학에 등장하는 '여장 남성'에 대해서는 Ad Putter, "Transvestite Knights in Medieval Life and Literature", Jeffrey Jerome Cohen, Bonnie Wheeler(eds.), *Becoming Male in the Middle Ages*, Garland Publishing, 2000, 279~302쪽.

36) 22장 5절. "여자가 남자 복장을 해서도 안 되고, 남자가 여자 옷을 입어서도 안 된다. 그런 짓을 하는 자는 누구든지, 주 너희 하느님께서 역겨워하신다." 이에 대해서는 최창모, 「남녀 의복 교환착용 금기(신명기 22:5)에 관한 연구」, 『한국중동학회논총』 21, 2000, 251~263쪽 참조.

련된 이야기들은 끊이지 않고 전해진다. 특히 4세기 이후부터 '남장 성녀'를 주제로 한 작품이 지속적으로 등장했다. 주로 머리카락을 자르고 남자의 옷을 입고서 수도원에 들어가거나 사막에서 은수사로 생활했던 여성들에 대한 작품이 대부분이었다.

로마의 순교록에 기록된 에우게니아(Eugenia) 성녀는 남장을 하고 인근의 수도원으로 들어갔다고 한다. 이후 수도원장까지 되었으나, '그'가 병을 간호하던 여인에게 성추행 혐의로 고발되어 수도원을 떠나야 했다. 이후 그녀는 로마로 갔고, 그곳에서 순교했다. 5세기의 마리나(Marina) 성녀에 대해 전해오는 이야기도 유사하다. 그녀의 아버지는 홀아비 생활을 청산하고 비티니아의 수도원으로 가면서, 원장에게 자신의 아이가 마리노라는 남자아이이니 수도원에서 살게 해달라고 부탁하여 허락을 받아냈다. 이후 남자 수도자로 변장하여 생활하던 마리나는 인근 여인숙 주인의 딸이 낳은 아들의 아버지라는 누명을 쓰게 된다. 그녀는 자신의 무죄를 주장하기보다는 모든 것을 침묵으로 감내하고, 수도원 문밖에서 걸식을 하면서 살아갔다. 그녀가 여성이었다는 사실은

37) 고대 세계의 이성 복장 착용에 대해서는 사브리나 P. 라멧, 노최영숙 옮김, 『여자 남자 그리고 제3의 성: 젠더역전과 젠더문화』, 당대, 2001, 17, 18쪽 참조. 특히 중세의 남장 여기사(female knight)와 관련해서 안상준, 「중세 유럽사회에서 여성의 전쟁 참여」, 『서양중세사연구』 18, 2006, 33~63쪽 참조. 이와 관련해서 흥미로운 사실은 *Vita S. Hildegundis Virginis*의 저자가 "힐데군트가 유럽으로 돌아오기 전에 예루살렘의 성전 기사단에 합류해서 1년의 시간을 보냈다"(784)고 기록한 점이다.

죽은 뒤에야 밝혀졌다.

테오도라(Theodora) 성녀의 경험도 이와 비슷했다. 알렉산드리아 총독의 아내였던 그녀는 집을 도망쳐 나와 수도원으로 피신했다. 그곳에서 남자로 변장하고 수도자들과 생활하던 중, 자신을 임신시켰다는 한 소녀의 모함으로 수도원에서 쫓겨났지만 그녀는 오히려 소녀의 아이를 정성껏 키웠다. 이 아이는 자라서 같은 수도원의 원장이 되었다. 이들 외에도 펠라지아(Pelagia) 성녀와 테클라 성녀를 비롯하여 초대교회의 많은 여성들이 남장을 했던 사례들이 발견된다.[38]

힐데군트의 삶은 '연약한' 여성성을 극복하고 모험심·강인함·인내와 같은 남성적 덕목으로 점철되었다는 점에서 고대 말기의 남장 성녀들과 유사한 면을 보여준다. 특히 초대 교회의 남장 성녀들이 영혼의 구원을 갈구하면서 자신의 여성성을 부인하거나 새로운 성으로 '변신'함으로써 스스로를 정화하려 했던 것처럼, 힐데군트 또한 자신의 여성성을 심각하게 고민해야 했다. 그녀 역시 음해가 있어 외형적 성을 숨기면서까지 순교했던 초대교

---

[38] 이에 대해서는 J. Anson, "The Female Transvestite in Early Monasticism: The Origin and Development of a Motif," *Viator* 5, 1974, 1~32쪽. Bullough, 앞의 글, 34쪽. Bollough, "Transvestites in the Middle Ages", 1381~1394쪽; 호치키스(앞의 책, 35쪽)는 지금까지 밝혀진 남장 성녀의 수가 40명에 달하는데, 이들 대부분은 성인이 되어서도 남장을 하고 수도생활을 했으며 죽은 다음에야 여성으로 밝혀졌다고 한다.

회의 남장 성녀들과 마찬가지로, 죽을 때까지 자신의 천부적인 성을 밝히지 않았다. 하지만 이들 사이에는 여러 면에서 차이점도 드러난다. 우선 위에 언급한 성녀들 중에서 에우게니아를 제외하고는 역사적 존재를 인정받기 어렵다. 반면 힐데군트는 짧은 시간에 집중적으로 전기가 기록되었고, 곧바로 많은 사람의 칭송을 받았다는 사실에 비추어 보아 실존인물일 가능성이 높다.[39] 다음으로 대부분 남장 성녀들에게 다른 여인을 강제로 임신시켰다는 모함으로 고통을 받는다는 시나리오가 공통적이지만, 힐데군트 이야기에는 간통 등 성적인 내용을 찾아볼 수 없다.

물론 앞에서 언급된 부류의 성녀들과 힐데군트가 살았던 시대 사이에는 많게는 천 년의 간극이 있었다. 초대 교회와 중세 초기의 그리스도교는 남장 여성에게 엄격한 태도를 취했던 반면,[40] 중

---

39) Hotchkiss, 앞의 책, 33~47쪽. Liebers, 앞의 글.

40) 예를 들면 341년 개최된 강그라(Gangra) 공의회는 여성들이 남장을 하는 것을 금했으며, 수행을 위한 경우라도 이 규정을 어길 경우 파문에 처함을 공포했다. 심지어 금욕고행을 목적으로 여성이 머리카락을 자르는 것조차도 파문으로 금지했다. 공의회 문건 13조, "만일 여성이 남자의 옷을 입는다거나 혹은 남자의 외모를 따르려고 한다면, 파문에 처해질 것이다"(Si qua mulier suo proposito utile iudicans, ut virili veste utatur, ad hoc, ut viri habitum imitetur, anathema sit). 공의회 문건 17조, "만일 종교에 귀의한 여자가 신께서 그녀에게 베일로써 그리고 복종의 표기로 주신 머리카락을 잘랐을 경우, 그녀는 파문에 처해진다"(Quaecumque mulier religioni iudicans convenire comam sibi amputaverit, quam deus ad velamen eius et ad memoriam subiectionis illi dedit tamquam resolvens ius subiectionis,

세 후기로 갈수록 사회는 여자의 옷을 벗어버리고 남자의 옷을 입는 복장전환자에게 상대적으로 관대했다. 힐데군트와 같은 세기에 살았던 힐데가르트 수녀는 위험에 처했을 경우 이를 극복하기 위한 수단으로 여성이 남장을 할 수 있다는 견해를 제시했고,[41] 아퀴나스도 "적의 공격으로부터의 보호"와 같은 필요에 따른 복장전환을 용인했다.[42]

그러나 특이하게도 교회는 여장 남성에게는 관대하지 않았다. 남장을 하고 구원의 길을 택했던 여성들은 '성녀'로 추앙되었지만, 남성이 여장하는 일은 남성의 우월한 지위를 스스로 포기하는 짓으로 비난받았다.[43] 이처럼 남성우월적인 중세사회의 여성폄하적 시각은 복장전환 사례에서도 나타난다.[44]

중세 성직자들은 사회구성원에게 고유한 성 역할을 역설하면서, 현대적 용어로 설명하면 젠더체제를 강화시키려 했다. 이로써 교회는 이른바 '이원적 양성 젠더체제'를 확립하고자 했다. 이러한

anathema sit). 부르크하르트(Burchhard von Worms)도 자신의 교령집(*Decretum libri XX*, PL 140, 805쪽)에서 남성의 여장을 금하고 있다. 이에 대해서는 Hotchkiss, 앞의 책, 11쪽 참조.

41) Hildegund von Bingen, Scivias, Book II, Vision 6, 77.

42) *Summa Theologica: Secunda Secundae Partis*, Q. 169 Art. 2: Resp. Obj. 3.

43) B. Spreitzer, "Geschlecht als Maskerade: Weblicher Transvestismus im Mittelalter", Wernfried Hofmeister, Bernd Steinbauer(eds.), *Durch aubenteuer muess man wagen vil*, Innsbruck, 1995, 447~487쪽.

44) 중세 교회의 여성관에 대해서는 차용구, 앞의 글, 1~25쪽.

젠더명령 속에는 '완벽한' 남성성과 '부족한' 여성성이라는 논리가 함유되어 있다. 성 히에로니무스가 "세속적인 것보다도 그리스도에 더욱 봉헌하기 위해 여성은 자신의 정체성을 포기해야 하며, 스스로 남성적으로 되어야 한다. 이는 모든 인간이 더욱 완벽한 존재인 남성이 되어야 한다는 염원뿐이다"[45]라고 했을 때, 여성에게 자신의 부족함을 메우기 위한 '상징적' 젠더전환을 요구하고 있다. "불신자의 이름은 여성이고, 믿음을 가진 자는 완전한 존재인 남성으로 거듭날 것이다"[46]는 암브로시우스의 유사한 언급 역시 나약한 여성성이라는 관념이 근저에 깔려 있다. 아마도 이러한 이유로 중세 교회는 여성의 젠더전환 가능성에 대해 관용적인 태도를 취한 것으로 보인다.

생존을 위한 남장

다시 본론으로 돌아가, 힐데군트의 남장 여성 행적을 비판적으로 조명해보자. 그녀가 노이스 출신이라는 점에는 이견이 없을 듯 싶으나, 신분에 대해서는 시민 계층(civis quidam)[47]이라는 케사리우스의 기록 외에는 알려진 것이 없다. 하지만 하인을 동반하고 예루살렘 순례를 감행한 것으로 보아 경제적 여유가 있는 집안이었던 것으로 보인다. 그녀의 아버지가 딸과 함께 예루살렘 순례를

---

45) *PL* 26, 567쪽.
46) *PL 15*, 1938쪽.
47) *Dialogus Miraculrorum*, 47쪽.

감행하게 된 구체적 동기는 밝혀지지 않았으나, 자녀가 없었던 부부가 자식이 태어나면 순례를 하겠다고 서약했기 때문이었을 것으로 보인다.[48]

당시 순례자들 속에는 지위고하를 막론하고 많은 여인들이 섞여 있었다.[49] 무엇보다도 먼 길을 떠나는 여성 순례자들이 안전상의 이유로 남장을 했다는 사실[50]로 비추어 보아, 아버지가 어린 딸에게 남자 옷을 입혔다는 설명은 충분한 설득력이 지닌다.[51] 아버지의 급작스러운 사망으로 혼자가 된 그녀는 허기진 배를 움켜쥐고 구걸로 연명하면서 고향으로 돌아올 수 있었다. 로마에 체류하는 도중에는 학교를 기웃거리며 글 동냥을 하기도 했다고 전해진다.[52] 사료에서도 남성 대명사 혹은 요셉이라는 이름으로 귀향길의 행적을 묘사하는 것으로 보아, 그녀의 남장 행위는 티루스를 떠난 뒤에도 계속되었을 것이다. 오랜 기간 남장 연기에

---

48) 이에 대해서는 *Vita S. Hildegundis Virginis*, 778쪽 참조.

49) Rudolfus Glaber, *Historiarum libri(900~1044)*, Paris, 1886, 106쪽.

50) Caloline Walker Bynum, "Men's Use of Female Symbols," Barbara Rosenwein and Lester K. Little ed., *Debating the Middle. Ages: Issues and Readings*, Blackwell 1998, 286쪽. 남장 여성 순례자의 대표적인 사례로는 Margery Kempe를 들 수 있을 것이다. 중세의 순례에 대해서는 김재현, 「중세기독교 순례와 도시의 발전」, 『서양중세사연구』 21, 2008, 207~244쪽 참조.

51) 사료에는 힐데군트의 남장 시점에 대해 언급이 되지 않고 있으나, 제일 뒤늦게 작성된 『성처녀 힐데군트 전기』(781쪽)에서는 그녀가 성지순례를 떠나는 순간부터 남장을 했다고 기록한다.

52) *Vitae und Miracula*, 517쪽.

익숙한데다가 무사히 유럽에 돌아왔다고는 하나 아직 어린 그녀
에게 낯선 환경 속에서 생존을 위한 남장개복은 계속될 수밖에 없
었다.[53]

   쾰른 대주교의 밀사로서 교황에게 칙서를 전하는 과정에서 나
타나는 기적들(3일 만의 부활, 축지법 등)을 문자 그대로 받아들
이기는 어려우나, 남장행위의 지속적인 성공을 전제한다면 서신
전달과 관련된 이야기가 단순한 기적담은 아닐 것이다. '요셉'은
숙달된 외국어 능력과 경험 등 밀사로서 적절한 능력을 구비하고
있었기 때문이다. 동시에 스스로가 천부적인 성 정체성보다는 오
랜 남장행위를 통해 습득한 새로운 성과 일체감을 느꼈을지도 모
른다. 어느 순간부터 여성보다는 남성으로 행동하는 것이 자연스
러워진 결과, 스스로 남성으로 살기 시작한 것이다.

   힐데군트의 전기를 기록한 작가들이 전래해오는 남장 여성 수
도사 모티프를 어느 정도 수용했는지 확답을 내리기 어려우나, 구
전되어온 이야기에 전적으로 무지했던 것 같지는 않다. 하지만 힐
데군트의 입장에서 수도공동체에 들어가는 것 외에 또 다른 방법

---

53) 힐데군트의 남장행위가 얼마나 성공적으로 지속될 수 있었는지에 대해
    서, 17세기부터 19세기까지 영국과 네덜란드 지역에서 밝혀진 119개의
    남장 여성 사례들을 조사한 데커(R. Dekker, *The tradition of female
    transvestism in early modern Europe*, St. Martin's Press, 1989)의
    연구결과 참조. 그러나 중세와 근대의 일탈적 남장 여성에 대한 원인과
    관련해서, 트랜스젠더(Transgender)의 각도에서 심층적인 분석도 필
    요해 보인다.

이 있었을까? 특히 오랜 객지 생활로 정신적으로나 육체적으로 피폐한 상황(agonibus fatigata)에서, 얼마 남지 않은 삶 동안 영적 구원을 위해 기도드리는 일 말고는 그녀가 결정할 수 있는 선택의 폭은 매우 좁았다.[54] 하지만 재정적으로 후원해줄 가족도 없고 입회금을 낼 여력도 없었던 그녀가 여성 수도 단체에 들어가기란 현실적으로 불가능했다. 그녀가 몸을 의지할 최후의 방법은 이단적 공동체에 가담하거나 많은 노동력을 필요로 했던 신흥 교단에 남장을 하고 입회하는 것뿐이었다. 그녀 스스로 삶이 오래 지속되지 않으리라 예상했기에, "하느님의 나라에 들어가기 위해서" 수도원에서 남은 시간을 기도로 보내고자 했던 열망이 자신의 실체가 밝혀지는 두려움보다 더 강했을 것이다.[55] 수도공동체는 현실적으로도 홀로 버려진 어린 소녀가 자신을 보호할 수 있는 유일한 보호막이었다. 그렇다면 남성 수도원에 들어가는 것만이 생존과 구원의 대책이었다. 이를 위해 남장은 선택사항이 아니라 필요조건이었다.

다행히도 쇠나우 수도원과 관계가 있었던 한 은수자의 추천으로 '요셉'은 수도원에 들어가게 된다. 하지만 불과 몇 개월 만에 중병에 걸린 '그'는 1188년 4월 20일에 숨을 거둔다. 이 짧은 기

---

54) 이러한 점에서 도마복음(114장)의 "자신을 남자로 만드는 여자는 모두 하늘의 왕국에 들어가게 될 것이니라"는 구절은 힐데군트의 남장을 중세적 관점에서 이해하는 데 도움이 될 것이다.

55) 근대의 남장 여성들이 겪어야 했던 두려움과 스트레스에 대해서는, 데커, 앞의 책, 17쪽.

간 동안 현실은 그리 녹록하지 않았다. 힘든 육체노동[56]과 정신적 스트레스로 수도원을 탈출하려는 시도를 몇 차례 했지만, 그때마다 무위로 끝나고 말았다.[57] 간혹 정체가 의심받으면서 심리적 압박감은 더욱 커져갔을 것이다.[58]

그나마 죽기 전까지 남장 소녀의 정체가 발각되지 않았던 것은 오랫동안 고생하면서 생긴 신경성 식욕 부진 등으로 인해 생리가 중단되었을 가능성이 높기 때문이다.[59] 혹은 호치키스의 지적대로, 힐데군트의 정체가 밝혀지지 않은 것은 기도와 노동 이외에는

56) 1142년에 건립된 쇠나우 수도원은 시토 교단의 대다수 수도원과 마찬가지로 황무지에 세워졌다. 힐데군트가 입회할 무렵에도 수도원 교회 건설과 경작지 개간이 진행 중이었기 때문에, 순결과 가난을 서약한 수도사들의 육체적 고통은 가중되었을 것이다. 쇠나우 수도원의 역사에 대해서는 M. Schaab, *Die Zisterzienserabtei Schönau im Ordenwald*, Heidelberg, 1963.

57) *Vita S. Hildegundis Virginis*, 786쪽. 중세의 남장 성녀들 중에서 힐데군트는 심리적 고통으로 알려진 매우 드문 사례이다. 이는 그녀의 인간적 면모, 곧 역사적 실존성을 입증할 근거가 될 수 있을 것이다.

58) 케사리우스는 '요셉'이 변성기를 거치지 않았느냐는 원장의 의심 섞인 질문에 "'그'가 변성기를 경험하지 않을지도 모른다는 대답을 했다"고 전한다(*Dialogus miraculorum*, 50쪽). 케사리우스는 다른 사례도 밝히고 있는데, '요셉'의 턱이 여자의 턱처럼 생겼다는 동료 청원자의 질문 (mentum tuum…… sicut mentum mulieris)에, '그'는 화가 나서 자리를 박차고 일어났다고 한다(같은 책, 51쪽).

59) 극단적인 고행을 실천하던 여성 수도자들에게 자주 나타나던 생리중단 현상에 대해서는 C. W. Bynum, *Holy Feast and Holy Fast*, University of California Press, 1987, 214쪽 참조.

다른 것에 일체 관심을 기울이지 못하게 했던 시토 교단의 엄격한 규율과 그로 인한 수도사들의 무관심 때문일지도 모른다.[60]

엥겔하르트가 힐데군트의 임종 직후 그녀의 인생역정을 기록했다는 사실 또한 역사성을 입증할 수 있는 증거가 된다. 알려진 바와 같이, 그는 힐데군트가 죽기 전에 프뤼페닝(Prüfening) 수도원 원장 에르보(Erbo, 1181년 1월 사망)에게 예화집(exempla)을 헌정한 바 있는데, 여기에서는 힐데군트 이야기가 빠져 있었다. 하지만 1181년 4월 20일에 힐데군트가 죽고, 그녀의 이야기가 교단 내에 전해지면서 엥겔하르트는 이 이야기를 새로운 예화집의 제일 마지막 장에 첨부한다.[61] 그는 아마도 자신을 오랫동안 후원해주었던 베히터스빈켈(Wechterswinkel)의 수녀들에 대한 감사의 표시로 가장 최근의 사건, 특히 여성과 관련된 이야기를 전해주고 싶었던 것은 아닐까 한다. 더욱이 힐데군트의 소식을 전하는 다섯 종류의 기록 모두가 그녀가 사망하고 30년 이내에 작성된 것[62]이라는 사실 역시 그녀의 남장 가능성을 뒷받침한다. 단순히 전해오는 흥미로운 이야기였으면, 그 이전 혹은 이후에 기록하는 것도 가능하지 않았을까?

60) 호치키스, 앞의 책, 41~42쪽: Valerie R. Hotchkiss, 'Disguise and Despair: The Life of Hildegund von Schönau', Albrecht Classen (ed.), *Women as Protagonists and Poets in the German Middle Ages*, Göppingen, 1991, 29~41쪽, 여기서는 38, 39쪽 참조.

61) Bruno Griesser, "Engelhard von Langheim und sein Exempelbuch für die Nonnen von Wechterswinkel", *Cistercienser-Chronik n.s.*, 65~66, 1963, 55~73쪽.

62) McGuire, 앞의 글, 247쪽.

무엇보다 힐데군트 성녀의 이야기에서는 남장 성녀를 다룬 전기의 주요 주제인 성인 기적, 박애와 자비 정신을 찾아볼 수 없다. 그런데도 그녀를 "신의 빛", "성모 탄생 이후 최대의 기적"[63]으로 숭배하는 것은, 오히려 평범하지만 인생의 시련을 믿음으로 극복했던 한 여인의 실존적 삶을 반증하는 것이 아닐까 생각한다. 탁월한 영성을 소유한 여타의 성녀들과 비교해서 내세울 만한 특성은 없으나, 신에 의지하고 삶의 역경에 굴하지 않았던 인내력과 용기가 "신의 전사", "사탄의 정복자", "신의 운동선수"로 칭송되었던 것이다.[64] 아마도 이러한 역사적 '일반성'으로 인해, 그리고 인간의 한계를 신의 은총으로 극복한 이유 때문에 그녀에 대한 전기들이 쏟아져 나온 것으로 보인다.

역사가 된 전설

힐데군트의 전기가 모두 특정 '남성' 수도회에 속해 있는 수도사

---

63) 『성처녀 힐데군트』(*De Sancta Hildegunde Virgine*), 92쪽. 원문은 "et post partum Virginis sacratissimae (ut aestimo) omnibus miraculis mirabiliorem, gloriosissimum virginis triumphum."

64) '요셉' 힐데군트 일화를 사실로 받아들인다면, 힐데군트는 수줍음을 많이 타던 연약한 소녀였다. 그녀의 일화가 세간의 관심을 끌고 기록되던 것은, 나약한 여인이 위기 상황에서 남자보다 더 강인한 정신력을 보여주었다는 사실 때문일 것이다. 힐데군트의 여성적 면모에 대해서는 다음을 참조. *Dialogus Miraculrorum*, 51쪽, "그러자 그녀는 화가 나서 토라진 것처럼 도망치기 시작했다"(Tunc illa quasi indignando recessit); *Vita und Miracula*, 516쪽, "그녀는 겁을 내기 시작했다" (pusillanimis lassescere cepit).

들에 의해 작성됐다는 사실에서 사료의 작성 의도를 의심해볼 만하다. 힐데군트가 역사적으로 실존했을 가능성은 있지만, 이를 입증하기 위해서는 먼저 몇 가지 문제점을 해결해야만 한다. 우선 그녀를 둘러싼 이야기가 시토 교단 내에서만 회자되고 기억되었다는 점에서 사료의 한계점을 지적할 수 있다. 엥겔하르트는 같은 교단의 수녀들에게 헌사한 예화집[65]의 기적, 환영과 같은 이야기를 통해 자매들에게 교단의 찬란한 전통과 영성(靈性)을 부각시키고, 예화집 마지막 장에 힐데군트의 남장 일화를 삽입함으로써 '연약한'[66] 여성도 수행 정진을 통해 천상과 구원을 확신할 수 있음을 보여주고자 했다. 『힐데군트 전기』(*Vita Hildegundis metrica*) 역시 시토 수도원에서 남장 기적에 대한 서사시 형태로 작성되었고, 『성처녀 힐데군트』(*De Sancta Hildegunde Virgine*)도 같은 교단의 살렘(Salem) 수도원에서 편찬되었다. 하지만 여타의 사료에는 그녀에 대한 기록이 부재하다는 사실은 힐데군트의 역사적 진실성을 희석시킨다.

이들 다섯 개의 사료는 많은 공통적인 내용을 담고 있으나, 단어와 문구, 일화의 구성 등에서 차이가 있는 것으로 보아 서로 다른 전승도 참조했음직하다.[67] 또한 힐데군트와 관련해서 언급되

---

65) 예화집의 사료적 가치에 대해서는 유희수, 「Jacques de Vitry의 대중설교와 exemplum」, 『서양중세사연구』 2, 1997, 77~107쪽.

66) *Vitae und Miracula*, 520쪽, "그리스도의 능력과 사랑, 행위에 힘입어 이 연약한 여인도 구원을 받을 수 있으리라"(virtutem Christi, cuius amore et ope fragilis hec oblita sit sexum).

는 고아와 부정직한 하인, 초자연적 존재의 도움을 받은 정직한 사형수, 천상의 목소리, 천사가 가능케 한 축지법 등은 다른 예화 집과 구전동화에 자주 등장하는 모티브다.[68] 따라서 힐데군트 남장 일화는 구전해오는 민담에 종교적이고 교화적인 색을 덧칠한 결과물로 볼 수 있다. 전기 작성을 담당한 (남성) 수도사들은 '요셉' 힐데군트 일화를 신의 보이지 않는 손에 의해 이루어진 기적이라는 상징적 코드로 읽었다. 자신의 교단은 항상 신의 은총 속에 존재하며, 신은 규율을 준수하는 수도사에게 자신의 전지전능함을 기적으로 계시하고 있음을 역설한다. 이를 입증하기 위해 처음부터 케사리우스를 비롯한 작가들이 전래해오는 남장 성녀 모티브를 각색하여 교훈적 목적의 예화집을 창작했을 여지도 있다.

한편 남장변복 서사는 시련을 극복하고 천상의 기쁨으로 충만

---

67) Brian Patrick McGuire, "Friends and Tales in the Cloister: Oral Sources in Caesarius of Heisterbach's *Dialogus miraculorum*", *Analecta Cisterciensia 36*, 1980, 167~245쪽. 실제로 엥겔하르트는 '요셉' 형제의 임종 참석자에게, 케사리우스는 '요셉'과 같은 청원자였던 헤르마누스에게, 마지막으로 *Vita S. Hildegundis Virginis*의 저자는 '요셉'의 친구이자 동료였던 한 익명의 청원자로부터 이야기를 전해 들었다고 한다. 이 경우 모두 '요셉'을 지척에서 보아온 사람들을 증인으로 내세우고 있지만, 구체적으로 어떠한 경로로 '요셉'과 관련된 내용을 접하게 되었는지에 대해서는 함구하고 있다.

68) Frederic C. Turbach, *Index exemplorum: A Handbook of Medieval Religious Tales*, Helsinki, 1969, nos. 4294, 5260, 2235~36, 1490, 2497, 3198, 4533, 4825. 이에 대해서는 Liebers, 앞의 책, 53~61쪽 참조.

하게 된 한 여인의 삶에 대한 관상(觀想)을 통해서, 새로운 여성 상을 정립하려는 의도로 해석될 수 있다. 시토 수도회는 1200년경 까지만 해도 여성을 '자매'라기보다 '유혹의 대상자'로 보았다. 하지만 많은 여성들이 수도 생활을 갈구했던 시점에 다다르자,[69] 기존의 '남장여성 수도사' 모티브는 새로운 소재로 재구성되었다. 엥겔하르트는 연약한 여성(fragilis sexus)이 악마(diabolo)의 유혹에 빠지지 않고 어떻게 승리(victoria)할 수 있었는가에 관심을 보였다. 남성 못지않은 용기(fortiter)를 가지고 삶의 역정을 극복한 힐데군트와 관련된 일화는 그에게 모범적인 사례였을 것이다.[70] 케사리우스도 힐데군트를 공경하기 위해 모여든 여인들과 함께 "우리 형제들도 우리 시대, 우리 교단에서 이러한 일들이 일어나게 하신 구세주에게 영광을 돌리고 이들과 함께 기도해야 한다"고 강조한다.[71] 여성에게도 남성적 심성을 발견할 수 있음을 가시화하기 위해서[72] 구전되어오던 힐데군트의 남복개착 일화가

69) 이에 대해서는 차용구, 「중세의 이단과 여성」, 『역사학보』 164, 1999, 221~248쪽 참조.

70) 이러한 이유로 엥겔하르트는 수녀와 같은 다른 여인들도 그녀를 본받을 것을 권고한다. *Vitae und Miracula*, 520쪽. "나는 여성들과 남성들이 이 기적을 모범적인 사례로 삼기 원한다"(Velim hanc miraculo feminis, viris exemplo).

71) *Dialogus miraculorum*, 52. 원문은 "matronae maxime, sanctis eius orationibus se commendantes ……Et nos fratres cum illis gratias referamus Salvatori nostro, qui haec fieri voluit nostris temporibus in ordine nostro".

역사적 사례로 포장되기 시작했다. 그 결과 여성은 더 이상 '타락의 주범'[73]도 아니고 '성녀와 창녀'의 기로에서 설 자리를 잃지도 않았다. 힐데군트를 통해 여성은 이제 그리스도의 여전사로 재탄생했고, 노력 여하에 따라 태생적 성 정체성을 극복하고 구원을 얻을 수도 있게 되었다.

시토 교단의 이러한 새로운 여성관은 사료에 공통적으로 등장하는 여성의 순례, 교육, 정치·외교적 책무, 종교적 활동에도 잘 드러난다. 힐데군트 전기 작가들은 여성이 자신에 부과된 제약에서 벗어나 남성 전유물이자 공적 영역인 교육·종교·정치로의 진출에 거부감을 보이지 않았다. 이는 오히려 힐데군트의 전기에서처럼 권장하는 덕목이 되었다.

이처럼 생물학적 성 정체성을 스스로 부정하고 자아실현과 구원을 동시에 갈구했던 힐데군트를 5명의 전기작가 모두 성녀로 칭송했다. 하지만 이 역시 고대 말기 이후의 전통과 일맥상통하는 면이다. 심지어 '힐데군트'라는 이름 자체가 창안되었을 가능성[74]도 배제하기 어렵다. 여행을 위한 남장변복, 중상모략, 임종 뒤에

---

72) *Dialogus miraculorum*, 53쪽. "이러한 여성들의 정신력은 존경받을 가치가 있다"(Tanta est fortitudo mentis in quibusdam feminis, ut merito laudetur). 시토 교단의 새로운 여성관에 대해서는 Newman, "Real Men and Imaginary Women", *Speculum 78*, 1198~1200쪽 참조.

73) Elizabeth A. Clark, "Devil's Gatewayand Bride of Christ: Women in the Early Christian World," *Ascetic Piety and Women's Faith: Essays on late Ancient Christianity*, Lewiston, 1986, 23~60쪽.

정체가 밝혀지는 것 등도 모두 다른 남장 성녀전에 자주 등장하는 소재들이다. 이로써 힐데군트 시나리오의 창작 가능성은 더욱 커진다.

요셉 힐데군트 이야기가 작가들이 만들어낸 창안물일 개연성이 제기되는 또 다른 이유는, 초기의 세 작품들은 요셉 힐데군트의 일인칭 관점(Ast ego, At ego inquam……)에서 진행되고 있으나, 이후의 글들은 작가적 관점에서 작성되었다는 점이다. 『기적담』의 경우, 수도사(monachus)와 청원자(novicus)의 문답 형식 속에 남장 일화를 삽입하여 예비 수도자에게 교훈적 내용을 전달하는 것을 목적으로 했다. 이 책은 케사리우스 그 자신이 청원자 교육을 담당했던 하이스터바흐 수도원에서 수업 교재로 쓰이기도 했다. 『힐데군트 전기시(傳記詩)』(*Dialogus Miraculorum*)는 수도사들의 입에 자주 오르내리던 예화를 수집하고, 여기에 자의적 해석을 덧붙인 책이다. 따라서 '요셉' 힐데군트 일화의 진실성을 확언하는 일은 쉽지 않다. 『성처녀 힐데군트 전기』(*Vita S. Hildegundis Virgine*)의 저자는 심지어 신이 보내준 힐데군트와 같은 수호성녀(patronam)를 통해 자신의 수도원을 유명하게 만들려는 세속적인 동기도 가지고 있었다. 그에게는 당시 성장하고

─────

74) 힐데(Hilde)는 '전투'를 의미하는 중세 독일어 hilta 혹은 hiltja로부터, 군트(gund) 역시 '전쟁'을 뜻하는 gund로부터 유래한다는 사실에서 '힐데-군트'는 악마에 대항해서 싸우는 여전사의 이미지를 부각시키기 위해 '만들어진 성녀'로 볼 수 있을 것이다. 이에 대해서는 Liebers, 앞의 책, 12쪽.

있던 수도원에 새로운 성인을 탄생시킴으로써, 많은 순례자들을 끌어 모으려는 의도가 힐데군트의 실체를 밝히려는 의도보다 더 강했다.[75]

여성에게서 남성적 심성을 재발견하려는 노력은 교육과 관련된 내용에서도 엿보인다. 역사적 정확성이 결여되었는데도, 엥겔하르트는 '요셉'이 이탈리아에서 학교를 방문했다고 기록했던 반면, 『힐데군트 전기』의 저자는 그녀가 티루스에 체류하는 동안 학교 교육을 받았다고 전한다.[76] 아마도 두 작가 모두 그녀의 교육과정에 대해 정확한 정보를 가지고 있지 않았던 것으로 보인다. 흥미로운 점은, 험난한 현실 속에서도 학문을 배우려는 남장 소녀의 태도를 두 작가 모두 높이 평가하고 있다는 점이다. 극히 제한된 신분의 여성만이 기초교육을 받을 기회를 가졌던 시기에, 타지에서 생계를 걱정해야 했던 소녀가 학교 교육을 받으려 했다는 사실의 부각은 여성 교육의 필요성에 대한 새로운 인식과 일맥상통한다. 개혁적 성향의 시토 수도사들이 '여성문제'[77]에 대한 관심을 상기시키고자, 전해오던 힐데군트 이야기를 발굴해낸 것은 아닐까?

이러한 사고의 전환 속에서도 '천부적인 육체의 나약함'이라는 전통적 여성관은 여전히 사라지지 않았다. 하지만 나약한 여성의

---

75) Liebers, 앞의 책, 154~162쪽.
76) *Vita Hildegundis metrica*, 534쪽.
77) 이에 대해서는 차용구, 앞의 글, 221~248쪽 참조.

몸(infirmitas)으로 자신의 성적 한계를 극복하려 했으나, 결국 좌절하고 말았던 힐데군트는 기존의 성녀전에서 볼 수 있었던 남성적 여성과는 다른 본보기가 됐다. 오직 신의 은총과 구원을 통해서만 인생의 역경을 견뎌낸 여인의 확고한 신앙심,[78] 이것이 시토 수도사들이 '요셉' 힐데군트 일화를 통해 전달하고자 하던 메시지였다. 이 같은 시토 교단의 시각은 기존의 중세 교회가 견지했던 반여성주의적 태도와는 차이점을 보인다. 높은 수준의 영성은 남성만이 도달할 수 있다는 기존 입장과는 달리, 시토 교단은 여성도 영성을 확신할 수 있다고 보았기 때문이다. '육체적으로 연약한 자매'일지라도, 구원에 대한 확신만 있다면 천상의 빛을 접할 수 있으리라는 교리가 정립되었다. 시토 교단은 여성에 대한 이러한 생각을 가시적으로 보여주기 위한 사례가 필요했다. 이를 위해 전래해오는 남장 수녀 모티브를 재구성한 것이 바로 힐데군트 예화였을 것이다.

요약하면, 시토 수도회의 성직자들은 '요셉' 힐데군트 일화에 나타난 기적을 신의 권능이 현세에 함께함을 보여주는 사례로 이용했다. 신자들은 성인의 덕행을 추모하기 위해 힐데군트의 무덤과 거처를 방문했는데, 이는 대리자를 통해 현화된 신의 은총을 확인함과 동시에 민간신앙의 차원에서 개인의 구원과 치유를 받

---

78) *Vitae und Miracula*, 520쪽.

79) 중세의 기적 행위에 대해서는 김정하, 「이탈리아의 성인숭배문화」, 『EU 연구』 4, 1998, 167~200쪽, 특히 185~188쪽 참조.

을 기회로 인식되었다.[79] 이렇게 해서 예화는 현실적인 목적을 이루었고, 전설은 역사가 됐다.

남성적 세계관에 의해 일그러진 여성성

성지 예루살렘과 유럽 곳곳에 체류하면서 다양한 경험을 했던 힐데군트의 이야기는 13세기 이후 많은 사람들의 관심을 끌었다. 그러나 무엇보다 세간의 이목이 집중된 이유는, 바로 그녀의 남장 행위였다. 이 장에서는 중세여성의 남장 가능성에 대해 힐데군트의 사례를 통해 검토해보았다.

그녀와 관련된 1차 사료는 모두 시토 교단 내에서 작성된 것이다. 작가들은 성직자, 수녀, 평신도 사이에 구전되던 소문을 토대로 힐데군트의 남장 이야기를 완성했다. 그녀에 대한 민간 신앙적 기억은 기적행위가 사실이라고 믿거나 믿고 싶었던 중세인의 심성을 반영한다. 그녀를 성녀로 공경했던 이유는 남장을 하면서까지 역경을 이겨내고 신에 대한 믿음을 포기하지 않았기 때문이었다. 하지만 남장여성 수도사 모티브는 고대 말기 이래로 지속되어 온 주제이기도 하다. 따라서 개혁적인 시토 교단이 특정 목적을 위해 힐데군트 일화를 새롭게 만들어냈을 가능성을 배제하기 어렵다.

동시에 힐데군트의 역사적 실존성 역시 부정하기 어렵다. 남장 변복은 험난한 현실 속에서 신앙을 삶으로 옮기기 위해 노력했던 한 여인이 선택할 수 있는 거의 유일한 생존수단이었다. 따라서 그녀가 '자아실현', 곧 중세적 개념으로 표현하면 '영적 구원'이라는 목표를 달성하기 위한 수단으로 변복했을 가능성도 있다. 이러한 변신은 자신의 본형을 감추고 능력을 발현시킬 기회가 됐다. 남장 변복은 여성에게 사회활동이 금기시되었던 한계상황에 적극적으로 대응하고자 하는 욕구로부터 출발했다. 그녀의 일탈적 남장행위는 유폐된 생활공간 속에서 여성적 삶을 거부하고 자신의 능력을 발휘하고자 하는 열망에서 기인했다고 볼 수 있다.

사료에 묘사된 힐데군트는 남자처럼 말하고 행동했을 뿐 아니라 강인한 정신력과 인내력, 용기를 통해 진정한 남성성(virile)을 보여주었다. 이러한 묘사는 여성의 육체가 구원에 방해가 된다는 중세적 관념의 소산이다. 남장을 통해 남자가 되고자 했고, 더 나아가 남자가 되어야만 했으며, 그렇게 해서 "자신을 남자로 만드는 여자는 모두 하늘의 왕국에 들어가게 될 것이다"라는 복음의 계율을 실천하고자 했던 것이다. 여성이 남성의 옷으로 바꾸어 입는다는 것은 단순한 의복의 변장이 아니었다. 옷의 사회적 역할 상징으로 인해, 옷을 바꿔 입는 순간 성(gender)의 전환이 일어난다는 것이다. 그녀는 복장도착을 통해 젠더의 경계 반대편 영역으로 침입하고자 노력했다.

힐데군트의 변신은 현실적인 이유에서 비롯되었다. 고통과 두려움으로 가득한 험난한 삶을 살면서 정신적으로나 육체적으로 피폐해진 데다, 자신에게 현세의 시간이 얼마 남지 않았다는 압박감 속에 홀로 남은 여인에게 선택의 폭은 넓지 않았다. 기존의 연구는 여성을 죄악시하는 문화 속에서 번민하는 한 여인의 삶이라는 시각으로 그녀를 바라보았지만, 이제는 '생존'이라는 현실적 문제로부터 접근하는 사회사적 시각 교정이 필요하다. 힐데군트의 삶에는 이단에 가입할 수도 없고 수녀원에 정식 입회할 수도 없었던 12세기 말의 한 평범한 여인의 모습이 투영된다. 그녀는 자신의 젠더를 포기하고, 머리를 자르고 남장을 하고서 수도원에 입회하는 방법 외에는 현실적으로 삶의 대안을 찾을 수 없었다. 이역만리 타국에 홀로 버려진 어린 소녀에게 삶은 길고도 험했다. 그녀가 걸어온 인생 여정은 삶의 두려움과 절망으로부터 도망치기 위해 남자의 옷을 걸칠 수밖에 없었던 '비극'으로 읽힐 수도 있다. 수도원으로부터 여러 차례 도주를 시도했던 것처럼, 정작 힐데군트는 자신에게 강요된 남성성의 굴레를 벗어던지고 싶었을지도 모른다. 그녀의 남장행위는 생존을 위한 격렬한 전투(fortes pugnas) 그 자체였다.

힐데군트의 전기는 중세 독일 지역의 교회와 일상적 삶을 생생하게 묘사[80]하고 있다. 그녀의 삶이 지닌 역사성과 문학성의 구분은 명료하지 않지만, 그녀가 실존 인물이든 또는 남성 성직자들이 창안한 인물이든, 두 경우 모두 중세사회의 남성우월적 지배담론이 만들어낸 결과다. 현실에서 힐데군트는 생존을 위해 남복을 하고 '남자가 되어야만 했던' 비극적 인물이었으며, 이미지화 된 힐데군트 또한 여행, 교육, 정치, 종교와 같은 남성들의 공간에 진입하기 위해 먼저 천부적인 성을 부정하고 '우월한' 성으로 변장해

---

80) Eileen Edna Power, *Medieval English Nunneries, c. 1275 to 1535*, Biblo & Tannen Publishers, 1988, 628쪽.

야 했다. 힐데군트의 역사성과 텍스트성 연구는 한 평범한 중세 여인이 좌절하는 장면을 드러냄과 동시에 남성적 세계관에 의해 연출된 일그러진 여성성을 보여준다.

IO 남장 성녀 힐데군트와 젠더전환

젠더전환과 젠더역전

이 장에서는 독일 출신의 성녀로 공경되고 있는 힐데군트의 삶을 기록한 전기의 분석을 통해 중세여성의 젠더전환(Transgender) 사례를 살펴볼 것이다. 젠더전환이라는 용어는 아직도 의미형성 중인 개념으로, 학자들에 따라 다르게 정의되고 있다. '양성성의 사람', '출생 시 성별을 받아들이려 하지 않는 사람', '전통적 성별 규범에 따르지 않는 사람', '육체적 성 정체성과 정신적 성 정체성이 반대되는 사람', '수술이나 다른 치료를 통해 다른 성으로 살아가는 사람' 모두 젠더전환의 범주에 포함되고 있다.[1] 그러나 자신

---

1) 젠더전환에 대한 이론적 배경과 관련해서 대표적으로 주디스 버틀러, 『젠더 트러블: 페미니즘과 정체성의 전복』, 문학동네, 2008; 사브리나 P. 라멧, 『여자 남자 그리고 제3의 성: 젠더역전과 젠더문화』, 당대, 2001; 카롤라인 라마자노글루, 『푸코와 페미니즘: 그 긴장과 갈등』, 동문선, 1998; 뤼스 이리가라이, 『하나이지 않은 성』, 동문선, 2000; 안옥선, 「트랜스젠더와 불교」, 『한국불교학』 48, 2007, 44쪽 참조.

에게 생물학적으로 부여된 성별에 대해 동조하지 않는 비동조성 (non-conformity)을 젠더전환의 핵심적인 속성으로 파악하는 데 큰 이의가 없어 보인다. 요약하면, 젠더전환자는 남성이나 여성의 신체를 가지고 태어났지만 스스로를 반대 성의 사람으로 여기는 성적 소수자를 뜻한다.

이분법적이고 결정론적인 성별 구분을 거부하는 젠더전환의 범주 속에는 트랜스섹슈얼(TransSexual)처럼 자신의 신체를 본인이 느끼는 성별에 맞도록 인위적으로 전환하는 성전환자가 포함된다. 그러나 젠더전환자가 모두 성전환 수술을 받았거나 원하는 것은 아니다. 다른 성별을 주장하고 그렇게 인지되기를 바라는 사례도 젠더전환에 포함될 수 있다. 젠더전환은 '성별을 가로지르는 (traversing) 행위'로, 생물학적으로 고정된 성(性)과는 다른 성별 수행을 통해서 천부적으로 부여된 성 역할에 대한 고정적 관념에 도전한다. 또한 남녀의 성별 범주 자체를 초월하여 어떠한 성별도 존재하지 않는, 두 개의 성별 공존이 멈추는 경우도 젠더전환 사례의 범주에 속한다.

젠더전환자는 개인의 성에 대한 사회의 강압적 규정을 부당하게 생각하고, 자신의 성 정체성을 스스로 결정한다. 인간의 성은 태어나면서부터 신체적 특성에 따라 남녀로 양분되며, 이에 상응하는 역할과 규범이 확정적이고 불변하다는 결정론적 성 관념은 최근의 생물학이나 의학적 연구 성과와도 배치된다. 이와 관련해서 올친(Douglas Allchin)은 "한 몸에 한 성이라는 규칙이 보편적으로 유지되는 것은 아니다"라고 판단한다.[2]

젠더전환이라는 용어가 아직도 학계에서 생소한 만큼, 학문적으로도 이 주제는 오랫동안 연구영역 밖의 대상이었다. 그러나 최근 젠더·젠더전환·젠더문화에 대한 연구서들이 출간되었고, 그 결과 젠더전환 현상이 역사시대 초창기부터 모든 사회와 문화권에 존재해왔음이 밝혀졌다.[3] 서양 중세사의 경우에도, 젠더를 통해 여성사를 재해석하려는 시도가 국내외에서 진행되고 있다.[4]

앞장에서 힐데군트와 관련된 사료와 그녀의 역사성을 재검토하면서, 중세의 남장성녀에 대해 조사한 바 있다.[5] 여기서 남자로 일생을 살았던 힐데군트의 인생역정을 "트랜스젠더의 각도"에서 심층적으로 분석해볼 필요가 있음을 제안한 바 있다. 힐데군트의 경우, "자신의 외모와 성 정체성에 대해 스스로 의구심을 가졌을지도 모르며, 그녀는 개인의 성에 대한 의학적·사회적 규정을 넘어 스

---

2) Douglas Allchin, "Male, Female and/or?: How Does Nature Define the Sexes?", *The American Biology Teacher 68/6*, 2006, 351쪽 참조.

3) 대표적으로 J. Epstein, K. Straub(ed.), *Body Guards: The Cultural Politics of Gender Ambiguity*, Routledge, 1991; Elizabeth A. Castelli, Rosamond C. Rodman(ed.), *Women, Gender, Religion: A Reader*, Palgrave Macmillan, 2001; G. Herdt, *Third Sex, Third Gender: Beyond Sexual Dimorphism in Culture and History*, Zone Books, 1991; L. Vern and B. Bullough, *Cross Dressing, Sex and Gender*, University of Pennsylvania Press, 1993.

4) 이러한 연구동향으로는 이종경·김진아, 「젠더로 중세사 다시 읽기: 중세 여성사 연구의 새 흐름」, 『서양중세사연구』 24, 2009, 181~208쪽 참조.

5) 차용구, 「서양 중세의 남장여성—Hildegund von Schönau의 역사성 재검토」, 『역사학연구』 37, 2009, 137~164쪽 참조.

스로의 성 정체 인식을 통해서 남장여성을 한 트랜스젠더로 살았을 수도 있다." 아래의 글은 필자의 이러한 의문점에 대해 답을 찾아 가는 과정이다. 이 장에서는 중세의 복장전환(transvestism) 현상 을 젠더전환과 젠더역전(gender reversal)[6]이라는 관점 아래 힐데 군트의 전기를 좀더 다각적이고 심층적으로 재고찰하고자 한다.

초대 기독교 사회의 남장 성녀

초기 기독교 시대의 신앙에는 남자의 차림을 하고 다른 성의 역 할을 하는 여성들에 대한 이야기가 널리 유포되었다. '남장 성녀' 로 알려진 이들은 머리카락을 자르고 남자의 옷을 입고서 수도원 에 들어가거나, 사막에서 은수사로 생활했던 여성들이었다. 이들 의 남장행위를 기록한 성녀전은 공통적으로 세 가지 기본 요소로 구성된다. 첫째는 주인공에 대한 소개와 수도 생활을 시작하게 된 동기, 둘째는 남장을 하고 일어나는 사건들, 셋째는 사후에 밝혀 지는 성 정체성이 그것이다.[7] 이러한 복장전환(cross-dressing) 모티브는 고대세계 이후 현대에 이르기까지 반복해서 등장한다.[8]

---

6) 이 용어에 대해서는 구체적으로, 사브리나 P. 라멧, 앞의 책, 13~45쪽 참조.

7) 헤수스 알바레스 고메스, 강운자 옮김, 『기원에서 베네딕토회까지: 수도 생활역사 I』, 성바오로, 2001, 159쪽.

8) 이성 복장 착용에 대한 역사적 분석으로는 사브리나 P. 라멧, 앞의 책, 17, 18쪽 참조. 특히 중세 기사문학에 등장하는 남장 여기사(female knight)와 관련해서는 Ad Putter, "Transvestite Knights in Medieval

남장을 하고 남성의 영역인 아카데미에서 학문을 연마했던 고대 그리스의 여성 철학자와 관련된 일화는 익히 잘 알려진 바 있다.[9] 비록 신명기의 율법이 남녀가 서로 옷을 바꿔 입지 못하게 하고 있지만, 젠더경계를 넘어서기 위한 방편으로 복장전환을 했던 여성들은 기독교 사회에서도 강한 인상을 남겼다.[10]

에우게니우스라는 가명으로 남성 수도원에 입회해서 수도원장까지 지낸 에우게니아 성녀,[11] 누명을 쓰고도 죽을 때까지 자신의 성정체성을 비밀로 했던 마리나 성녀, 테오도라 성녀가 선택한 고행적 삶, 고문을 견뎌내고 "겁쟁이가 되지 않으려던" 테클라 성녀. 이 모두가 초대 교회의 많은 여성들이 자발적으로 '남자가 되고자 하였

Life and Literature", Jeffrey Jerome Cohen, Bonnie Wheeler(eds.), *Becoming Male in the Middle Ages*, Garland Publishing, 2000, 279~302쪽; 안상준, 「중세 유럽사회에서 여성의 전쟁 참여」, 『서양중세사연구』 18, 2006, 33~63쪽 참조.

9) 마리트 룰만, 『여성 철학자』, 푸른숲, 2005, 51, 52쪽; 사브리나 P. 라멧, 앞의 책, 150~152쪽.

10) Vern L. Bullough, "On Being a Male in the Middle Ages", Clare A. Lees, Thelma S. Fenster(eds.), *Medieval Masculinities*, University of Minnesota Press, 1994, 31~45쪽, 여기서는 37, 38쪽.

11) 에우게니아의 남장행위에 대해서는 아직도 상반된 해석이 공존한다. 캠벨 보너(C. Bonner, "The Trial of Saint Eugenia", *American Journal of Philosophy* 41/3, 1920, 253~64쪽은 에우게니아의 '재판'을 소설 같은 이야기로 치부하지만, 앨릭(M. Alic, *Hypathia's Heritage: A History of Women from Antiquity to the Late Nineteenth Century*, Women's Press, 1986, 28~30쪽)은 이를 역사적 사실로 본다.

다'는 대표적 사례이다.

현대의 교회 역사가들은 "남자 같은 여자들"이었던 여성 고행자의 용맹한 행동을 현실극복 의지의 표출로 설명한다. 사막에서 "금욕의 투쟁을 하는" 여자 독수자들의 경우 그 수가 그리 많지 않았는데, "아마 여자로서 혼자 독수 생활을 하는 데 따른 어려움, 특히 불안정한 위험"을 남장변복의 현실적 이유로 들고 있다. 동시에 교회사가들은 이집트 사막의 첫 수도승 생활이 "남녀 수도승들이 행동의 평등성을 이의 없이 받아들였다는 사실"에 대한 역사적 "증명"이며, "변장한 여자 수도승은 저세상에서는 아무런 의미가 없는 인간불평등의 폐지에 이바지했다고 할 수 있다"[12]는 결론을 내린다.

그러나 이러한 해석과는 달리, 이후에 등장하는 에우게니아, 마리나, 테오도라, 펠라지아, 테클라 등은 사막의 독수자들이 아니라 남성과 함께 공동체 생활을 했으며, 이들 중 일부는 수도원장과 같은 중요한 교직(敎職)을 맡기도 하였다. 이들이 수 년에서 수십 년 동안 남자로서 살 수 있었다는 사실은, 성공적인 '위장 행위'로만 설명되기 어렵다. 오히려 이들은 외적 강요보다는 스스로의 의사결정과 노력으로 젠더의 상징적 전환을 시도했던 것으로 보인다. 따라서 이들이 단순히 고난으로 점철된 현실을 돌파하려는 수단으로 '남장'을 했다고만 보기는 어렵다. 에우게니아, 마리

---

12) 헤수스 알바레스 고메스, 앞의 책, 158쪽. "사막의 수녀승들"에 대해서는 구체적으로 같은 책, 157~161쪽 참조.

나, 테오도라는 억울한 누명을 썼지만, 이를 해명하려들기보다 죄를 뒤집어쓰고 수도원에서 추방되었다. "하늘의 왕국"에 다다를 때까지 자신의 성 정체성을 밝히지 않은 이유는 '남자가 되려는' 강한 내적 집념이 컸기 때문으로 보인다. 현실적인 이유에서 남자의 삶을 살 수밖에 없었지만, 새로운 인간이 되려는 강한 의지야말로 남장 성녀의 정신적 토대가 되었다.

초대 기독교 사회의 남장여성 수사들의 경우, 자신의 생물학적 성별과는 반대인 남성의 역할을 수행함으로써 성별 이분성과 고정성을 거부하고자 했다. 또한 이들은 이분법적 성별구조가 자연적 질서로 수용되고 있던 사회에서 자신에게 억압적으로 부과된 '역할', '규범', '여성다움'에 배치되는 성(별) 관념을 표방한다. 여성 수도자들은 이름과 복장만 젠더교차(cross-gender)한 것이 아니라, 남성적 용기와 대범함과 같은 내면적 변화를 보여주었다. 이들은 전통적인 여성의 본성을 부정하고 자신의 자연적 성과 대치되는 방식으로 남성적 정체성을 표현함으로써, 고정적인 성 관념과 실천규범에 도전했다. 남자는 남성적으로 입어야 하고, 여자는 여성적으로 입어야 한다는 성별규범이나, 남성은 남성답고 여성은 여성다워야 한다는 "젠더명령"(Sabrina P. Ramet)을 의도적으로 일탈한 것이다. 따라서 이들의 남장변복은 생물학적 성별(Sex)과 사회적 성별(Gender)간 불일치를 인식하면서 당대의 성별규정에 대한 도전으로 볼 수 있을 것이다.

이들의 젠더교차가 가능할 수 있었던 요인은 생리학적 변화에서도 찾을 수 있다. 인간은 의학적으로 변종적 염색체 혹은 신체와 염색체의 불일치 등으로 발생하는 선천적인 1차 성징의 모호성 때문에 어느 한쪽 성에만 속하지 않을 수도 있다.[13] 특히 극심한 스트레스나 정신분열증을 앓고 있는 여성의 경우, 후천적으로 남성 호르몬의 과도한 분비로 남성적 성징이 발생한다는 사실은 의학계에서도 입증되고 있다. 그 결과 유방이 축소되고 음성이 굵어지며 근육이 강화된다. 위에서 언급된 남장여성 수도자들은 대부분 강요된 정략결혼, 간통(테오도라), 매춘(펠라지아) 등으로 고통스러운 현세에 등을 돌리고 사막의 극한 상황에서 자신의 존재를 포기하려고 노력한 사람들이다. 이들이 경험했을 정신적 · 육체적 고통을 고려한다면, 여성 호르몬이 감소하고 상대적으로 남성 호르몬이 증가하는 성 호르몬 변화의 가능성도 배제하기 어려울 것으로 보인다. 이러한 몸과 정신의 생리적 전환은 남장 성녀의 복장전환을 더욱 수월하게 하였다. 이들이 '진정한 남자(vir perfectus)가 되고자' 하였는지, 대립적인 두 성의 통일을 통해 '성별의 범주를 초월하여 어떠한 성별도 존재하기를 멈추는 경우'를 상정하였는지 명확하게 답변하기 어렵다. 그러나 확실한 사

---

13) 반음양증(半陰陽症)인 아이의 성별을 여자에서 남자로 바꿔달라는 호적정정신청을 법원이 받아들인 사례(『한국일보』, 2007년 7월 5일)는 성염색체가 여성이기는 하나 아이의 뇌가 이미 남성화되었음을 인정하는 경우였다. 헤르마프로디티즘(Hermaphroditism)으로 불리는 반음양증은 한 몸에 남녀의 성징이 동시에 나타나거나 남녀의 중간성질을 보여주는 경우를 일컫는데, 2005년 이후 서울 아산병원에서 반음양증으로 인한 입원진료 환자의 수는 29명에 달한다(「서울아산병원 의료정보」 참조).

실은, 자신의 의지와 상관없이 수동적으로 다가온 삶을 포기하고 능동적으로 신에게 다가가고자 하였다는 점이다.

남장 성녀들은 '상징적 젠더전환'이라는 기독교 신앙[14]에 깊은 감명을 받기도 하였다. 고대 이후 성직자들은 개인이 항상 동일한 젠더 정체성을 유지하기 바라는 젠더담론을 생산해왔다. 이러한 이원적 양성 젠더체제 속에는 완벽한 남성성과 부족한 여성성이라는 논리가 함유되어 있다. 초대 교회의 이러한 젠더불평등은 신성성에 다가가는 조건으로서 젠더의 전환을 촉구한다. "여성은 자신의 정체성을 포기해야 하며, 스스로 '남성적'으로 되어야 한다"[15]는 히에로니무스 성인의 말은 여성에게 자신의 부족함을 메우기 위한 상징적 젠더전환을 요구하고 있다. "불신자의 이름은 여성이고, 믿음을 가진 자는 완전한 존재인 남성으로 거듭날 것이다"[16]는 암브로시우스의 언급도 '나약한 여성성'을 전제로 하고 있다. 이처럼 초대교회 이후의 기독교 사회는 여성의 젠더전환 가능성을 배제하지 않았다. 여성의 육체가 구원에 방해가 된다는 초기 기독교 사회의 구원 개념은 '남자가 되고자 하는' 상징적 젠더전환의 주

---

14) T. Laqueur, *Making Sex: Body and Gender from the Greeks to Freud*, Harvard University Press, 1990.

15) *PL* 26, 567쪽.

16) *PL* 15, 1938쪽. 서기 140년경 작성된 것으로 보이는 도마복음 114장의 구절("자신을 남자로 만드는 여자는 모두 하늘의 왕국에 들어가게 될 것이다")을 포함해서, 젠더역전에 대한 초대 기독교 신학자들의 입장에 대한 구체적인 증거는 Hotchkiss, *Clothes make the man*, 16, 17쪽 참조.

요 동기였던 것으로 보인다.

힐데군트의 젠더전환 가능성

가톨릭교회가 공식적으로 시성하여 매년 4월 20일이 축일인 힐데군트 성녀의 남장변복 행위에 대한 조사가 좀더 심층적으로 이루어질 필요가 있다.

할데군트가 행한 고해성사의 내용과 귀국 후 활동 등을 종합적으로 고려해보면, 예루살렘 순례 동기는 자녀가 없던 때 부친이 자식이 태어날 경우에 대해 약속했던 서약 때문으로 보인다. 먼 길을 떠나는 여성 순례자들이 안전을 이유로 남장을 했다는 당시 상황으로 보아, 아버지가 어린 딸에게 남자 옷을 입혔다는 전기 작가들의 설명은 충분한 설득력을 지닌다. 그런데 아버지의 급작스러운 사망으로 모든 상황이 급변한다. 타지에 홀로 남겨진 어린 소녀는 허기진 배를 움켜쥐고 구걸로 연명하면서 모진 삶을 이어나갔다.

구사일생 고향으로 돌아가는 배에 몸을 실었고, 도중에 로마에 체류하는 동안에는 학교를 기웃거리며 글 동냥을 하기도 했다고 전해진다.[17] 사료의 문구만으로는 단순히 학생들에게 구걸을 하기 위해 자주 학교를 찾아갔는지, 구걸을 하면서 수업도 들었는지를 명확하게 구분 짓기 어렵다. 하지만 "그 도시에서 1년간 구걸을 하면서 학교를 다녔다"(mendicando tamen scholas in eadem

---

17) *Vitae und Miracula*, 517, 534쪽; *De Sancta Hildegunde Virgine*, 93쪽; *Dialogus Miraculrorum*, 48쪽.

civitate anno uno frequentavit)는 전기작가 케사리우스의 주장대로, 그녀가 구걸로 연명하면서 같은 시기에 학교 수업을 참관하였을 가능성도 배제할 수 없다. 티루스 체류 기간 동안 남자 차림을 하고 있었고, 고국에 돌아온 뒤에도 외교업무를 담당한 정황으로 미루어보아 힐데군트의 수학(修學) 가능성은 더욱 높아진다. 사료에서도 그녀를 남성 대명사 혹은 요셉이라는 이름으로 귀향 길의 행적을 묘사하는 것을 보면, 남장 행위는 티루스를 떠난 뒤에도 계속되었을 것이다.

그렇다면 이는 젠더를 가로지르는(traversing) 행위로 이해될 수 있다. 전통적으로 교육은 공적인 것, 남성의 전담영역이라는 인식이 뿌리 깊었다. 여성교육기관이 존재하지 않았던 사회에서, 가사에만 전념해야 하는 여성에게 공적인 교육은 금기시되어왔다. 여성은 공적인 자리에서 "침묵해야 하며" 자신의 경계를 초월하려고 들면 "물레로 돌아가 앉을 것"[18]을 명령 받았다. 그러한 시대의 여성들에게 배움은 자신의 정체성을 거스르는 행위였다. 따라서 힐데군트의 남장행위는 변복행위 자체로만 의의를 지니는 것이 아니라, 남성영역의 경계를 가로질러 학문적 수양과 실천으로 완성되었다.

오랫동안 남장을 하면서 남자의 역할에 친숙해 있었고, 유럽에 무사히 돌아왔다고는 하지만 나이 어린 힐데군트는 낯선 환경에

---

18) 이에 대해서는 차용구, 「중세의 이단과 여성」, 『역사학보』 164, 1999, 242쪽 참조.

서 생존을 위해 남장개복을 필요로 했다. 쾰른 대주교의 밀사로서 교황에게 칙서를 전하는 임무와 관련해서 전기 작가들이 삽입하였던 기적들(3일 만의 부활, 축지법 등)을 문자 그대로 받아들이기 어려우나, 당시까지의 남장행위가 지속적으로 성공했다는 점을 전제한다면 공적 업무의 수행과 연관된 일화도 재해석이 필요하다. 기적 행위의 진위를 판정하기보다는, 대주교의 밀사 역할 가능성이 먼저 검토되어야 한다. 여러 경험과 숙달된 외국어 능력 덕분에, 특히 로마에 체류하면서 교육을 받았던 '요셉'은 이탈리아 밀사로서 적격자였다. '그'는 생존을 위해 구걸을 하면서(mendicans) 일상 언어를 터득했고, 학문을 배우면서(Adjeci Studium et didici litteras) 지식 사회의 문화를 습득했다. '그'는 태어난 곳인 독일과 학교를 다녔던 이탈리아를 오가는 외교업무에 적합한 인물이었다. 힐데군트는 비록 자신의 천부적 성 정체성을 숨겨야만 했을지라도, 점차 '요셉'으로서 남자의 자격을 갖추어나갔다. 여성을 공적영역에서 구조적으로 배제하던 사회에서 그녀가 지적 호기심을 가지고 교육을 받았고, 전통적인 남성의 영역으로 여겨지던 공적분야에서 역할을 수행한 사실은 젠더역전(gender reversal)으로 보아야 한다.

구사일생으로 유럽에 돌아온 뒤에도 남장행위를 지속했다는 사실은 힐데군트-요셉의 젠더전환 가능성을 보여주는 또 다른 증거이다. 어쩌면 그녀 스스로가 생물학적인 성 정체성보다는 오랜 남장행위를 통해 터득한 새로운 성에 일체감을 느꼈을지도 모른다. 어느 순간부터 여성보다는 남성으로 행동하는 것이 자연스러워졌고, 그 결과 스스로 남성으로 살기 시작한 것이다. 초대 교회의 남장 성녀들처럼, 그녀는 이름과 복장의 젠더교차를 넘어서 자신의 타고난 본 '성'을 벗어버리고 새로운 남성성을 획득했다. 힐데군트는 여성으로서 가부장제 질서 속에서 한계상황에 부딪히면서, 스스로의 외모뿐 아니라 성 정체성에 대해서도 의구심을 갖게 되었을 것이다. 이러한 다중적 억압 상황에서 그녀는 '제1의 성'인 남성성의 표출을 확립했으며, 더 나아가 사회적 자아실현의 표현으로 시대의 주류담론과 이데올로기를 내면화했다. 그 결과가 남장 변복과 젠더교차로 표출되기 시작한다.

힐데군트-요셉이 체험하는 젠더변이의 마지막 무대는 남성 수도공동체였다. 쇠나우 수도원 인근에서 명망이 높았던 한 은수자의 추천으로 '요셉'은 시토 수도원에 들어갈 수 있었다. 하지만 입회하고 불과 몇 달 뒤에 중병을 얻은 '그'는 1188년 4월 20일에 숨을 거두었다. 이 짧은 기간 동안 요셉은 힘든 육체노동과 정신적 스트레스로 인해서 수도원을 탈출하려는 시도를 몇 차례 했지만, 그때마다 무위로 끝나고 말았다.[19] 정체가 간혹 의심받으면서, 심리적 압박감은 더욱 커져만 갔을 것이다. 그나마 죽기 전까지 공동체 내에서 남장소녀의 정체가 발각되지 않았던 것은 오랜 고생 때문에 신경성 식욕부진증 등으로 생리가 중단되었을 가능성이 높았기 때문이다. 극단적인 상황에서 일어나는 성 호르몬의 변화는 정신은 물론 신체에도 큰 변화를 초래한다. 예를 들면 성

19) *Vita S. Hildegundis Virginis*, 786쪽.

녀 빌제포르타(Wilgefortis)는 강요된 결혼을 거부하고 동정서원을 지키기 위해 기도를 바치던 중 얼굴에 수염이 돋아났다고 전한다. 빌제포르타의 전승은 기적적인 전설에 감추어질 수도 있으나, 이는 정신적 고통과 같은 극단적인 상황에서 여성호르몬 생성이 중단되어 상대적으로 남성호르몬 수치가 높아진 데 따른 생리적 결과일 가능성도 있다. 물론 호치키스의 지적대로, 힐데군트의 정체가 밝혀지지 않은 것은 기도와 노동 외에는 다른 것에 일체 관심을 기울이지 못하게 했던 시토 교단의 엄격한 규율과 그로 인한 수도사들의 무관심 탓으로 돌릴 수도 있을 것이다.[20]

그러나 정체가 드러나는 데 대한 두려움에서 비롯된 정신적 고통에 대한 사료적 서술은, 젠더전환자의 인간적 면모를 잘 드러내고 있다. 힘든 수도원 생활에서 도망치려 했다는 전기 작가들의 기록은 오히려 그녀의 역사성을 이해하는 데 도움이 된다. "두 개의 영혼을 가진" 젠더전환자들이 일반적으로 성별 사이의 괴리로 받게 되는 일상적·내면적 고통이 여기서 잘 드러나고 있다.

중세의 남장 성녀들 중에서 힐데군트의 경우처럼 개인의 심리적 고통 증상이 알려진 것은 매우 드문 사례이다. 이는 그녀의 인간적 면모, 즉 역사적 실존성을 더욱 입증할 수 있는 근거인 동시

---

[20] 이와 관련해서 시토 교단의 수도자인 클레르보의 베르나르(Bernard de Clairvaux)의 언급은 시사하는 바가 많다. 동료 수도사들의 일에 꼬치꼬치 참견하는 행위(curiositas)를 원죄의 근원으로 비판했던 그의 지적과 쇠나우 수도원에서 힐데군트의 정체가 밝혀지지 않을 수 있었던 이유를 연관해서 생각해볼 필요가 있을 것이다.

10-1 프라하의 로레타 성당에 있는 턱수염 난 빌제포르타 성녀상.
빌제포르타의 아버지는 시칠리아 왕과의 결혼을 거부하는 딸을
십자가형에 처하도록 명령했다고 한다.

에, 육체적 정체성과 정신적 정체성 간의 한계상황을 경험하는 한 젠더전환자의 인간적 고뇌의 표출이라 할 수 있다. 케사리우스는 이에 대해서 상세한 기록을 남긴다. '요셉 형제'의 목소리가 가늘고 여성스러운 것을 이상하게 여긴 수도원 원장이 "변성기를 거치지 않았느냐"고 질문하자, 그는 자신이 "변성기를 경험하지 않을지도 모른다"고 대답한다.[21] 힐데군트는 비록 남자처럼 행동하고자 했으나(Adolescentem se simulans), 요셉의 턱이 여자의 턱처럼 생겼다는 동료 청원자의 질문에, 그는 화가 나서 자리를 박차고 일어났다고 한다.[22]

'요셉' 힐데군트는 연약하고 여성적인 외모를 가졌으며, 때로는 수줍음을 많이 타기도 했지만,[23] 그녀의 일화는 세간의 관심을 끌었으며 여러 편의 전기가 작성되었다. 나약한 여인이 위기 상황에서 남자보다 더 강인한 정신력을 보여주었다는 사실 때문이었다. 남성적 덕목으로 여겨졌던 용기, 모험심, 인내력을 보여준 힐데군트는 현실에 좌절하지 않고 여성의 한계 상황을 넘어선 "신의 전사", "사탄의 정복자", "신의 운동선수"로 칭송받았다. 남장변복, 남성적 외모, 바람직한 남성성의 획득을 통해 그녀는 남자가 되었

---

21) *Dialogus miraculorum*, 50쪽. 원문은 "Putans eam idem Abbas esse adolescentulum······ Quae cum loqueretur voce feminea et gracili, dixit ei Abbas: Frater Joseph, nondum mutasti vocem tuam? Respondit illa: Domine, nunquam illam mutabo."

22) 같은 책, 51쪽. 원문은 "mentum tuum······sicut mentum mulieris."

23) *Vita und Miracula*, 516쪽. 원문은 "pusillanimis lassescere cepit."

고, 남자라는 새로운 젠더 정체성을 띠었다.

진정한 남성성을 획득하고 수행하다

머리카락을 깎고 남자의 옷을 입고서 여성성을 부정한 그녀는 더 나아가 남성적 역할을 수행했다. 『성처녀 힐데군트 전기』의 저자는 "힐데군트가 유럽으로 돌아오기 전에 예루살렘의 성전 기사단에 합류해서 1년의 시간을 보냈다"고 전하며,[24] 독일 지역으로 귀환한 이후에도 그녀는 대주교의 밀사로서 죽음을 무릅쓰고 공적인 임무를 완수했다. 수도원에 입회해서는 남자들과 숙식을 같이 하고 채찍 고행을 견뎌냈으며 힘든 노동도 마다하지 않았다.[25] 그녀는 진정한 남성성을 획득하고 수행했으며, 현실과 맞붙어 싸움으로써(fortes pugnas) 남성적 삶을 내면화했다. 침묵과 복종과 같은 여성적 덕목을 거부하고, 강인함과 용기를 드러냄으로써 새로운 정체성을 보여주었다. 사회가 여성에게 부여한 결혼과 출산 등의 책무로부터 자유로워지면서, 젠더역할의 역전을 이루었다. 남장변복은 이러한 전환이 완성되었음을 알리는 것이다.

이상에서처럼 힐데군트는 이분법적 성별관념을 고정화하려는 중세 사회구조의 수동적 담지자가 아니라, 기존의 성적 위계질서

---

24) 『성처녀 힐데군트 전기』, 784쪽.
25) *Dialogus Miraculrorum*, 51쪽, 원문은 "Inter viros dormivit, cum viris comedit et bibit, viris ad disciplinas dorsum suum nudavit…… tamen ne sexus eius notaretur"; *Vita und Miracula*, 517쪽, 원문은 "maxime apud nos, ubi cuncta sunt fortia".

를 '의식적으로' 거부한 소수자에 속한다. 이러한 일탈 행위는 사회적 환경과 무관하지 않았다. "하늘의 왕국"에 들어가고자 자신을 남자로 만들었던 초기 기독교 신앙의 남장 성녀 이야기는 1200년도 전후로 독일어 사용 지역을 중심으로 소통되고 있었다.[26] 따라서 힐데군트와 동시대인들의 의식세계에서 자신의 정체성을 벗어버리고 새로운 인물이 되려는 젠더역전은 자연스러운 현상이었다. 초대교회의 남장 성녀들이 일종의 젠더명령으로 받아들인 "자신을 남자로 만드는 여자는 모두 하늘의 왕국에 들어가게 될 것이다"라는 구절은 중세의 청중들에게도 생생하게 기억되고 있었다.[27] 전통적인 여성의 섹슈얼리티를 거부한 여성 고행자들의 성 공담은 힐데군트에게 중요한 모델로서 감화를 주었을 것이다.

한편 고대부터 서양 의학의 근간을 이루었던 단성 모형 이론(One Sex Model Theory)[28]도 '영웅적인' 남장여성 모티브의 확산에 기여한 것으로 보인다. 18세기에 양성 모형(Two Sex Model)이 등장하기 전까지, 여성을 남성의 변종으로 설정하고,

26) B. Spreitzer, "Geschlecht als Maskerade", 479쪽. 특히 테클라 행전이 유포되면서, 테클라 성녀에 대한 숭배와 인기는 중세에도 식을 줄을 몰랐다(J. L. 웰치, 「바꿔 입기 그리고 상반되는 의도」, 『여자 남자 그리고 제3의 성』, 117~139쪽, 특히 118쪽 참조). 힐데군트 전기에 반복적으로 등장하는 나약한 여성성과 강인한 남성성의 대립 구도는 초기 기독교 남장 성녀전의 중심 모티브이다.

27) 남장 성녀 이야기의 중세적 전승에 대한 구체적인 사례는 Hotchkiss, 앞의 책, 15, 16쪽 참조.

28) T. Laqueur, 앞의 책, 65쪽.

여성의 몸은 남성의 몸과 그 기능을 반영할 뿐이라는 성과학적 지식이 만연해 있었다. 이러한 동일성의 논리는 중세의 범주를 넘어서, 르네상스 시대의 의학계도 여성이 '더 높은' 젠더로 변해 남성이 되었다는 사례들을 기록하고 있다. 중세인들은 몸의 온도를 높이는 방법을 쓰면 냉성체질에서 열성체질로 전환이 가능하며, 더 완벽한 성(性)인 남성으로의 체질변환도 가능하다고 믿었다.

생존과 구원을 위한 일탈

이론적 범주를 벗어나 현실적으로도, 힐데군트의 입장에서 수도 공동체에 들어가는 것 외에 다른 방법이 있었을까? 특히 오랜 객지생활로 정신적으로나 육체적으로 피폐한 상황(agonibus fatigata)에서, 얼마 남지 않은 삶을 영적 구원을 위해 기도드리는 것 말고는 그녀가 결정할 수 있는 선택의 폭이 매우 좁았다. 하지만 재정적으로 후원해줄 가족도, 입회금을 낼 여력도 없었던 그녀가 여성 수도단체에 들어가기란 거의 불가능했다. 최후의 방법은 이단적 공동체에 가담하거나 많은 노동력을 필요로 했던 신흥 교단에 남장을 하고 입회하는 것뿐이었다. 그녀 스스로 삶이 오래 지속되지 않으리라 예상했기에, "하느님의 나라에 들어가기 위해서" 수도원에서 남은 시간을 기도로 보내고자 했던 열망이 자신의 정체가 밝혀지는 두려움보다 더 강했을 것이다.[29] 수도 공동체는 홀로 버려진 어린 소녀에게 유일한 보호막이었다.

29) 근대의 남장 여성들이 겪어야 했던 두려움과 스트레스에 대해서는

힐데군트로서는 남성 수도원에 들어가는 것만이 생존과 구원의 대안책이었고, 남장은 이를 위한 필요조건이었다. 힐데군트의 남성 수도원 입회는 정상적인 방법으로는 입회가 불가능하여 일탈적 수단에 의존할 수밖에 없었던, 중세여성이 처한 현실을 폭로하고 비판하는 상징적 행위로 독해되어야 한다. 하고픈 일을 하기 위해 남자의 옷을 입을 수밖에 없었던 여성은 힐데군트만이 아니었다. 중세의 여성들은 적의 급습과 같은 위급한 상황에서뿐 아니라, 전리품 획득을 통한 부의 축적 같은 기회를 얻기 위해 변복을 하고 전쟁에 참여하기도 했다. 남자 복장을 한 여성들은 아군의 수를 부풀려 보이기 위한 위장술의 한 방편으로 동원되기도 했으며, 때로는 전투 중 사망한 동료 남자들의 시체 더미 속에서 완전무장을 한 여군이 발견되기도 했다.[30] 강요된 결혼을 회피하고 동정 생활을 선택하기 위해 남자 차림을 하고 집을 나와 고행자로서 삶을 마감했던 마케이트의 크리스티나,[31] 전래되던 남장 성녀의 이야기에 감화되어 스스로 남장을 한 것으로 알려진 시에나의 카타리나 성녀(Catherine of Siena, 1347~80),[32] 죄목 가운데

⌒⁓

Dekker, *The tradition of female transvestism in early modern Europe*, St. Martin's Press, 1989, 17쪽.

30) 중세의 남장 여기사와 관련해서 안상준, 「중세 유럽사회에서 여성의 전쟁참여」, 『서양중세사연구』 18, 2006, 33~63쪽 참조.

31) C. Brooke, *The medieval Idea of Merriage*, Oxford University Press, 1989, 144, 145쪽 참조.

32) Caroline Walker Bynum, *Holy feast and holy fast: the religious significance of food to medieval women*, University of California

하나가 남장이었던 잔 다르크[33] 등은 복장 전환을 통해 강요된 삶의 방식에서 벗어나고자 했던 여성들이다. 그 결과 '남자'의 용기와 힘을 보여주었던 이들의 삶은 중세 작자들에게 강한 인상을 남겼다.[34]

힐데군트가 남장행위를 하게 된 원인과 관련해서, 17세기부터 19세기까지 영국과 네덜란드 지역에서 밝혀진 119개의 남장여성 사례들을 조사한 데커(R. Dekker)[35]와 반 데 폴(L. van de Pol)의 연구결과는 흥미롭다. 대부분 16세에서 25세 사이의 젊은 여자였던 이들은 불우한 가정환경 때문에 스스로 생계를 책임져야만 했다. 이중 20여 명은 단 며칠만에 남장이 탄로났으나, 20명 정도의 다른 여성들은 1개월에서 6개월까지 남자로 생활하였다. 40명 이상의 여자들은 짧게는 6개월, 길게는 10년 이상 남성으로 살 수 있었다고 한다. 저자의 지적대로 119개의 남장사례는 "빙산의 일각"에 불과할 수 있다. 데커와 반 데 폴은 남장여성의 전성기는 근대

Press, 1987, 407, 408쪽.

33) S. Schibanoff, "True lies: Transvestism and idolatry in the trial of Joan of Arc", Bonnie Wheeler, Charles T. Wood(eds.), *Fresh verdicts on Joan of Arc*, New York: Garland Publishing, 1996, 31~60쪽.

34) 크리스틴 드 피장과 야코보 필리보(Jacopo Filippo da Bergamo Foresti)와 같은 작가들은 남장여성들의 영웅적 삶에 찬사를 보냈다. C. McWebb, "Joan of Arc and Christine de Pizan: The symbiosis of two warriors in Ditié de Jehanne d'Arc", 같은 책, 133~144쪽.

35) R. Dekker, 앞의 책.

초였다는 결론을 내리고 있다. 그러나 물질적 빈곤 등 어려운 현실을 벗어나 타국에서의 새로운 삶에 대한 동경, 애국심 등의 이유로 시작된 근대의 남장여성 사례는 중세를 살았던 힐데군트와 잔 다르크의 경우에서처럼 이전 시기에서도 그 양상은 비슷했다.

하지만 중세와 근대의 일탈적 남장여성에 대한 원인과 관련해서, 젠더전환의 각도에서 심층적인 분석도 필요해 보인다. 이들이 사회화의 과정을 경험하면서 생물학적으로 타고난 성 정체감을 느끼지 못하거나 혹은 다른 성 정체감을 가졌을 가능성도 배제하기 어렵기 때문이다. 힐데군트의 경우에도, 자신의 외모와 성 정체성에 대해 스스로 의구심을 가졌을지도 모른다. 그녀는 개인의 성에 대한 의학적·사회적 규정을 넘어서, 스스로의 성 정체 인식을 통해 남장을 하고 젠더전환자로 살았을 수도 있다. 교회는 여성이 머리카락을 자르고 남장변복을 하는 행위에 대해 부정적인 입장이었지만, 그런데도 많은 여성들은 '불완전한 남성'에서 벗어나 진정한 '남자'가 되고자 했다. 이를 위해서는 여자로서의 겉모습뿐 아니라 자신의 본성을 포기하고 새로운 인간으로 탈바꿈해야 했다. 변복행위는 이러한 상징적 전환의 표상이었다.

중세의 트랜스젠더리즘

힐데군트의 남장변복은 단순히 한 개인의 충동적인 일탈행위로만 설명될 수 없다. 그녀의 '비정상적인' 행동은 오히려 사회가 규정한 도덕적 규율이 행위자에게 억압적으로 부여되는 과정에서 유발되었다. 따라서 그녀의 비정상적인 일탈은 개인에게 규율을 강요하는 사회적 징계의 결과이다. 그녀가 거부한 것은 사회가 여성에게 전가한 '의무'였으며, 사회적 규범을 준수하지 않는 이러한 행동은 사회로부터 일탈적 행위로 낙인찍혔다. 힐데군트의 거부행위는 단순히 개인의 우발적 차원이 아니라 개인과 사회의 상호관계라는 구조 속에서 파악되어야 할 것이다. 힐데군트에게 부과되고, 그녀가 거부했던 규칙 자체가 남성과 교회와 같은 힘 있는 집단의 가치나 이해관계를 반영하고 있기 때문이다. 힐데군트를 비롯하여 전통적인 역할 수행을 거부했던 여성들은 사회적 약자였다. 이들은 어느 순간 자신에 대한 통제로부터 일탈을 시도했고, 남성중심적 사회집단은 이러한 '규정위반자'들을 국외인(Outsider)으로 규정하기 시작한다.

사회적 약자인 여성에게 규칙과 규범을 전가하면서 이분법적 성 관념을 고착화해나가던 남성의 집단적 시선으로 본다면, 힐데군트의 남장변복 행위는 '사회적 일탈'로 정의될 수 있다. 하지만 젠더전환자는 동성애, 양성젠더 등 성적 소수자들 가운데서도 누구보다 강력하게 생물학적 성별 규정에 정면 도전하는 사람들이다. 전환(Trans)이라는 단어가 상징하듯이, 그들은 전통적인 성별구분을 가로지르고(cross) 초월하려 한다. 그러므로 자신의 신념, 입장, 내적 감성을 에워싸고 억누르는 '몸'을 부정하고 새로운 성정체성을 찾고자 했던 힐데군트의 남장행위는 단순한 일탈이 아니라 젠더전환의 권리와 자부심을 주장하는 트랜스젠더리즘(Trangenderism)의 입장에서 재해석되어야 하지 않을까.

찾아보기

차용구 車龍九

고려대학교 사학과를 졸업하고 독일 파사우 대학교에서
중세 교회사 연구로 석사와 박사학위를 받았다.
현재 중앙대학교 역사학과 교수로 재직 중이다.
서양 중세 교회사뿐만 아니라 여성사 분야에
주목하여 관련 논문을 국내외 학술지에 다수 발표했으며,
중세 여성사에 대한 수정주의적 관점을 제기해왔다.
지은 책으로 영화를 통해 서양 중세사를 살펴본
『로마제국 사라지고 마르탱 게르 귀향하다』를 비롯하여,
『가해와 피해의 구분을 넘어: 독일 · 폴란드 역사 화해의 길』(공저)
『서양 중세사 강의』(공저)가 있으며, 옮긴 책으로
『중세의 빛과 그림자』『중세 이야기』(공역)가 있다.
주요 논문으로「중세의 이단과 여성」
「중세의 사료 위조에 대한 심성사적 접근」
「중세 독일 성직 제후의 축성정책에 관한 연구」가 있으며
그밖에「중세 문화 속의 그리스 신화」
「필립 아리에스의 죽음관에 대한 연구」등을 썼다.